U0558307

2022

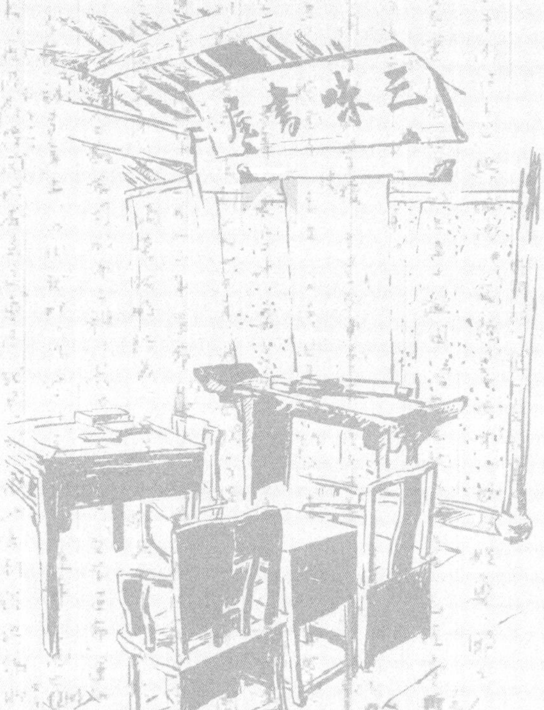

绍兴鲁迅研究

绍兴鲁迅纪念馆
绍兴市鲁迅研究中心 编
绍兴市鲁迅研究会

目　　录

鲁迅思想作品研究

文化激进主义下"五四"新文学者的主体认知
　　——从鲁迅笔下的两种新文学人格范型谈起
.... 韩宇瑄（3）
鲁迅杂文与佛教文化 .... 任传印　张立群（19）
生命的内在审视和自我的精神观照
　　——以《野草》为核心的细读考察 ...... 李生滨　靳喜红（37）
论鲁迅文体形式的杂糅 .... 董卉川　倪宏玲（50）
范爱农：一代知识分子命运的镜像
　　——以《哀范君三章》为中心 .... 任金刚（61）
鲁迅《在酒楼上》之细读 .... 管冠生（72）
从《越中竹枝词》谈鲁迅的《祝福》 .... 陈佳利（83）
鲁迅散文《范爱农》的小说笔法 .... 徐依楠　卓光平（90）

史海钩沉

风义师友，斯世同怀：通信中的鲁迅与台静农
.... 黄乔生（101）
1927年鲁迅坚辞中山大学教职探赜索隐 .... 秋　石（120）
鲁迅引用《庄子》词语考辨十则 .... 杨福泉（139）
读鲁迅札记五则 .... 侯桂新（152）

新版《鲁迅全集》注释补充三十三则 …… 王 羽 吴作桥（170）
40年前的海滨盛会
　　——1982年暑期烟台"全国鲁迅研究讲习班"日记摘录
　　……………………………………… 谷兴云（180）
《人民日报》中的许广平简编（下）
　　…………………… 张学义 张爱荣 王泉珍（194）
革命的情谊
　　——宋庆龄致鲁迅书信考辨 …………… 陈孜颖（215）

鲁迅传播研究

"神同"与"形似"的兼顾
　　——论电影《伤逝》的"誊写式"改编 ………… 苏 冉（225）
真学问　真性情
　　——评孔庆东《地狱彷徨：解读鲁迅〈彷徨〉》 … 靳新来（233）
为一个伟大年份立传
　　——读《吾国吾民1919：时代风云与人物画像》
　　……………………………………… 王小惠（238）
"回心"与主体性获得
　　——论"伊藤鲁迅"的生成与价值 … 彭颖斐 刘春勇（242）
即物与实力
　　——读木山英雄《文学复古与文学革命》
　　………………………… 张小英 刘春勇（249）

域外折枝

周树人《中国地质略论》（下）
　　——关于李希霍芬等煤田的言论 ……… ［日］丸尾胜（261）

与鲁迅有关的人物像传

与鲁迅有关的人物像传(一) …………………… 裘士雄（273）

鲁迅作品教与学

中学生阅读鲁迅《野草》的现状与对策研究
　　……………………………… 崔绍怀　曾小玲（299）

鲁迅活动采撷

新展、新姿、新气象
　　——记鲁迅故里新近推出新常设陈列 ……… 周玉儿（313）
"越文化视野中的王阳明与鲁迅"青年学术工作坊
　　……………………………… 卓光平　周玉儿（321）

三味杂谈

老廖其文
　　——廖绍其的《风声雨声》及其他 …………… 李　浩（335）
感受吴冠中 ………………………………………… 徐东波（338）
最好的纪念是继续他未完成的事业
　　——南京鲁迅纪念馆策展手记 ……………… 郑敏虹（341）
鲁迅笔下的绍兴酒文化 …………………………… 何信恩（350）
画出这样沉默的国民的魂灵
　　——阿Q形象解读 …………………………… 倪　峰（355）
《我们现在怎样做父亲》读后有感 ………………… 田　菁（361）
鲁迅精神之绍兴谱系 ……………………………… 那秋生（364）
人生得一知己足矣
　　——鲁迅与瞿秋白之旷世情谊 ……………… 赵飞霞（367）

· 3 ·

燃灯者 ……………………………………… 丁兵康（380）
今天，我们还要阅读和学习鲁迅吗？ ……………… 何宝康（384）

编后记 …………………………………………………（387）

鲁迅思想作品研究

文化激进主义下"五四"新文学者的主体认知
——从鲁迅笔下的两种新文学人格范型谈起

韩宇瑄　江南大学人文学院

作为中国历史上最为激烈、彻底的现代性变革,"五四"新文学运动以价值革命的形态,开启了重铸灵魂的意义转换。其落实在具体的人身上,便追求在坚持以自由、独立为核心理念的现代文明基础上,建立独立自主的现代人格。

作为文化激进主义的主体呈现,启蒙现代性终结了传统人格,建立起现代人格。"传统人格是非个性的,是宗教(或礼教)以及封建等级制度塑造的普遍人格,从现代角度看,就是非人格。现代性的发生使主体性确立,个体从宗教(或礼教)、封建等级制度下解放,从而才有可能进行自我选择、自我认同"[1]。对于主体的自我认知,构成了现代人格的基础。在现代人格主体的凸显与树立下,中国传统"不求、不争、不动"的静态人生观分崩离析。作为一种刚猛的外力,文化激进主义将人道主义和个性主义植入中国现代人格,确立起洋溢着人文主义追求,具有竞争和进步意识的个人主义价值观。在文化激进主义的强力塑形下,这种价值观以"我思故我在"的独立意识为价值基点,强调主体自主承担意义价值的自主思考、自立行为、自由价值、自洽存在。在文化激进主义的现代化激流中,形成一股激流勇进、高奏凯歌的解放力量,召唤起"觉醒时代"新文学者的主体认知。

一、狂人与阿Q：鲁迅笔下的两种人格范型

作为中国现代化系统工程不可或缺的组成部分，"五四"新文学积极参与现代人格建构工程，希望以文学为媒介，塑造中国现代化事业的实践主体。"人"第一次站在文学书写的聚光灯下，成为既具有自由个性，又具有典型性、国民性的主体性存在。为了完成现代化主体的审美重构，"五四"新文学者采取了"正例垂范"和"反例自省"两种策略。但不论是理想人格的正向垂范，还是非人人格的树靶批判，都存在着共同的现代化的人格价值基点。

鲁迅是新文学中最早将锋芒突入"人"的领域的先锋，"立人"是"鲁迅在中国文化现代转型中提出的重要思想和文化主张"[2]。早在1907—1908年陆续发表的4篇文章中，鲁迅便分析了西方以人的启蒙为突破口实现现代化的历程，得出了"欧美之强根柢在人"的结论，表达了"自觉至，个性张，沙聚之邦，由是转为人国"的期待。在鲁迅眼中，现代化不在于物质的充足富饶，不在于国家的无上权威，而在实现与坚守"人"的价值本位。这样的认识标志着中国知识分子首次突破了梁启超"新民"思想的国家主义迷思，转而将聚焦点落实在具体的"人"身上。在鲁迅看来，个体人格的树立是中国现代化系统性工程的关键一环。"人"不仅是现代化所仰仗的人力资源，其本身也是启蒙现代性价值观的结晶。正所谓"人立而后凡事举"[3]，以"人"的主体性人格觉醒实现的"新生"，不仅是通过认识的"进化"以实现救亡的前提，更是"独战"以促进启蒙与创作主体觉醒的题眼。在"立人"思想的指导下，通过文学建立典型形象，为民众建立正例、反参，启迪其构建独立、自由的人格，成为鲁迅文学追求的落脚点，也成为鲁迅与近代以来文化激进主义的文学叙事在终极关怀上的公约数。经由这一触媒，"人"的主体认知建构被纳入中国现代化系统性工程之中，而文学则成为启迪国人完成自我主体建构的载体与先锋。

作为"审美的意识形态","五四"新文学的主体认知构建是要通过具体的艺术形象的"造人"活动开启的。鲁迅深知此理,身体力行,为中国的新文学画廊贡献了一系列生动、真实、富有意蕴的艺术典型。而其中,他笔下的两个典型形象——阿Q和狂人成为文化激进主义主导下"五四"新文学中的两种人格范型。

阿Q是鲁迅笔下传统人格的代表,是鲁迅对于中国传统文化面对现代化历史进程时,最不合时宜的品质的集中概括,是文化激进主义致力批判的目标。在无可逃避的礼治秩序和根深蒂固的主奴根性面前,阿Q型人格毫无主体性和独立性,更谈不上个性。在主奴根性的牵绊束缚下,阿Q型人格摇摆不定:若遇强者,则俯首低眉、低三下四;如遇弱者,则不可一世、蛮横无理;而在其与自我相处的状态下,则是浑浑噩噩、自欺欺人。在阿Q的主体认知中,人的历史活动不是为了自身完善和历史进步,而是为了夺取礼治秩序的主导权;不是为了改变不合理的秩序,而是为了在既有秩序中寻找有利于自己的位置。这样一来,阿Q式的传统人格陷入深刻的困境:由于自我的缺失,人格的价值基点游移不定,在眼前利益与现实压迫下,忽而主子,忽而奴才。这使得人缺乏主体的立场,只能依附于带有集体无意识色彩的"阶层"。在较低社会阶层对于较高社会阶层的附着中,每个人的独立人格被分为两半,一半向上,一半向下;一半做主,一般为奴,"人的眼光与理性被死死地限制住,即使在变革可能来到面前时,也抓不住机会"[4]。这样的人格形象,与现代文明的独立、自主意识格格不入,不仅无法成为现代化事业的中坚力量,反而可能成为新事物来临之际守旧势力的逐流帮凶。这样的人格范型遭到了文化激进主义的强力拆解与质疑。

而与之相反,狂人则是文化激进主义建模下理想的现代人格模型。作为"觉醒时代"的先行者,敢于直面自我的"精神界之战士","贬视庸俗,抨击传统,勇猛入世,呼唤超人,不但是鲁迅一生不懈揭露和痛斥国民性麻木的思想武器,而且也是他的孤独和悲凉的生活依据"[5]。早在1908年,鲁迅在《文化偏至论》中便痛心于"愈趋于恶浊,庸凡凉薄,日益以深,顽愚之道行,伪诈之势逞"[6]的"近世人生",提倡"任个人而排众数"的价值观。而在《罗摩诗力说》中,他更呼唤"刚健不挠,抱诚守真,不取媚于群,以随顺旧俗;发为雄声,以起其国人之新生,而大其国于天下"[7]的"精神界战士"。而狂人人格正是这一酝酿已久的思想在文学创作中的形象化、典型化。而当"五四"新文学渐成潮流,文化激进主义者迫切希望将现代化的人格范型落实于艺术形象之时,狂人人格也应时代潮流成为觉醒的启蒙和创作主体的主导人格取向。正如有论者指出:"很多人说《狂人日记》是鲁迅文学的总纲,这样看去非常正确。以'人的文学'为旗帜的现代文学,由'狂人'来揭开序幕,其实也并不矛盾。"[8]在倾向于保守、内敛、中庸的传统中国,任何走在时代之先的文化激进主义者都会被超稳定结构下的传统视为狂人与异端。文化激进主义本身的反传统取向和突进趋势,都为时代新人赋予反传统、反现实、崇拜未来的基本价值取向,以及"愤世嫉俗、叛逆好斗、激烈偏执、偏于理想"[9]的基本性格特征。

狂人人格诞生于"五四",有其深刻的历史原因和现实合理性。作为一种排斥急变、倾向中和的文化模态,中国传统文化推崇中庸的人格模式。但是在封建专制的束缚以及封建伦理的禁锢下,这种中庸人格往往异化为"乡愿",使得"瞒与骗"大行其道。正如鲁迅所说:"中国人的性情是总喜欢调和,折中的。譬如你说,这屋子太暗,须在这里开一个窗,大家一定不允许的。但如果你主张拆掉屋顶,他们就会来调和,愿意开窗了。没有更激烈的主张,他们总连平和的改革也不肯行。"[10]保守、压抑的社会氛围造成了带有强烈文化激进主义色彩的狂人人格的反弹。作为鲁迅痛苦灵魂的艺术显形,狂人之"狂"既是时代分娩之际觉醒主体面对民族辎重个体内心的狂躁与不安,又是时代新生之际主体对于民族命运、现代道路的外向思索与探求。作为中国历史的狂飙突进时代,"五四"的时代焦虑与现代化渴望为狂人人格搭建了最广阔的舞台。正如刘梦溪所说:"五四思想狂飙是近代以来这股狂者精神的继续。事实证明,狂者精神是可以创造历史的"[11]。这种青春的、激进的、战斗的狂人人格在事实上成为文化激进主义潮流下"五四"新文学者的人格范型。在这样的人格范型下,挺立的、大写的、高扬的启蒙与创作自我形象呼之欲出,表现出"一种'知其不可为而为之'的悲壮和一种身处绝境的英雄渴盼凯歌高奏的激扬情怀"[12]。在这一人格范型下,"五四"新文学者开始认识他人、认识世界,但更为重要的是认识自己,形成对于自我的主体认知。"五四"新文学者的主体认知不仅深刻地影响着"五四"新文学的外在风貌与内在品格,更深刻地影响着现代化系统性工程中主体的自我设计与构建,是"立人"工程的关键环节。具体而言,在"狂者人格"下,启蒙与创作主体的自我主体认知呈现为3种类型。

二、自信昂扬、开辟洪荒的"大我"

在文化激进主义的主体启蒙与个性解放向度下,"五四"新文学者将"新民文学"中普泛而模糊的"民"落实为主体性高扬的、现代化的"人"。在"人的文学"烛照下,主体意识和个性意识开始觉醒。现代化的启蒙主体观拂去群体的蒙昧,使他们站在主体意识的聚光灯下,真实地面对世界和自我。在"觉醒时代"的文化激进主义时空内,一方面,他们为"自我"的发现欢欣鼓舞;另一方面,他们又感受到来自强大传统和黑暗现实的巨大压力。这种既新鲜又矛盾的情绪,正是充分现代化、主体化的表现。在这种矛盾的情绪下,"五四"新文学者在文化激进主义的推动下,引领潮流、激发斗志、放大自我,将抒情主体的内宇宙联通现代化实践的外宇宙,在对于自我大胆而真诚释放中为"五四"新文学提供了外向式的个性表现模式。

这种外向式的个性表达模式铸成了"五四"新文学中响应时代强音的"大我"。这种被时代共振而急剧放大的自我主体认知在"五四"时期的郭沫若身上最为突出。作为"主观抒情的文学天才"[13],郭沫若偏于主观和冲动。为此,他强调"艺术是自我的表现,是艺术家的一种内在冲动的不得不尔的表现","艺术家总要先打破一切客观束缚,在自己的内心中找寻出一个纯粹的自我来"[14]。而这种带有文化激进主义色彩的文学观念落实在创作中,便构成驰骋天地、吞云吐日的强大自我。在《我是个偶像崇拜者》中,这个强大的自我自称为"崇拜创造的精神,崇拜力,崇拜血"[15]的"偶像崇拜者"。但是,这种崇拜却不假外物、不拜偶像,而是对于自我力量的确证。由此,这个强大的自我又成为一个"偶像破坏者",其所有崇拜的实质乃是"崇拜我","我"因受到内外宇宙的"顶礼膜拜"而汇聚成为"大我"。在对于"大我"的激进张扬中,郭沫若完成了自我主体认知的建构,并使得自我与一切伟大创造物并列,呈现出强大、雄健、自赏的主体形象。而在《梅花树下醉歌》中,这个强大的自我无时无刻不标举着自己的力和美。作者当然不会单纯地咏赞梅花,小小的梅花也能绽放出时代的芳华——这正是文化激进主义新文学者对于自我形象的至高期许。在突进的激进情态之间,对于茕茕孑立却自信吐芳的梅花的赞美,实质上就是对于"大我"的礼赞:"我赞美你!我赞美自己!我赞美这自我表现的全宇宙的本体!"[16]在文化激进主义对应的自我极端放大中,"大我"获得了气吞古今,吐纳八方的宏魄:"还有什么你?还有什么我?……一切的偶像都在我面前毁破!破!破!破!"。自我的主体压倒了一切的客体,在宇宙间唯闻"我要把我的声带唱破"的呐喊。

不只是郭沫若,这样强大而雄健的自我主体认知在"五四"新文学者中相当普遍。无论是"愿拖四十二生的大炮,为之前驱"的陈独秀,还是"背黑暗而向光明,为世界进文明,为人类造文明"的李大钊,抑或是为了自我的实现而放弃"神圣的责任"的胡适。在"五四"转型时代的文化激进主义历史场域中,挺立的"大我"使得他们极目远眺,在更高的眼界和更广的胸怀间思考和探寻中国现代文明转换与更新的宏大问题。

三、高扬战旗、高唱战歌的"勇我"

"五四"是怀疑的时代。在"重新估定一切"的口号下,"不管传统的、外来的。都要由人们的理智来裁定、判决、选择、使用"[17]。启蒙的价值理性与救亡的工具理性前所未有地统一起来,在民族国家面临危机,现代化询唤亟待响应的迫切情境下,"五四"新文学者化身一往无前的勇者,与一切古今不合理存在进行殊死的斗争。

面对旧文学的腐朽,陈独秀以"不顾迂儒之毁誉,明目张胆以与十八妖魔宣战"[18]的激进姿态,高擎"文学革命军"大旗。并以"必不容反对者有讨论之余地,必以吾辈所主张者为绝对之是,而不容他人之匡正也"[19]的自信态度留下了勇毅战斗的形象。面对"非人的""死的文学",钱玄同和周作人拍案而起,以对于旧文学"极端驱除,淘汰净尽"[20]的批判主张,和"统应该排斥"[21]的杀绝态度,高扬起"活的文学"和"人的文学"大旗,以奋勇的文化激进主义姿态冲决网罗、高张军旗,为"五四"新文学提供了清晰的理论主张和发展路向。正如王瑶所说:"现代文学在发展中充满了革命文学同反动文学、无产阶级文艺思想同资产阶级文艺思想的斗争,现代文学正是在斗争中前进发展壮大的"[22]。以"五四"为发端的中国新文学传统就是在不断的论争中确立起来的。在文化激进主义浪潮的影响下,"五四"新文学者们,不论其个性温和或凌厉,不论其趋向现实或浪漫,都呈现出无惧无畏、破旧立新的文化激进主义的主体认知。无怪乎《中国新文学大系》要在各体文学之外单列一本《文学论争集》。在此集序言中，郑振铎表示："他们的言论和主张，是一步步的随了反对者们的突起而更为进步，更为坚定；他们扎硬寨，打死战，一点也不肯表示退让。他们是不妥协的！"[23]。这种不妥协背后，正表现了"五四"新文学者们自信勇毅、战天斗地的自我主体认知。

这种"勇我"的主体姿态不可避免地落实于他们的文学创作中，使得"五四"新文学在艺术上也洋溢着高蹈超迈的勇敢姿态。例如，在胡适的诗歌《威权》中，纵使强大的威权与手无寸铁、身披枷锁的奴隶们力量对比悬殊，但伴随着枷锁的锈蚀，人道和个性的觉醒，"等到铁索断时，我们要造反了！"[24]的激进主义斗争意识长存于其心。在"勇我"认知的激进张扬下，奴隶们同心协力，挖毁了威权赖以存在的基础，获得了胜利。在这里，奴隶们不是能力超凡的战斗英雄，也并非舍身饲虎的孤胆猛将。但他们依靠觉醒的自我与团结的群体，在文化激进主义战斗精神的鼓舞下，共同战胜威权压迫的集体形象，构成了"五四"新文学者的重要主体认知。而郑振铎的《我是少年》则将这种形象进一步具象化。面对"偶像似的流年，奴隶的苟安"，文化激进主义下的"勇我"不再沉默。主体性的崛起赋予他"同胞的情感，博爱的心田"，个性主义的飞扬更使他拥有"如炬的眼，思想如泉"。在战斗精神的鼓舞下，他们激进地高呼"我起""只向光明的所在，进前！进前！进前！"[25]。猛进的战士形象不仅是新文学者对于青年的期望，更是觉醒的启蒙和创作主体对于自我在现代化系统性工程中的期许。

而类似的形象，在以人物塑造见长的小说中更是多见。鲁迅《狂人日记》中的狂人，《药》中的革命者夏瑜，郭沫若《一只手》中的革命者克培、小普罗，郑伯奇《最初之课》中的屏周等，都表现出觉醒的启蒙与创作主体与现实战、为文学战的艺术自觉与斗争勇气。在文化激进主义的鼓舞下，这样的主体认知与"五四"昂扬向上、重估一切的时代精神汇合在一起，共同建构起"觉醒年代"中

"勇我"战天斗地、破旧立新的昂然气势。

四、孤独寂寞、敏感忧伤的"孤我"

文化激进主义是一种以启蒙热望和救亡焦虑为主要驱动力的文学与文化思潮,与之伴生的,往往是激情的喷薄汹涌。但"激情"本身往往意味着迸发后的难以为继。正如鲁迅笔下的狂人在发扬蹈厉、以狂为战的一面之外,也有脆弱多疑、敏感孤独的一面,置身于文化激进主义潮流中,"五四"新文学者主体同样表现出人格的两面性。新文学的发展绝非一帆风顺,时常面临着"绝望的抗战"。在"五四"上升期,昂扬战斗的时代激情投射在新文学者身上,呈现出自信、勇武的个人形象。然而,当"五四"进入低潮期,怀揣激情、壮志未遂的知识分子面对现实,却发现了"梦醒了无路可走"的悲哀。这种历史动荡之际的深沉悲哀,被鲁迅概括为"鬼气",成为他意欲摆脱,却始终如影随形的痛苦源泉。鲁迅曾指出"黄金世界"的许诺带给新文学者的虚妄:"梦是好的,否则,钱是要紧的",他进而指出中国现代化事业的艰巨性:"可惜中国太难改变了,即使搬动一张桌子,改装一个火炉,几乎也要血;而且即使有了血,也未必一定能搬动,能改装。不是很大的鞭子打在背上,中国自己是不肯动弹的。"[26]这种对于现代化变革略显悲哀的认识,既体现出中国现代化本身的复杂性和艰巨性,也体现出"五四"新文学者在文化激进主义激流中深化的自我主体认知。

或许是"五四"的高潮过于昂扬,当"五四"面对复杂多变的现代化实践开始落潮,理想与现实的骤热骤冷,令"五四"新文学者难以适从。一方面,先驱者的孤傲心态使他们无法深入启蒙对象,实现情感上的共鸣;另一方面,他们又无力与现实抗争。先天不足又身处黑暗的处境,促成了面对现实强烈寂寞感和疏离感。鲁迅曾这样描述这种难以明言的矛盾与挣扎:"教我自己说,或者是'人道主义'与'个性主义'这两种思想的消长起伏罢。所以我忽而爱人,忽而憎人"[27]当"改造国民性"的外向性实践受挫、"任个人"的主体性自我认知发生偏移错位,一些"五四"新文学者陷入苦闷、彷徨、焦虑的"绝望的抗战"之中。但挫折与冷落并未使得他们偃旗息鼓,反而进一步加重了他们的文化激进主义情绪。例如在闻一多的《李白之死》中,李白被赋予个性张扬的主体形象。一方面,他以真善美自期,追逐代表美善的月光并对之顶礼膜拜、全心相求;另一方面,丑恶的现实又使他怒咒:"丑陋的尘世!你那有过这样的副本!"[28]理想的召唤和现实的污浊结合在一起,使诗人感到孤独,也感到忧愁。激进的情绪如"热油淋着,狂风煽着,越奔火越燃"而逆势上扬。闻一多笔下的李白是昂扬的向上、自信勇敢的,但同时也是孤独的、怀才不遇的。闻一多将"五四"新文学者的"孤我"主体认知灌注入李白形象之中,映照出他们在孤寂冷落之中热烈追求,却在追求之中导致了更大迷惘的集体形象。

郁达夫的《茫茫夜》更为"五四"新文学者"孤我"下的迷惘乃至堕落作了写照。作为典型的"五四"青年新文学者,于质夫有知识也有觉醒的主体意识。但现实生计和情感诉求不得满足却使他失魂落魄。为了生计,他不得不离开同性密友,到 A 省的法政专门学校任职;由于性的诉求得不到满足,他的情欲日益变态,竟发展到了窥私、狎妓的地步。面对外部世界的疏离和不得志,他对社会激烈批判:"中国的空气是同癞病院的空气一样,渐渐的使人腐烂下去";对于国家,他更感悲观:"觉得将亡未亡的中国,将灭未灭的人类,茫茫的长夜,耿耿的秋星,都是伤心的种子。"[29]对于个人,他更觉失望,为"自家的黑暗的前程"而落泪。但是不同于"大我"和"勇我",作为"孤我"的他只是忍受和抱怨。这使得自卑、迷惘、孤独的情绪缺乏排解的通道,最终将他引向了召妓的道路。唯有在一时欢愉之间,他方能感受到自己的价值。最终等待着他的将是被茫茫暗夜所吞没。众所周知,"生的苦闷"和"性的苦闷"是郁达夫早期创作着力表现的内容,但这种"苦闷"的内核究竟是什么？事实上乃是一种主体认知失衡的苦闷,是一种觉醒后却发现无路可走,终于投降妥协的苦闷。这种苦闷,一方面导致了"五四"低潮期新文学阵营的分化与重组;另一方面,也使得文化激进主义的激愤情绪进一步锐化,使"五四"新文学者的主体认知呈现出更加复杂的面貌。

以后视视角观之,这种苦闷或许正是鲁迅等"五四"新文学者在接受文化激进主义热情的邀约时所忧心"铁屋子论"的一语成谶。"要救群众,而反被群众所迫害,终至于成了单身"成为许多"五四"新文学者在"五四"主潮稍落时的切身感受。生命的激情已经高扬,但现实的变革远远无法追赶情感情绪的变迁。主体的人成为时代里的先行者,个人与时代、社会之间的矛盾不可调和地爆发出来,为个人与时代的关系赋予浓烈的文化激进主义色彩。而当文化激进主体面临挫折,主体又不可能轻易放弃主体性的情况下,便与社会和时代产生强烈疏离。这种倒逼而起的情感在"五四"后期多为新文学者所捕捉。例如,《采石矶》中的黄仲则便深为这种疏离感而困扰,他沉浸在自我高筑的围城中,冷落了身外的世界。导致"他的声誉和朋友,一年一年的少下去,他的自小就有的忧郁症,反一年一年的深起来了"[30],为怀才不遇的悲剧命运埋下伏笔。《残春》中的贺君由于怪诞的举动而为社会所不容,自己也因而变得偏激而古怪。令他的朋友爱牟君感叹："为什么偏会把异于常人的天才,当成狂人,低能儿,怪物呢？"[31]。《玄武湖之秋》中的 E 的孤僻、疏世来源于自己的性压抑,唯有与年轻的女学生周旋时,他的生命激情才会高扬起来。但是这样的行为使得诽谤和攻击悄然而至,令 E 先生感到了世间的无处藏身,发出了"走,你走到哪里去？天南地北,何处是你的安乐土？"[32]的自问。对于社会的疏离、对于诽谤的躲避、对于庸众的恐惧,固然是塑造艺术主体性格内涵的需要,但在"五四"主体高扬的审美文化机制下,很难说这样的艺术形象之中,不蕴含着"五四"新文学者"孤我"的自我主体认知。

  如果说这些发于情节、蕴于人物的孤独感,都有着现实的原因,那么,鲁迅则为这种孤独赋予了形而上的现代意味。例如,《在酒楼上》的吕纬甫本是生命激情高扬的文化激进主义者,在"大我""勇我"的召唤下试图实现自我、启蒙群众,然而现实中的屡屡碰壁磨灭了他的坚守,使他面对世界时也常抱着无聊、敷衍、疏离的态度。当年轻时的锐气伴随着现实的挫折和磨难流逝,一代知识分子的坚守与执着也就化为乌有。他们的灵魂早已遁形,与世俗若即若离、冷眼相看,只剩下他们的肉体维持着行尸走肉的生活。在作品中,吕纬甫的两段自白正隐喻着主体面对复杂情势的失落和疏离:"我在少年时,看见蜂子或蝇子停在一个地方,给什么来一吓,即刻飞去了,但是飞了一个小圈子,便又回来停在原地点,便以为这实在很可笑,也可怜。可不料现在我自己也飞回来了,不过绕了一点小圈子""以后?——我不知道。你看我们那时豫想的事可有一件如意?我现在什么也不知道,连明天怎样也不知道,连后一分……"[33]在对于曾经珍视的"进化论"基点的丢弃中,吕纬甫已从坚信进步、相信未来、高扬自我的现代性世界中自我放逐,而退缩回了易于随波逐流的传统心灵世界。对于现实的疏离与失落背后是"五四"新文学者主体认知的孤寂与彷徨。而这样的心绪在最能表现鲁迅哲学的《野草》中更是俯拾即是:"当我沉默着的时候,我觉得充实;我将开口,同时感到空虚"[34]"然而我不愿彷徨于明暗之间,我不如在黑暗里沉没"[35]"四面都是敌意,可悲悯的,可咒诅的"[36]"于浩歌狂热之际中寒;于天上看见深渊。于一切眼中看见无所有;于无所希望中得救。"[37]这些发自内心的绝望与震颤之间,体现的是鲁迅作为一个真正意义上现代"苦魂"的孤独与坚守。在孤独疏离之中,我们看到鲁迅心灵的苍凉,更看到他内心的充盈。作为生命激情高扬的文化激进主义主体,当他的意义不需要任何社会的外在来承担,这种疏离成为一种真正具有现代特质的主体情感体验。孤独尽管令人沮丧,却也意味着现代意义的主体终于可以自主地掌控自我的情绪、自主地探看自我的内心、自主地面对自我的彷徨,尽管孤寂,却弥足深刻。

这样的"孤我"形象盛行于"五四"后期的文学创作中,一方面体现了"五四"新文学者对于现代化变革的深刻认知;另一方面也含有他们对于"五四"新文学前期偏于肤浅的理论与创作实践的某种反思。但是恰恰在这种孤独感和漂泊感中,"五四"新文学完成了断裂于传统文学的激进的情感转换,将属于个体的矛盾、悲剧、孤独、焦虑感受镌刻在文学主体的文化性格中。其否定性的心灵感受,是文化激进主义下觉醒的自我意识在观察中国特定时期现实时所必然发生的过敏性反应。在根本上,与"大我"和"勇我"并不矛盾,而是一种内在逻辑上的延续与深化,三者共同构成了文化激进主义下的"五四"新文学者的自我主体认知。

五、余论

考察文化激进主义下的启蒙与创作主体,主体人格的放大、挺立与纵深构成了共时对比与历时流变的线索。在"人的文学"的主体精神烛照下,"五四"新文学走了一条尊重人道、张扬个性、建构主体的启蒙道路。这种现代性的主体人格属于"五四"时代,更属于文化激进主义主导下的新文学与新文化。这种主体人格中,主体的重构与张扬只是前提,以个体推动群体,为现代化事业铸造全新的实践主体才是终极的目的。这样的思维理路和"新民文学"由群体到个体的进路正好相反,但是却与近代以来中国文学与文化激进变革的终极目标存在着根本上的一致。正如有论者所说:"即使在'五四'时期"世界"观念的支配下,'五四'启蒙思想家们是那么强调个性解放,但决没有放弃群体意识,他们都提出理想人性是人格独立、个人为上、自然发展,但他们都强调形成这样的理想人性的目的在于建立一种健康的群体意识。"[38]

这样一来,文化激进主义下"五四"新文学者的3种主体认知一脉相承:只有在张扬的"大我"下,主体人格才会溢出的内宇宙,将注目的眼光投向以社会改造为鹄的外宇宙;只有在精进的"勇我"下,主体人格才会以批判的眼光去审视外宇宙,以尖锐的论点批判传统和现实中的种种不合理,以绝大的勇气孤身唤起民众与之战斗;只有在敏感的"孤我"下,主体人格才会对个体在现实境遇中的遭遇有更加深入的体验。这种敏感的探看和极端的自我,不仅是在试探中国现实对于主体个性包容度的底线,也代表着在"狂人"为范型的文化激进主义下,"五四"新文学者真正建构起具有现代气派的自我主体认知,成为开启中国现代化系统性工程的重要环节。

注释

[1][9] 杨春时:《现代性与中国文学思潮》,生活·读书·新知三联书店2009年版,第150、154页。

[2] 黄健、卢姗:《鲁迅的"立人"与中国新文学"为人生"创作理路》,《厦门大学学报》(哲学社会科学版)2021年第4期。

[3][6] 鲁迅:《文化偏至论》,《鲁迅全集》第1卷,人民文学出版社2005年版,第58页,第52—53页。

[4] 刘再复、林岗:《传统与中国人》,生活·读书·新知三联书店1988年版,第179页。

[5] 李泽厚:《胡适 陈独秀 鲁迅》,《中国现代思想史论》,生活·读书·新知三联书店2008年版,第116页。

[7] 鲁迅:《罗摩诗力说》,《鲁迅全集》第1卷,人民文学出版社2005年版,第101页。

[8] 黄江苏:《为什么现代文学的开端是个"狂人"?——论〈狂人日记〉》,

《中国现代文学研究丛刊》2020年第6期。

[10] 鲁迅：《无声的中国》，《鲁迅全集》第4卷，人民文学出版社2005年版，第14页。

[11] 刘梦溪：《中国文化的狂者精神》，生活·读书·新知三联书店2012年版，第101—102页。

[12] 赵凌河：《历史变革中的中国现代文学》，文化艺术出版社2014年版，第63页。

[13] 孔范今：《二十世纪中国文学史》（上），山东文艺出版社1997年版，第442页。

[14] 郭沫若：《印象与表现》，《时事新报·艺术》第33期。

[15] 郭沫若：《我是个偶像崇拜者》，《时事新报·学灯》1921年2月14日。

[16] 郭沫若：《梅花树下醉歌》，《郭沫若全集·文学编》第1卷，人民文学出版社1982年版，第95页。

[17] 李泽厚：《启蒙与救亡的双重变奏》，《现代中国思想史论》，上海人民出版社2014年版，第24页。

[18] 陈独秀：《文学革命论》，《新青年》第2卷第6号。

[19] 陈独秀：《再答胡适之〈文学革命〉》，《新青年》第3卷第3期。

[20] 钱玄同：《〈尝试集〉序》，《新青年》第4卷第2号。

[21] 周作人：《人的文学》，《新青年》第5卷第6号。

[22] 王瑶：《"五四"新文学前进的道路》，《中国现代文学史论集》，北京大学出版社1998年版，第225页。

[23] 郑振铎：《〈文学论争集〉导言》，《中国新文学大系导言集》，天津人民出版社2009年版，第31页。

[24] 胡适：《威权》，《每周评论》第28号。

[25] 郑振铎：《我是少年》，《新社会》第1号。

[26] 鲁迅：《娜拉走后怎样》，《鲁迅全集》第1卷，人民文学出版社2005年版，第171页。

[27] 鲁迅：《两地书·二四》，《鲁迅全集》第11卷，人民文学出版社2005年版，第81页。

[28] 闻一多：《李白之死》，《创造季刊》第2卷第1期。

[29] 郁达夫：《茫茫夜》，《创造季刊》第1卷第1期。

[30] 郁达夫:《采石矶》,《创造季刊》第1卷第4期。
[31] 郭沫若:《残春》,《创造季刊》第1卷第2期。
[32] 倪贻德:《玄武湖之秋》,《创造周报》第31/32号。
[33] 鲁迅:《在酒楼上》,《鲁迅全集》第2卷,人民文学出版社2005年版,第27—34页。
[34] 鲁迅:《〈野草〉题辞》《鲁迅全集》第2卷,人民文学出版社2005年版,第163页。
[35] 鲁迅:《影的告别》,《鲁迅全集》第2卷,人民文学出版社2005年版,第169页。
[36] 鲁迅:《复仇(其二)》,《鲁迅全集》第2卷,人民文学出版社2005年版,第178页。
[37] 鲁迅:《墓碣文》,《鲁迅全集》第2卷,人民文学出版社2005年版,第207页。
[38] 汤哲生:《中国文学现代化的转型》,南京大学出版社1995年版,第28页。

[本文系江苏省"双创博士"人才项目"中国现代文化思潮与现代文学格局的互动与对话(1915—1949)"(JSSCBS20210822);江苏高校哲学社会科学一般项目"文化激进主义与'五四'新文学的美学原则重构"(2021SJA0860)阶段性成果。]

鲁迅杂文与佛教文化

任传印　张立群　湘潭大学文学与新闻学院

作为现代中国的起源性与奠基性作家,鲁迅在那个动荡苦难的时代,真诚地淬炼了自己的心灵与文字,为文化的现代转型作出了贡献。这需要天赋,也得力于对多种文化资源的反思与借鉴,佛教文化就是其中比较重要的一种。鲁迅童年时拜和尚为师,目连戏的影响积淀于心;青年时期在日本听章太炎讲佛学,颇有了解;1913—1918年,鲁迅迫于人生苦聚,用心佛典,诸宗皆涉,兼及传记与艺文,研阅誊抄,致力也深,赞叹其启示人生。[1]此后,鲁迅与佛家时见交互而终不辍,后者入其创作也多。鲁迅非传统意义上的佛教徒,而以"立人"的现代性价值为基点,从科学理性与人文理性相结合的角度看待佛教,将之作为思想与艺术的资源予以扬弃。关于鲁迅与佛教文化的关系,学界自20世纪80年代陆续发表著述,多集中于佛教渊源考证、研佛心理分析,作品的佛家文化阐释方面,多见于《野草》,兼及散文与小说,既有不同理论视角下的宏论与比较,也有文学与佛学的深入比对与细析,获得了某些共识与成绩。不过,鲁迅大量的杂文[2]与佛教文化亦有关涉,学界至今关注不足[3],多以杂文为论证其他问题的材料。本文基于现代文学转型的视角,系统考察鲁迅杂文中的佛教文化向度,并从多方面探讨其价值。

一、摄取佛教人格

作为轴心时代的重要人物,佛陀并非只是解释人生的思想者,而是改造人生及世界的实践者,能说不能行,不名真佛法。人格涵盖知、情、意等不同功能与多个心理需求层次。在佛家说,佛性是人格的本质规定,包括多个环节,故曰"信解行证""信受奉行",关键是行与证,故佛教历来注重为高僧大德作传,他们是综合的直观的具有人格美的佛法呈露。也许是思想家与文学家的思维交融,鲁迅不仅研究佛理,也很看重人物,他搜集了多种佛陀与高僧的传记[4],关注他们的虔诚与戒律精神[5],可以说,佛教人格整体上有深度地影响了鲁迅的个性心理,转化为作品中的心灵结构,在明快的杂文中,这种表现来得更直接,主要有三方面[6]。

(一)慈悲情怀

慈是给予他人乐,悲是拔除众生苦,是佛家人格在情感与意志维度对自身存在的诠释,意味着自他和谐乃至诸法无碍的价值,较之由我执、法执而来的对立思维和偏执割裂,这是生命境界的转变与提升。从知情意三元一体的心理结构说,醇厚广大之慈悲须在证悟空性、转化无明后现起,是智慧见地的结果,而非主观盲目的情感,故慈悲被视为佛的心理特征,是诸佛菩萨功德之根本[7]。作为生来之秉性或后天修养的善心所法,慈悲有相对独立性,深广度方面有个体差异。鲁迅摄取佛家慈悲,杂以儒墨之忧患意识、现代人道思想,表现为鲜明的社会批评与道德情感,抨击假恶丑、扶持真善美的杂文是最充分最直接的体现。他说,创作固然可贵,但需要杂文的时候,就还是要杂文,希望青年站出来,对中国社会与文明作毫无忌惮的批评。[8]他说,他的笔比较尖刻,说话无情,但知道人们如何用公理正义的美名、正人君子的徽号、温良敦厚的假脸、流言公论的武器、吞吐曲折的文字,行私利己,让无刀无笔的弱者不得喘息,他觉悟了,所以常用。[9]因此,他以杂文来发现儿童,破坏传统礼教,抨击节烈,反对盲目愚昧的保古心理,厌恶读经复古的知识分子,透视和针砭民族文化心理,为情诗辩护,反击道学化的文学批评,声援请愿学生,笔伐学校的恶势力,悼怀"左联"作家,憎恶国民党文化上的恐怖政策,在百科全书式的视域中[10],以思想与审美的力量践履慈悲人格,旨在去除昏迷与强暴,纯洁聪明、勇猛向上[11]。

(二)心性意识

至少从诸子时代,中国思想就表现出很强的心性论取向,性是人的本质,显发于心,心是知情意为一的内外合一的整体存在。[12]佛教入华,显扬心性本体意识,其心学智慧空前绝后。[13]文学本与心灵密切相关,应该说,无论是品鉴高僧,还是研读经论,都加强了鲁迅的心性意识与人学功力,影响创作心理。儒家重本心与内省的实践方法、道家"道法自然"的自由意志可能对此亦有增进[14],这源于鲁迅的旧学积淀,可能也有集体无意识意义上的文化遗传,尼采富有心理深度的非理性哲学可能亦有启发[15]。鲁迅的"立人"有很强的心学内涵,早期论文以先闻白心、性解竺生、起人内曜、抱诚守真、涵养神思、洋溢心声、衷悲疾视、贵力尚强等描述理想人格,后来的作品可谓"攻心"之作,国民性批判即审视"国民心",以杂文最为鲜明丰富。《坟》的后记中[16],他说自己的确时时解剖别人,但更多的是更无情面地解剖自己,这自他两面的心理分析,涉及知情意多个维度,以及多个心理层次。对自己,比如他极力抨击复古思潮,反对读古文乃至所有中国书,说自己苦于背负古老的灵魂[17],气闷沉重,无法摆脱,是对自身文化心理的痛切反观。《灯下漫笔》叙说自己从惶恐到安心的过程及其羞惭反思,挖掘"奴性",延及历史,并洞察外国人对中国之态度包藏的善恶之心,深入幽微。《导师》劝青年不要盲目跟从他人,但自己也不可靠,诚挚自责地交代教训。《并非闲话》敏锐觉知自己的念头,有"修心"意味。对他人,篇章较多,大多是剖露国民的负面心理,例如,看似宽恕的说辞,背后可能是胆怯;看似圆滑高妙、公允堂皇的言论,实是阴谋与损害;道德家无真心;复古者的真实目的不是复古;求己图是主奴心理之复合;揭露杨荫榆、章士钊等人的心理扭曲;对改革求全责备,实则是懒惰与怯懦。也有少数的正面心理开掘,如《无题》记述购买"三文治"的言行心理,伙计防范我偷窃,我主动解释,于是买卖两方都生起惭愧之心,这是人性的希望。总之,体现了心性审美意义上的求真求善。

(三)勇毅品格

佛教说无明深重,解脱不易,须累劫修行,忍辱不辍,故勇猛精进为六度之一,历代高僧对此深有体现。鲁迅的勇毅与此极为相近,儒墨的积极用世、摩罗诗人与新神思宗的刚健崇高对此亦有支持[18]。鲁迅的勇毅包括两方面:一是直面人生的勇气,他在多篇杂文中指出,国人向来缺乏正视现实的勇气,只用瞒和骗造出奇妙的逃路,是国民性的怯懦、懒惰与巧滑;要取下假面,真诚深入大胆地看待人生,期待精神界战士,期待青年对社会人生无所顾忌的批评;生命要在死亡面前跨过,从没有路的荆棘之地踏出路。二是坚持韧性的抗争,他在多篇杂文中慨叹,中国文化太"老"了,导致保守、惰性、虚伪、怯懦,比如顽固修补老例的"十景病";人们善于忘却,很多新事都要重新做过,付出牺牲,却无甚效果;搬动桌子、安装火炉,都要流血;反改革者对改革的毒害从来没有放手且无以复加。痛心于此,他多次剀切提倡韧性,例如对女性解放,提出学习"无赖精神",坚持到底;在爱国方面,认为要在勇气和理性上坚实地训练国民许多年;在没有天才之前,提倡发扬泥土精神,艰苦卓绝;做事要执着如怨鬼,纠缠如毒蛇;要有不耻最后、驰而不息的精神;对"费厄泼赖"则要缓行。

人格是文学的起点,也是文学的止境。佛教在人格层面对鲁迅的影响显示出两者的关联之强,促发鲁迅杂文在思维、素材、思想、语言等方面的佛家色彩。

二、融渗佛教思维

思维方式是心力的表现,也是人格的内涵。佛教影响鲁迅的思维不仅存在于创作心理,而且落在杂文的情理上,主要包括以下三方面。

(一) 缘起性空的思维

缘起性空是佛教对世界的根本认识,即任何事物都是诸多条件聚集的结果,离开条件则改变,故曰"空"。从人的意义上说,心识是缘起的根本要素,故修心才能解脱。另外,缘起思维还包括了因果思维,并非无序与荒诞,而是遵循一定的规则。佛典对此反复阐发,鲁迅应有了悟,比如他搜集《金刚经》《心经》的注本共11种[19],两书都属般若部,说缘起性空甚深,有很强的破除执着的功能。该思维可促发主体转变观念与行为,转化深层心理沉淀的僵化结构,破除信息遮蔽,激发心灵觉照,是隐性的深层思维修养。鲁迅杂文对此亦有直接表现,如《论雷峰塔的倒掉》《我们怎样做父亲》对无常的觉解、对终极真理的悬搁;《坟》的后记中感慨诸法流逝的中间物意识[20];《忽然想到》[21]说改变国民性的艰难与信心;有些篇章从4 000年历史的视角对国民性的缘起分析与因果思考等,如稍加延展,与《故乡》《墓碣文》等其他文类作品比对互证,愈能发现以上论述非妄揣臆断。

(二) 直觉思维

直觉是越过逻辑推理直达事物底蕴的心理能力,具有直接性、自动性、非逻辑性、情感性,多见于文艺家,内心深刻丰富的经验、学识、情感等积淀到某个程度,冲决定势,自由离合,瞬间以独特方式排布为新奇的意象或图式,亦即灵感或顿悟,有丰富的理性因素和理性内容。[22]这是经过潜意识沟通产生的创造性意象或突发性思维。[23]要实现深层心理的重组,须有相应的"撼动"机制,缘起性空思维有利于心理破执与重组,故佛家说顿悟。中国人很早就将概念理性思维与整体直观顿悟相结合。[24]鲁迅活跃的直觉有缘起性空思维的支持,他的杂文是自身气质、情思、思维之自然流露过程[25],明显可见直觉思维的兴发。如《论照相之类》从求己图悟到根深蒂固的主奴关系,从男人扮女人看到国人的调和中庸心理;《再论雷峰塔的倒掉》从塔砖被偷想到损害国家柱石的奴才;《看镜有感》从镜子花纹想到保守与开放中的国运兴衰;《热风·题记》由童子军军服想到新文化运动中人们的投机善变,是比附意义上的直觉;给徐炳昶的信中,从街上堆高的煤灰悟到国人的守旧懒惰与自取其辱,都是富有深度的直觉发现。

(三) 意象思维

鲁迅杂文有丰富的抒情性与意象性,故有诗性价值。意象是主观情志与客观物象的碰撞融合,是包含意与象的双重性结构,是典型的艺术思维,是中国传统思维方式的代表。[26]从思维角度说,文学意象是以直觉或顿悟之心对世界与心灵诸现象的审美体认与符号化,与前述直觉思维有极密切的关系,是直觉思维的完成阶段[27],亦受缘起性空思维的推助。按时序道来的杂文是以直觉思维"突入"世界,也以此"突入"构思、生发文本,呈现为"经验"与"传达"的同构,故意象建构比较弱,或趋于谈话风;有的文本意象特征明显,是在直觉"突入"现实之后,经过作者思想与审美的转化而呈现的思维与结果,具有相对自足性。比如《论"费厄泼赖"应该缓行》从现实人事见闻中体悟和提炼"叭儿狗"意象,讽刺巧滑胆怯奴性的人格。《苍蝇与战士》通过两个在审美价值方面有明显差异的意象,表达对时代前驱的赞颂,对胆怯无能者的鄙视。再如以大染缸意象比附中国社会的沉滞与守旧,以人肉筵席象征中国历史文化的"吃人"本质,以"吃教"的动态意象呈现国人无诚无爱的世俗化心理,以戏剧的看客象征人们的冷漠空虚与血腥的慰藉,以泥土表征具有包容、进步、建设精神的现代民众,以不耻最后的运动员显发韧性勇敢的精神。总体说,鲁迅杂文的意象思维比较普遍,从"立人"着眼,创造了真善美、假恶丑两大类意象[28],构成了个性化的意象系统,在思想与艺术上各有其精度与强度,且多与修辞结合。

三、援引佛教素材

除了人格汲取与思维融渗这样深层的潜在的关系,鲁迅杂文还援引佛教素材以表达情思态度,且数量不少,可以说,借用佛教素材来议论抒情,是鲁迅杂文选材方面的一个特点,达到了"自由自在"的程度,这源于鲁迅的佛学修养与审美心理,同时也是彼时知识分子新旧学兼备而来的普遍特征,大概可归为四类。

(一)人物素材

即借鉴历史或现实的佛教人物及相关事迹,寄托自己的启蒙意识与价值追求,具体又可分为弱势与强势两类。弱势素材在文本中笔墨极少,内容单薄,意蕴有限,多为扁平之点,有微小的建构作用。如《我之节烈观》提及只有"和尚道士"与奉旨者可以说话,批评儒家思想垄断;《论照相之类》中念佛的老太太说灯油是心肝熬制,可见底层旧人物的愚昧;《随感录三十三》以神童杂糅儒道、耶稣、和尚之糟粕为例,批评鬼话迷信淆乱科学,阻碍进步;《流氓的变迁》以和尚喝酒为例,说流氓的巧滑与凶残。强势素材篇幅较多,内容比较具体丰富,甚至对人物形象略有勾勒,例如《论雷峰塔的倒掉》引《义妖传》的民间故事,法海颇有喜剧色彩,与历史真实不符[29],旨在传达现代人文价值与爱情自由,批判礼教与卫道;《随感录三十三》引谛闲法师与城隍的对话,说鬼神不可信,语言描写有省略,但对法师仍有塑造之力,素材的说服力较强;在批评柔石《二月》时,引述释迦牟尼见宫女睡态丑陋而出家,与小说的人物心理形成对比;《华盖集·题记》引佛陀成道的典故,铺陈兴发,指出自己只能在小事情上执着认真,在古今人物的对比中,显示其现代价值抉择,亦略有自嘲之意。

(二) 事物素材

主要援引佛教物件,大多略有提及,内容比较单薄,有充实内容、映衬主旨的作用。比如《说胡须》以胡子款型批评国粹家的愚昧顽固,提及北魏到唐代的佛教信士,作为考证胡子历史的材料,显示了作者广博的历史文物知识;在反对盲目保古时,鲁迅将金人玉佛列为国粹;《再论雷峰塔的倒掉》说民众功利短视,偷挖塔砖,想到龙门的大佛肢体不全,可见作者佛教文化知识的丰富,可谓信手拈来;《坟》的后记是抒情化的思想性文章,在开首铺垫渲染时,作者自然而然地描述了南普陀寺及其傀儡戏,衬托自己寂静与哀愁的体验。

(三) 事件素材

包括人物和故事两方面,有的来自历史,有的来自现实,有的比较简单,有的比较具体,功能与前述相似。例如《娜拉走后怎样》说女子经济权问题,以将冬衣送给别人与菩提树下普度众生两个事件为喻,比较论说,颇有幽默,寓庄于谐。《新秋杂识(二)》以佛教放焰口、施恶鬼、打醮救国为例,批评民族危机中的民众怯懦无聊,没有实际觉悟,仍活在发昏和做梦之中。《法会和歌剧》批评法会与歌剧的结合,娱乐会破坏佛法的严肃与庄重,是对佛教信仰的俗化与不认真,重心是针砭国民性[30]。另外,也有很简约的素材,比如《随感录三十三》提及有人以不敬君父为由攻击佛教,论说古代排外心理。

(四) 佛理素材

鲁迅杂文虽重思想议论,但可能是义理素材抽象难解,故很少有比较纯粹的佛理引述，它们多蕴含在人事物素材中，偶有较为突出者。比如《有趣的消息》批评陈西滢的圆滑，为自己的社会批评辩护，援引了因果报应之理。为叶永蓁《小小十年》作的引言中，作者描述和批评小说的人物从个人主义转向集团主义的心理迷误，引述佛教小乘与大乘的事相差别，进行类比议论，有诠释佛理之意。《"死地"》以"言语道断"这样的佛学概念表示对段祺瑞政府屠杀学生的愤怒无言。《逃的辩护》为国难之际学生的不幸遭遇辩护，结尾引佛教净土宗常见的咒语性概念"阿弥陀佛"，加叹号，让读者体会到鲁迅的极度激愤与鄙夷。

佛教影响中国人的文化生活有两千余年，无论是物质层面还是心理层面，在近现代皆有存续，鲁迅的素材援引反映了当时的佛教文化生活与存在，是彼时知识分子文化修养的历史特征，如周作人、郁达夫亦然，因此具有鲜明的时代性。

四、批评佛教事理

除了早期的《破恶声论》从精神上达的角度谈佛教信仰的价值，鲁迅杂文没有专门批评佛教思想，而是借佛家素材批评社会，但鲁迅的思维有张力，语言多褶皱，取材时或隐含批评佛教事理之意，从作者的评价态度说，主要归为四种。

（一）否定

与同时代皈依佛教、精修律宗的李叔同相比，鲁迅显然没有在宗教体验的意义上认同佛教，而是在科学与人文两种现代价值的协调中借鉴佛理，循的是现代为体、立人为基、佛教为用的原则，因此鲁迅杂文对佛教事理的否定表现在两个层面：一是否定佛教义理；二是否定佛教信仰现象。前者方面，比如《随感录三十三》引述谛闲法师与城隍对话，主要是以科学反对鬼神迷信，虽然意思比较隐微，实则将佛教信仰也放在了科学的对立面。《导师》

建议青年不要轻易跟随别人，并以和尚、道士为例，说都是将来的白骨，既是对和尚的否定，亦有对佛理的否定。后者方面，《新秋杂识（二）》批评民众在国难之际放焰口、打醮，斥之为活在梦中和发昏，否定之意明显。《无花的蔷薇》第五节批评人们对前贤的私心之用，批评佛教徒对佛法的背离，是对堕落变质之佛教的否定。《庆祝沪宁克复的那一边》《在钟楼上》批评革命在大众中变得浮滑，以大乘佛教为例，批评佛教的普及与堕落，失去了戒律和虔诚。此外还有对吃教者的否定，对时而做官时而下野念佛的投机者的讽刺，主要是对信仰乱象的批评。

（二）肯定

青年鲁迅说："夫佛教崇高，凡有识者所同可，何怨于震旦，而汲汲灭其法。若谓无功于民，则当先自省民德之堕落；欲与挽救，方昌大之不暇，胡毁裂也。"[31] 他认为佛教出世的理想是崇高的、超越的，关于国民道德提升，佛教有借鉴价值。虽然后来其思想多有蜕变，但在人文主义的意义上尊重佛教信仰的精神价值，肯定佛教人格对现代人的启示，则是基本稳定的态度。如《晨凉漫记》对玄奘殉教精神的赞可；《中国人失掉自信力了吗》肯定舍身求法的民族脊梁；《五十九"圣武"》从中国人史的角度肯定殉教和尚；《庆祝沪宁克复的那一边》肯定坚苦的小乘佛教与信仰的严肃性，反复表明鲁迅对殉教精神的推崇。

（三）怀疑

"五四"是充满怀疑的时代，是破偶像的时代，鲁迅深具怀疑精神[32]，他说不懂终极究竟之事，不是真理的发现者，自己看事太仔细，多疑虑，思想太黑暗，不知道是否真确[33]。在佛教信仰的真实性上，鲁迅亦有不决，比如《有趣的消息》提及释迦说因果报应，避免造恶业，要出家修行，鲁迅说"我却不大相信这一类鬼画符"[34]，"不大相信"并非完全否定，留有反思变化的余地，后又提及印度小乘教的因果与地狱思想,说"这些信仰,也许是迷信罢"[35],有商榷语气,亦未决然。《中国人失掉自信力了吗》批评国人求神拜佛,并未明确否定其价值,而是说"玄虚之至了,有益或是有害,一时就找不出分明的结果来,它可以令人更长久的麻醉着自己。"[36]在个体精神层面,鲁迅当时应该是肯定佛教的,但对佛教的救国价值[37],他无法判断,故存疑,同时批评佛教信仰中的麻醉与自欺心理。鲁迅深受科学影响,当时科学与佛教之对话尚未深入,科学无法对佛教做出充分的判断,故鲁迅对佛教保持怀疑,实则是科学精神的表现。如果与前述之否定态度比较,会发现鲁迅对教理的否定并不强烈和确切,主要是批评某些人事现象。因此,鲁迅对佛教教理总体表示怀疑,但未做确切之否定。

(四)悬置

鲁迅杂文并非针对佛教,故有时虽涉佛教事理,但或许是走笔迅捷,思维清通,并无复杂的情感寄托,在这种比较简单的论说中,对佛教事理的批评可以说是冷寂的,"不作为"的,但也是一种态度,表明对佛教的关切程度。如《娜拉走后怎样》以捐棉袄和菩提树下冥想度众生之比对为喻,说务实改革之难,作者对菩提树下冥想度众并无明确之嘲讽或肯定,情感平淡,思理畅达。《忽然想到之六》批评盲目保古思潮,作者提及"涅槃""金人玉佛"等佛教事理,但并未直接肯定或否定,而是建议以当务之急为标准,拣择判断。《法会与歌剧》虽讽刺佛法与娱乐的混合,但并未对法会本身有明确的臧否。

综上,鲁迅杂文对佛教事理的态度有一定的复杂性。教理层面,倾向以科学方法质疑和探究佛法,持怀疑态度;信仰实践与现象层面,鲁迅基于对小乘佛教虔诚坚修之赞同,对世俗化人物或仪式持嘲讽或否定态度。应该说,世俗化是中国佛教信仰的特点[38],从大乘教理说,佛法与世俗生活的结合,可能降低了信仰的精纯,但扩展其面向,增强其张力,从作为现代价值的大众化角度说,佛教与世俗对立统一,鲁迅的批评对佛教的现代化与人格建构有镜鉴意义。

五、吸收佛教语言

语言艺术是文学从心灵向文本转化的终端环节,是物质化与符号化的文学存在,决定作者的冥思、情感、心象、节律等审美体验是否落地。优秀的作家无不向语言挑战[39],与符号化的生命形式搏斗,不断超越。佛教传入中国,佛典的翻译、格义以及印度文化的传入,在义理层面影响了中国哲学、伦理,在语词方面更是直接增加了三万五千[40],极大拓展了汉语文学在思想和审美上的创造空间。

文学语言重在含义和语感,包括顽强的表象再现、自然的情绪体验、潜隐的内驱意动。[41]鲁迅富有诗性气质,他的语言充满断裂、褶皱、浓缩的阴影、内在的紧张,他打碎语言的意义链,将声音和色彩融入字词,让意义沉在底部。[42]这种特征在杂文中多有显现,重要的是,有佛教文化心理驱动及相关语言的融入,后者作为古汉语,通过与现代汉语组合,造成古今词汇在视听、意义上的交叉并置,不同程度地增加了语言的受阻、扭曲、发散,强化了文本的诗性,体现了作者在语言上的审美情感与自由意志。涉佛语体包括词汇、句式、修辞三个方面。

(一)词汇

鲁迅杂文吸收佛教词语比较普遍,约有 140 篇,在近 20 年的创作中保持平稳,且"随心自在",可分一般性词汇与陌生化词汇两类。前者多为基础词汇,在佛教文化传播中比较稳健,为人熟识,诸如释迦牟尼、佛陀、菩萨、罗汉、和尚、禅师、尼姑、善男信女、大乘、小乘、因果、来世、轮回、布施、现世、地狱、鬼魂、阿弥陀佛、慈悲。也有比较晦涩生僻或少见的,如绮语戒、天眼通、天人师、牛首阿旁、大叫唤、无叫唤、游戏三昧、言语道断、放焰口、打醮、丈六、唵、阿伽陀药、外缘、须弥、桑门、梵刹、罣碍、心传等,它们都增强了现代汉语的传统质素、陌生化与审美潜质,也提高了接受难度,有利有弊。

陌生化词汇是鲁迅杂文对前述词汇的创造性运用。有的词语是对原词的化用,如"本无其物"源于"本来无一物","世故三昧"源于"三昧","天上地下,惟我独尊"源于"天上天下,惟我独尊","心无从相印"来自成语"心心相印";有的词语是按佛教词汇的结构形式推展,典型的是"大+名词/动词/形容词",表达情感、动作、事物的程度或特点[43],如大苦痛、大震撼、大咆哮、大安静、大沈寂、大过失、大神秘、大苦恼,虽是类型化组词,但增加了表义的雄浑与抒情,"大"在古汉语中与"道"有关,契合鲁迅对力之美的欣赏。

(二) 句式

句式方面,主要是四字句。四言在《诗经》中已成为主要体制,后来出现七言和五言,但四言不辍,它在魏晋以来的佛经翻译中发扬光大,形式上的整饬与节奏,对应着义理上庄重与诗性,且不乏音韵美,佛教文学对此颇有借重。鲁迅杂文的四言受古典诗歌、骈文的影响,佛经亦加强于此。如《我之节烈观》:"国民将到被征服的地位,守节盛了;烈女也从此看重。因为女子既是男子所有,自己死了,不该嫁人,自己活着,自然更不许被夺。"[44]《论雷峰塔的倒掉》:"这是有事实可证的。试到吴越的山间海滨,探听民意去。凡有田夫野老,蚕妇村氓,除了几个脑髓里有点贵恙的之外,可有谁不为白娘娘抱不平,不怪法海太多事的?"[45]《续记》:"大病初愈,才能起坐,夜雨淅沥,怆然有怀,便力疾写了一点短文。"[46]既有成语传衍,也有现代四字句的个性化创造,凝聚了文气与诗性,丰富了行文的情感节奏,在典雅古朴内敛与平易清新自由之间丰富了现代汉语的美感。

(三) 修辞

修辞方面主要是譬喻。包括《譬喻经》在内的很多佛典都有譬喻,一是修辞;二是寓言。[47]鲁迅研佛,既有义理辨识,也有审美眼光[48],比较明显的个案实证是对《百喻经》的艺术批评和印赠,故佛教对鲁迅的艺术思维有一定影响。具体到杂文,一是比喻修辞,本体多为社会人生现象,喻体从佛教文化视角分为涉佛与非涉佛两类,如大小乘佛教、地狱等,前文有述;二是寓言说理,即用故事说道理,叙议结合,可视为借喻,如《论雷峰塔的倒掉》《法会与歌剧》等,前文亦有论及。

1926年,谈及现代汉语的穷乏欠缺,鲁迅认为其如何丰富是大问题,或许可在旧文中取得若干资料。[49]郑敏认为,汉语现代化要吸收外来语,也要扬弃古典文学语言。[50]佛教语言比较平正、雅致、含蓄,不乏音韵美,是古汉语的一部分。在文化转型、语言变革之际,鲁迅杂文创造性地运用佛教语言,既是对民族审美心理与语言传统的延续,也是对现代汉语的拓展,支援了散文的文体建设,与当时社会的文化张力是对称的。对今天的读者,鲁迅杂文中的某些佛教词汇或许已不尽适用,但此中得失,为当代散文语言发展提供了现实基础与实践案例。

历史地看,中国现代文学是3000多年文学史的一段,诸子散文已有小品,论说雄辩,奇正交互,捭阖自在,历汉魏唐宋元明清,在情思、体式、语言方面颇有因革,且濡染佛家文化,故鲁迅杂文之佛化特征并非突然。他还吸收了西方求新求变的精神,审美精神从和谐转向崇高,拈出杂文之体,发扬社会与文化批评,彰显现代性价值,内不失民族血脉,外不悖世界思潮,有大家风范。鲁迅在人格与思维层面的佛教影响具有基础性、整体性,杂文中有直观和丰富的体现;以佛教素材充实杂文血肉,源于佛教文化修养,亦为文化惯性;其对佛教事理的批评有现代意识;"拿来"佛教语言,承先启后,显示出卓越的语言能力,体现了杂文强健的生命力以及佛教对杂文的价值,此公案对当代散文的"化传统"与主体性建构富有借鉴意义。另外,从佛教散文说,中古僧传颇近小品;明清的莲池、紫柏、憨山、蕅益多有说法随笔,思理精深,体制简短,针砭时弊,神似杂文;近代以来,虚云、太虚、谛闲、圆瑛承袭流衍;时至当代,台湾和大陆的佛理小品相继繁兴,多雅俗融合与大众趣味,比较而言,鲁迅的杂文更显开阔、担当与力量,更见个性与艺术。[51]现代时期,佛教界趋向改革、赞成新文化的僧人就对鲁迅其人其文有所借鉴[52]。虽然时代际遇不同,文学的价值本来也是多层面的,但对当代佛教的发展与活跃的佛禅散文而言,无论是作者的信仰人格建构、心性修养、基于佛教价值视角的言说立场调适,还是社会化素材的拓展与丰富、佛教义理与情感辞采的结合、体式创新等方面,鲁迅杂文都是重要的借镜。

注释

[1] 任传印:《论鲁迅〈野草〉的终极关切与佛教文化》,《中南大学学报》(社会科学版)2016年第1期。

[2] 鲁迅杂文是侧重社会批评与文化批评的议论性散文,兼有抒情或叙事特质。

[3]《鲁迅杂文与〈百喻经〉》指出鲁迅研读《百喻经》的立场是审美的而非佛教的,该经的影响体现为国民性批判视角、譬喻修辞、花鬘体结构,比对实证,论见中肯。赵献涛:《鲁迅杂文与〈百喻经〉》,《上海鲁迅研究》2007年第3期。

[4][19] 鲁迅:《鲁迅全集》第15卷,人民文学出版社2005年版,第43—270页、第99—209页。

[5] 谭桂林：《鲁迅抄经考论》，《中山大学学报》（社会科学版）2022年第1期。

[6][14][18][20] 王乾坤：《鲁迅的生命哲学》，人民文学出版社2010年版，第86页、第54—65页、第54页、第14页。

[7] 陈兵：《佛陀的智慧》，上海古籍出版社2006年版，第197页。

[8][9][11][21][34][35] 鲁迅：《鲁迅全集》第3卷，人民文学出版社2005年版，第4页、第260页、第130页、第18页、第211页、第214页。

[10] 钱理群、温儒敏、吴福辉：《中国现代文学三十年》（修订本），北京大学出版社1998年版，第323页。

[12] 蒙培元：《中国哲学主体思维》，人民出版社1993年版，第13页。

[13][23] 陈兵：《佛教心理学》（上），陕西师范大学出版总社有限公司2015年版，第2页、第143页。

[15] 陈嘉明：《现代性与后现代性十五讲》，北京大学出版社2006年版，第147—150页。

[16][17][44][45][49] 鲁迅：《鲁迅全集》第1卷，人民文学出版社2005年版，第300页、第300页、第126页、第180页、第302页。

[22][41] 钱谷融、鲁枢元主编：《文学心理学》，华东师范大学出版社2003年版，第108—109、225页。

[24] 陈剑晖：《诗性想象：百年散文理论体系与文化话语建构》，广东人民出版社2014年版，第125页。

[25] 王鼎钧：《文学种子》，生活·读书·新知三联书店2019年第2版，第69—70页。

[26] 吴晓：《宇宙形式与生命形式——诗学新解》，浙江大学出版社2019年版，第43页。

[27] 董平：《论先秦哲学的直观思维》，《哲学研究》1987年第1期。

[28] 黄健：《孤独者的呐喊》，安徽大学出版社2013年版，第185页。

[29] 任传印：《鲁迅笔下的宗教人物形象塑造》，《哈尔滨工业大学学报》（社会科学版）2015年第5期。

[30] 鲁迅深恶国人敷衍做戏、无诚无爱的态度，故赞成小乘的虔心苦修，批评大乘的广远浮滑，有很强的语境意味，非针对佛理，从人间佛教的社

会实践来看,佛教与文艺可互为佐助。星云大师:《百年佛缘·文教篇》,生活·读书·新知三联书店2013年版,第338页。

[31] 鲁迅:《鲁迅全集》第8卷,人民文学出版社2005年版,第31页。

[32] 王乾坤:《回到你自己:关于鲁迅的对聊》,中国文联出版社2001年版,第217页。

[33] 鲁迅:《鲁迅全集》第11卷,人民文学出版社2005年版,第81页。

[36][46] 鲁迅:《鲁迅全集》第6卷,人民文学出版社2005年版,第121页、第513页。

[37] 1942年,虚云法师在重庆主持"护国息灾大悲法会",指出法会可息灾、改变人心、止恶行善,收效非浅,此事须仗僧伽行持,但发起者之诚心不能普及大众,则于事理无益。净慧主编:《虚云和尚全集》(第二册),国家图书馆出版社2016年版,第8页。

[38] 中国传统宗教是分散性的而非制度性的,特点是教义、仪式、组织与世俗社会生活、制度等混为一体。杨庆堃著,范丽珠译:《中国社会中的宗教:宗教的现代社会功能及其历史因素之研究》,上海人民出版社2006年版,第10页。

[39] 刘烨园:《精神收藏》,太白文艺出版社2001年版,第337页。

[40] 梁启超:《佛学研究十八篇》,天津古籍出版社2005年版,第155页。

[42] 江弱水:《从王熙凤到波托西》,广西师范大学出版社2005年版,第40—41页。

[43] 有论者认为老庄即以"大"构词,佛教受老庄的影响。笔者认为,佛经以"大"构词多三音节,老庄多双音节,故佛经对鲁迅的影响可能更直接。赵献涛:《〈野草〉所受中国古典文学的影响》,《绍兴鲁迅研究》2021年。

[47] 孙昌武:《佛教文学十讲》,中华书局2014年版,第53—55页。

[48] 周作人:《鲁迅的青年时代》,止庵校订,北京十月文艺出版社2013年版,第73页。

[50] 郑敏:《世纪末的回顾:汉语语言变革与中国新诗创作》,《文学评论》1993年第3期。

[51] 谭桂林:《20世纪中国文学与佛学》,安徽教育出版社1999年版,第322—323页。

[52] 谭桂林:《现代中国佛教文学史稿》,安徽教育出版社2015年版,第

389—401页。

[本文系2017年度国家社科基金青年项目"百年中国佛教文学的现代性研究(1912—2016)"(编号：17CZW049)]

生命的内在审视和自我的精神观照
——以《野草》为核心的细读考察

李生滨　靳喜红　西北师范大学文学院

因人道主义立场和启蒙批判的坚守及生命内在精神的自我观照，使鲁迅及其作品的研究成为中国现代人文知识分子自我批判和精神澡雪的最好参照。而要真正深入理解鲁迅的启蒙精神和审美情感，不仅要整体关照他在传统与现代之间的思想文化个性，还要深入其个性心理的深处，探究其文化的精英意识，以及个性心理或内在情感所造成他作品内涵与独特形态的根本因素。一个人的情感与思想无法分离，孤独而沉痛的生命感受使得鲁迅思想在作品中呈现出"裂变"形态。具体而言，就是他所说的与他所意识到的内涵[1]，形成多重的意义结构——或者说自我和自我的精神镜像是矛盾悖反的多重交错。因此，对鲁迅作品思想意义的探讨和确认常常是一件极其困难的事，特别是《孤独者》《在酒楼上》和《野草》等体现鲁迅主体情感和矛盾思想极为强烈的作品。因情感与思想交织的根本意义的深层蕴藉，绝不是文本字面形态的直白陈述，而是处于一种裂变状态的复杂呈现。这种裂变形态是鲁迅文化心理结构在文本创作中创造性投射的必然产物。鲁迅要在传统与现代、启蒙与保守、功利与理想、个体与社会之间做出选择，而这种选择所要面对的文化和情感认同何其艰难。因为它必然伴随着几千年士大夫文化无意识的生命内在情怀的自省。从肩住黑暗的闸门而走向现代启蒙和民主革命的复杂情景，这种心灵的痛苦,不是简单的呈现于言语的"两间余一卒,荷戟独彷徨",而且要求选择者必须清醒于整个过程之中,而必然无法生存于混沌的梦中,没有退路的"绝地",却要面对梦醒之后的现实。这种无麻醉剂的自我解剖显然非所有人能承受、负荷。这种精神分裂与自我囚禁的悲愤,也正如鲁迅笔下的魏连殳,像一匹受伤的狼,惨伤里夹杂愤怒、在深夜的旷野中嗥叫。魏连殳可以在特殊的情景放声哭出来,鲁迅的内心伤痛和精神负荷,只能压抑在心底,在极度的悲郁中通过独特的文字抒发愤懑。因此对鲁迅来说,其文化心态的现实批判和自省的文本呈现过程,便变成了自觉的分裂自我的过程。[2]因为鲁迅历来最"不愿将自以为苦的寂寞,再来传染给也如我那年青时候似的正做着好梦的青年"[3]。这种"自以为苦的寂寞"就是自我剖析小说《孔乙己》《祝福》《伤逝》《在酒楼上》《孤独者》等悲郁作品深层的文化心理结构,也自然是《野草》《朝花夕拾》《故事新编》等产生的生命自我的冷峻观照。

  与一般作家的保守和冷峻不同,鲁迅对社会和生活的许多问题看得更深刻。"横眉冷对千夫指,俯首甘为孺子牛。"养成了人生冷眼的审视和与此而具有的敏感。借用黄乔生的话说:"有了经典的时代,还不一定能够产生经典作家和经典作品,必须有足够修养的人,与时代的需要相激发。鲁迅正是这样一个应运而生、具备了必要修养的人物。"[4]晚清以来的维新与启蒙使鲁迅情感思想始终处于与时代相激发的紧张状态。在《伤逝》《铸剑》《野草》等诗意丰赡的抒写中能充分感受到鲁迅内在感情紧张的强度。或许鲁迅的思想认识、性格养成以及长子情结,形成其冷峻深刻的理性精神和生活个性,但"白心"直面时代的忧愤里,仍然贯注了他独特的生命体验。这一点,我们读一读鲁迅的《希望》《墓碣文》《死后》和《影的告别》这样的文字便可知晓。鲁迅的精神是深广忧愤和精神界战士的批判精神,鲁迅的文字"投鞭击长流","心所思,情所动,纵笔书之而磬其胸中","鲁迅既生于今世,既说今世之言,所言有为而发,斯足矣"。鲁迅不仅是精神界之"战士","亦有一副大心肠"[5]。人生自古谁无死,但鲁迅以他的小说创作和杂文批判,为我们留下了民主启蒙与现实批判的文化资源。鲁迅"这样的战士"战困于无物之阵却毅然举起投枪,不会像聪明人假装慈悲安慰奴才、自矜高雅去粉饰乱世之"太平"。

因此,只要明白了鲁迅崇高的思想境界与其深层的生命意识之间紧张的关系,也就可以初步把握鲁迅以探索生命的哲学而著称的《野草》所包含的情感底色。而《野草》的创作心理和《彷徨》里主要作品的写作背景和文化心理,形成了鲁迅最为浓郁的生命自省和启蒙反思的抒情时期。也可以说是"摩罗诗力"在鲁迅创作中一次极为悲郁激越的爆发。这是鲁迅完成生命自我内在审视的精神涅槃,沉潜于直面现实和烛照内心的双重炼狱。

《野草》问世之初,为何没有引起批评者更多关注?孙玉石认为主要的原因在于"《野草》多数属于寄寓自己思想情感的抒情咏怀诗,又往往用曲折隐晦的笔调写出。许多篇的题旨和精神,人们不能很快地了解和把握。"[6]作为"新文学"的奠基性作家,鲁迅的《野草》把人生体验和文化反思的东西诗化了,主要用象征手法言说精神个体陷入现实和自我双重黑暗的绝望反抗,诸多意象难以指名却又清晰如画。语言的峭拔简劲更加充分地体现了思辨抒情的凝练和多样性指涉,造成强烈沉郁的诗意景象,形成了多重复杂和悲郁奇崛的文本效果。由此,《野草》成了一部蕴藏鲁迅生命体验和个性精神最为独特的文本,一方面是超乎想象的奇特意境的营造;另一方面是创作主体绝望反抗之精神力量造成文本内在的紧张空间。所以说,鲁迅的思想与个性制约着《野草》的情感内蕴和语言特色。奇崛的语言深层,《野草》更倾注了自我解剖——内省式的真实情感,更显露出鲁迅精神的本来面目。如果将《伤逝》《孤独者》《在酒楼上》以及其他小说和《野草》一起读,我们会更充分地感受到鲁迅那种内敛而深沉的自省意识,还有思想矛盾的精神痛苦。负荷了现代人文精神投身于现实的文化启蒙，愈是彻底的觉醒，愈是绝望的痛苦。正如《题辞》所言"过去的生命已经死亡"，野草是我所爱，也是我所憎恶的，因为野草的生命装点了大地，却也正是这绿色粉饰了大地，我要让地下的烈火焚烧这大地和大地上的一切。这是怎样的一种情感？

在"明与暗，生与死"的诅咒声中，《野草》首篇《秋夜》所描绘深秋肃杀阴冷的夜景，是对于现实的暗示，我的悲哀和孤寂也如夜般静寂和无法言说，所以"对着灯默默地敬奠这些苍翠精致的英雄们。"[7]孙玉石说这是"韧性战斗精神的深情礼赞"[8]。这是一个觉醒者的孤独和悲哀。"我又听到夜半的笑声"，但哪怕牺牲，也决不会向黑暗和孤独妥协。这也是《野草》抒情基调和情感底色的铺垫。

第二篇《影的告别》：

我独自远行，不但没有你，并且再没有别的影在黑暗里。只有我被黑暗沉没，那世界全属于我自己。

面对当时犹如黑夜的世界的宣言，鲁迅将自己永远不会向黑暗和一切"恶声"妥协的决绝态度表达得更加强烈。《题辞》与《秋夜》《影的告别》呼应，是情感最为决绝和悲郁的篇什。不妨对照《在酒楼上》和《孤独者》之结尾：

我快步走着，仿佛要从一种沉重的东西中冲出，但是不能够。耳朵中有什么挣扎着，久之，久之，终于挣扎出来了，隐约像是长嗥，像一匹受伤的狼，当深夜在旷野中嗥叫，惨伤里夹杂着愤怒和悲哀。

我的心地就轻松起来，坦然地在潮湿的石路上走，月光底下。

我们一同走出店门,他所住的旅馆和我的方向正相反,就在门口分别了。我独自向着自己的旅馆走,寒风和雪片扑在脸上,倒觉得很爽快。见天色已是黄昏,和屋宇和街道都织在密雪的纯白而不定的罗网里。[9]

"五四"退潮后的沉重和压抑,世界犹如罗网。因而"我不愿彷徨于明暗之间","我不如彷徨于无地"。对于现实的不满,抒情主体情感的苦闷,连自己的消沉和无法反抗都要置于毁灭的诅咒之列。"我不过是一个影,要别你而沉没在黑暗里了。然而黑暗又会吞并我,然而光明又会使我消失。"影子的灰暗、孤寂,不是被黑暗所吞并便是被光明消灭。自我的孤独来自世界的可怕、国民的麻木,使启蒙者的鲁迅也生怀疑和厌恶。《求乞者》以奇特的求乞者形象与极端的我的态度之间,求乞者并不悲哀,却激发了我对于现实的人们精神更加彻底的绝望。文笔极为简练的情景化呈现,文笔的高超和揭示的深刻,在于反转后"我"其实也是求乞者,所得到的同样是烦腻、疑心、憎恶。《我的失恋》抛开具体的背景不说,"新文化"时期"时髦的失恋情景"与"拟古的新打油诗"故作诙谐的描写,把那些造作者一点"旧情调、新花样"的轻狂,讽刺描画得入木三分。可见鲁迅冷嘲热讽、无所顾忌的个性精神。

但更多时候,鲁迅沉静而热烈。《复仇》的肆意想象,在想象的极致的快感中,仇视着这世界的无聊。撕裂生命飞扬的大欢喜,与四面而来的路人,与一幕定格的图画奇异地连接,生命本来的热情并没有看见,反而照见的是中国人以看热闹为趣的麻木、愚昧和无聊。所以"生命的飞扬的极致的大欢喜"的"复仇"激情,只能存在于一种绝望而奇异的"无血的大戮"中。《复仇(其二)》告诉我们愚昧的群众会以比真正的凶恶者更残忍的方式残害那些"狂人"和启蒙先觉。救世的耶稣为什么会被永远钉在十字架上?这与某些人类自我的虚妄有关。愚昧者助纣为虐,正直者必然承担牺牲,高贵者必然遭受屈辱。因此,在现代启蒙和民主革命的血污里看够了这种情景的鲁迅,以寓言的故事写下了《复仇(其二)》。在"神之子"和"人之子"被钉杀的"大欢喜"和"大悲悯"中显现了决绝的牺牲精神。这种牺牲是无法超越生命的孤独,而孤独至极的绝望再生啮噬自心的复仇之渴望。

回心内视,虚幻与真实交织的夜和梦,成为鲁迅《野草》的主要意象。而在"梦"的奇特呈现中,又蕴含了"战士""过客"与启蒙者批判为根本的主体性精神、情感和思想。在决绝地打破一切虚妄和愚昧的梦的解析中,可以照见人类为何永远陷入麻木残忍、欲望丑恶和黑暗堕落深渊之景象。鲁迅生命的执着和精神的坚韧,在《复仇》和《复仇(其二)》里表现得奇崛而热烈,而在《希望》一文中则直白地言说寂寞者的绝望、坚韧和感伤。"用这希望的盾,抗拒那空虚中的暗夜的袭来,虽然盾后面也依然是空虚中的暗夜。""我只得由我来肉薄(搏)这空虚中的暗夜了,纵使寻不到身外的青春,也总得自己来一掷我身中的迟暮。"鲁迅启蒙者的精神痛苦正是因为绝望至极而又不能放弃希望的坚守,才显出弃绝一切的精诚。因此,人类精神和生命哲学的绝望体验,在鲁迅这儿表现为一种艺术化或者说终极性的抒情表达。《希望》里表现了一种生命决绝的精神,"绝望之为虚妄,正与希望相同。"同样深沉的生命还有更加丰富的一面,那就是《雪》里描写得奇异而美好的景致。《雪》极尽个性化的抒情描写,有着对生命和大自然的真正热情,而且是一种极艳美而冷峻的背后蕴涵着的热烈执着。"在无边的旷野上,在凛冽的天宇下,闪闪地旋转升腾着的是雨的精魂……""是的,那是孤独的雪,是死掉的雨,是雨的精魂。"这种瑰丽奇特而充满诗意力量的语言和想象,绝不是一个没有生命热情和审美想象力的人所能形诸笔端、叩响于读者心扉的。表现出鲁迅生命更坚强的意志力和审美精神。

鲁迅创作"野草"的心灵世界,意象和情思是那样的奇崛和飘忽。《风筝》看似日常的回忆,但绝不是周作人揣度和附会诸多生活的不愉快,而在于触摸自以为是的偏激怎样造成自我无知的,特别是对于他者的伤害,就像《狂人日记》里"我"也许无意中吃了妹妹的肉一样。这种无意识的麻木和无知,正如《祝福》里柳妈建议祥林嫂去庙里捐门槛,以及那个不屑地淡然地说祥林嫂穷死的短工。剖析自己无知的残忍,这背后是对于人的理解和关怀,可贵的是从自我反思,以警醒别人。柳妈是好心的愚昧,成为祥林嫂悲剧的一个情节的无知"导演",而那个短工永远不会意识到自己对于祥林嫂的冷漠,就是贫贱者对自己的麻木和精神自戕。无情解剖自己,可能是启蒙精神最为彻底的表现。在志趣冲淡的文人或田园梦想的诗人而言,水乡风物错综如云锦,美丽、幽雅、有趣,而且分明——在朦胧中"一个好的故事"展开。在超现实的想象之上描画"一个有无数美的人和美的事"的"好的故事",这是靠在椅背上所做的一个温暖明朗的梦。首尾呼应,包裹"好的故事"的却是更为真实的"昏沉的夜"。同样是在虚实和明暗之间,《过客》则是一个剧本,人物鲜明,对话精彩,是一幕超现实主义荒诞剧。白头发黑长袍的老翁、紫发乌眼珠的女孩、拒绝布施拒绝停下来的过客,他们表现了对过去、现在和未来的不同看法,不仅折射出各自的生命意识,同时也蕴含了人类自我认识的复杂性。在映衬过客形象的对话中,老翁、女孩和坟地等具有了超现实的哲学象征意味,并且指向了人类文化和启蒙追求的终极考量。在阴冷、破败和可怕的场景中,过客及催促其前行的"声音",自然具有了启蒙的哲学象征意味。

梦魇似乎攫住了诗人的灵魂。《死火》一文的感觉与想象更加奇特,写出了一种死亡堆积的绝望里也凝固着虚妄和自我的奇异情景,并且进一步表现为一种绝望反抗的自我阉割的牺牲精神。再回头想象鲁迅加在《野草》前面的《题辞》:"地火在地下运行,奔突;熔岩一旦喷出,将烧尽一切野草,以及乔木,于是并且无可朽腐。"鲁迅冷而热的反抗精神和精神界战士的牺牲精神,表现得鲜明而壮烈、惨烈而渊深。

鲁迅借"地火"以焚烧"旧我",产生"新我",发出疑问:但使人恐惧、怀疑的现实世界真能建设新的文明吗?鲁迅的绝望恰恰是对现实难以直接言说的绝望诅咒。他的深广忧愤其实是挚爱中华民族文化的无意识焦虑,这样的焦虑扩大为对整个人类文化或文明的审视和追问,从外在转向内在时,就成为一种生命回心超验的精神孤独。所以这种生命的焦虑在一个注重精神生活的生命主体身上,体现为自我触及心灵深层黑暗和罪恶欲望的审视、反省和剖析。"鲁迅以自我体验的真实性,入于绝望,又走出了绝望,'虚妄感'中所蕴含的这种两面性,给鲁迅带来了两种后果:一方面,由于过去的黑暗与前途的渺茫(这是虚妄的最表层含义)时时侵袭着它,使这位先觉者的旅行蒙上了一层浓厚的悲壮、伤感气氛,鲁迅的作品(无论是'为他人'还是'为自己')也因而有着一种整体的悲剧色彩。另一方面,鲁迅又在一种体验的真实中拯救自我。'自我'在最内心深处的体验中宣布向世界挑战。这样一来,外在带有启蒙目的'为他人'的反抗与内在'为自己'时'反抗绝望'的反抗在虚妄中以一种奇妙的方式结合起来。双重鲁迅并非截然对立的,而是完整的一个。"[10]呐喊与彷徨,绝望与希望,野草与死火,鲁迅小说家的能力和杂学家的眼光,总能把一些奇特而深刻的思想认识,通过简洁而形象的东西表达得充分而令人难忘。不说奇异的"死火",《狗的驳诘》和《立论》应该也是其简洁而形象深刻的杰作。《狗的驳诘》以梦的虚拟写人的禽兽不如,"我"不愿这是真的现实,宁愿这是梦!我不愿面对这样的社会和现实,如果真是这样,这样的社会也早应该毁灭。所以"我"最后要"一径逃走,尽力地走,直到逃出梦境"。《立论》写中国人的世故、人情,鲁迅一针见血地予以讽刺性撕裂。鲁迅的创作不仅是中国民主主义革命的一面镜子,而且是中国几千年养成的国民劣根性和精神麻木症的一面镜子,其个性化的抒写具有直指当下而成为具象的艺术力量。

  伟大的思想家必然直面现实的批判,正如孔子的思想是在礼乐崩坏和诸子争鸣的背景下产生的,马克思的思想产生在资本主义弊病已现的环境中。《失掉的好地狱》正是对一些"正人君子"与"学者教授们"试图粉饰的1925年段祺瑞主政的"好人政府"(或曰"好政府主义")的强烈反讽。鲁迅曾说:"我只觉得所住的并非人间。"(《纪念刘和珍君》)《墓碣文》一文中,鲁迅对于现实的激愤之情更深。重读《墓碣文》,笔者又回想起林语堂的《悼鲁迅》,林语堂式的"幽默"映照的是其绅士的悠闲和胆怯的逃避,可能还有精神贵族粉饰自我的陶醉。而鲁迅思想的深刻来自精神的纯粹和心志的精诚,来自对自己无情的反省和解剖,"自啮其身,终以殒颠。"只要人间的毒气在人间存在,人性的虚妄在人身上残存,鲁迅就不可能欺骗自己而欢歌人世的美好。这就是无地彷徨而又反抗绝望的生命精神。"……于浩歌狂热之际中寒;于天上看见深渊。于一切眼中看见无所有;于无所希望中得救。……""待我成尘时,你将见我的微笑!"就是如此决绝的一种孤傲和悲愤。

  《颓败线的颤动》中,作家对人世间的丑恶达到如此敏感深刻而生动的表达,对于屈辱者的母爱是那么高尚而伟大。鲁迅的情感和悲悯是常人难以想象的深刻和热烈。

  在琢磨文字和涵养心性的生命自省中,鲁迅有一种死的渴望,却又在做生的挣扎;死的渴望是对生的不满,生的挣扎又是对于世界的反抗。一个启蒙先驱的牺牲精神和人文理想,是那么峻急而矛盾地催促着鲁迅的文化使命和生命热情。

  《死后》一文关于死后的种种假想与真实的生活感受交织在一起,再次揭示社会的冷酷。既没有生的自由,也无死的尊严,然而鲁迅"死后"也不肯给仇敌"一点惠而不费的欢欣。"奇异的灵魂梦境,在鲁迅那儿变成了对看客和各种丑恶形象的热讽,同时在生死的混沌观照中解构了自我。鲁迅的思想个性和性情鲜明地映照着他的文字。生死已难伤大雅的彻底放逐中,《这样的战士》就成为我们前面一路分析的鲁迅情感和思想的精神雕塑,哪怕是无物之阵的孤独,却也是永远举着投枪的精神界战士。敢于这样搏杀"各样好名称"和"各式好花样"的精神界战士,在中国文化史上,独一无二。《聪明人和傻子和奴才》,如此简单的故事和简练的文笔,却勾画出了中国文化的魅惑精魂和锈腐顽疾。在"五四"作家中,揭示和批判国民性,唯有鲁迅达到了最为简洁而形象生动的艺术创造的高度,并且蕴涵深刻的思想性。"叛逆的猛士出于人间;他屹立着,洞见一切已改和现有的废墟和荒坟,记得一切深广和久远的苦痛,正视一切重叠淤积的凝血,深知一切已死,方生,将生和未生。"(《淡淡的血痕中》)。看多了青年生命被杀戮,而正当壮年的"我"却没有了生命的健康和热烈。繁霜凋碧树,色彩斑斓的秋叶竟然是病叶,却也鲜艳……《腊叶》对于爱我者的感激,却又感伤生命的灿烂与凋谢同在。人间正道是沧桑,而更大的悲哀在于这惨淡的世界却是容不得年轻人和有生命热情的人活着。"他看透了造化的把戏;他将要起来使人类苏生,或者使人类灭尽,这些造物主的良民们。"《淡淡的血痕中》,因为造物主的怯弱,他不敢毁灭黑暗的世界,却让人类卑怯懦弱地活着,"让废墟荒坟来衬托华屋,用时光来冲淡苦痛和血痕"。那么,"我"的存在是为了什么? 在梦的"一觉"中有年轻人的奋斗,有野草的坚韧。灵魂被风沙打击得粗暴,"因为这是人的魂灵,我爱这样的魂灵;我愿意在无形无色的鲜血淋漓的粗暴上接吻。"我也要在沙漠和荒野上生长,"来造成碧绿的林莽,自然是为了自己的'生'的,然而使疲劳枯渴的旅人,一见就怡然觉得遇到了暂时息肩之所,这是如何的可以感激,而且可以悲哀的事!?"梦境是实景,我们回想《呐喊·自序》里作者说的"我虽然自有我的确信,然而说到希望,却是不能抹杀的,因为希望是在于将来,决不能以我之必无的证明,来折服了他之所谓可有""在我自己,本以为现在是已经并非一个切迫而不能已于言的人了,但或者也还未能忘怀于当日自己的寂寞的悲哀罢,所以有时候仍不免呐喊几声,聊以慰藉那在寂寞里奔驰的猛士,使他不惮于前驱"。渺茫的悲苦啮咬着一颗善良而悲悯的心,鲁迅的孤独、激昂、沉默和悲愤,还有投枪,在《野草》23篇奇特的文字中永久留存。一个人间大爱者的悲苦的灵魂,在复杂矛盾的情感撕裂中带给阅读者精神的震撼和思想的启迪。

《野草》不仅仅是诗的想象的奇特,而且将小说和杂文的特色充分融合到一起,体现了小说的形象性,同时表现了鲁迅杂文更加深刻的思想性和批判性,而作品内在的深层蕴藉又是生命最为沉痛悲愤的诗意情怀。这23篇文章创造了一个梦魇般的奇幻世界,作品充满黑暗中闪烁的怪诞而奇异的想象,如残损的墓碑,冻结的火焰,鬼魂出没的好地狱,走向坟地的奇怪过客,钉在十字架上的人与神之子,举着投枪在无物之阵大战的"这样的战士"。作为鲁迅自己内心精神世界和情感痛苦的象征表达,是如此奇异而瑰丽。

在鲁迅的心里,始终存在一种生的反抗,死的绝望,至死都有着黑暗与光明的分野,他从来没有混淆过、欺骗过。甚至在生命最绝望和精神的困顿中,他知白守黑。请看《伤逝》最后结尾的文字:

> 但是,这却更虚空于新的生路;现在所有的只是初春的夜,竟还是那么长。我活着,我总得向着新的生路跨出去,那第一步,——却不过是写下我的悔恨和悲哀,为子君,为自己。
> ……
> 我要向着新的生路跨进第一步去,我要将真实深深地藏在心的创伤中,默默地前行,用遗忘和说谎做我的前导……。

鲁迅的作品不是一些索隐派所试图求证某个"故事"的底本。鲁迅文本达到的创作自觉是生命的内在审视和自我的精神观照。这不是一般意义上的小说叙述和小说语言——"造意的深远、抒情的深切、声调的和谐、文辞的优美。"[11]这是鲁迅用一种成年人的严整拘谨表达着长期被压抑的精神和情感的双重苦闷。鲁迅的内心始终存在着死亡的阴影,而且不断地冲击他的灵魂,但却因为自己的韧性战斗精神和深沉的现实情怀而没有走向死亡。《伤逝》独白式的抒情文字背后,爱的渴望和爱的绝望,让我们触摸到鲁迅难以消除的孤独、犹疑和痛苦,"将真实深深地藏在心的创伤中""这种孤独悲凉感由于与他对整个人生荒谬的形上感受中的孤独、悲凉纠缠融合在一起,才更使它具有了那种强有力的深刻度和生命力。"[12]可能正因为这样的原因,李泽厚在分析"五四"人物胡适、陈独秀和鲁迅的时候,才指出:"鲁迅的悲观主义比陈独秀、胡适的乐观主义更有韧性的生命强力。"[13]这种生命的内在审视和自我的精神观照,在当代诗人海子和昌耀身上同样存在。当然,在鲁迅身上更加深刻地表现了启蒙的精神坚守和现实的忧患意识。

最后,须特别指出,鲁迅《野草》与《彷徨》创作心理相交织的抒发,还有《故事新编》的时空交错,体现了文学创作文体和艺术的双重自觉。尤其是精神、情感、思想与个性化语言(包括文体)之间的有机结合,达到了文体自适的创造性境界。这种融汇万有的抒写才华,在《野草》里也同样得到充分的体现。《题辞》犹如后现代的诗,存在与虚妄的绝望思想也是一般人文学者很难想象的;《过客》是最为简洁的情景短剧,最适合于试验小剧场的演出;《影的告别》是一篇缩小的《狂人日记》,荒诞感并不比其他现代派的作品差;《求乞者》只是一个特写镜头,《复仇》是想象奇崛的寓言式的夸张与漫画,《复仇(其二)》是一个大悲悯大欢喜的宗教悲剧的想象定格,还把拟古的《我的失恋》这样的"打油诗"也放进了

"我的野草"。另外,不说鲁迅的杂文,就是《野草》这种诗意的抒情篇章也体现了鲁迅小说家的表现手法和思想特点。犀利的比喻和形象化的揭示,表现了鲁迅对于社会现实和精神文化的深刻认识和彻底批判。有人在讨论鲁迅《故事新编》文体特征的时候,说这"是以故事形式写出来的杂文"[14]。不为文体所拘囿,时常有文体的创造性发挥,是鲁迅杂家思想及其文化个性的独特表现,也显现了自我审视和生命内省超文本框范的最高境界。

注释

[1] 中国社会科学院文学研究所鲁迅研究室编:《鲁迅研究学术论著资料汇编(1913—1983)》(第一卷),中国文联出版社1985年版,第11页。

[2] 吴维平:《论鲁迅思想文化心态的深层结构意义》,《贵州师范大学学报》1992年第1期。

[3] 《鲁迅全集》第1卷,人民文学出版社2005年版,第441—442页。

[4] 黄乔生:《字里行间读鲁迅》,生活·读书·新知三联书店2017年版,第11页。

[5] 沈永宝编:《林语堂批评文集》"世纪的回响·批评卷",珠海出版社1998年10月版,第323—325页。

[6][8][11] 孙玉石:《〈野草〉研究》,北京大学出版社2010年版,第299页,第19页,第199页。

[7] 《野草》引文以《鲁迅全集》为底本引录,以下不再一一注释。

[9] 《鲁迅全集》第2卷,人民文学出版社2005年版,第110页,第34页。

[10] 李旭东:《先觉者对世界的体验——试论鲁迅前期思想中的"虚妄感"》,《社会科学》1993年第2期。

[12][13] 李泽厚:《中国现代思想史论》,天津社会科学院出版社2004年10月第2版,第108页,第111页。

[14] 王瑶:《鲁迅〈故事新编〉散论》,《鲁迅诞辰一百周年学术讨论会论文选》,湖南人民出版社1983年版,第42页。

论鲁迅文体形式的杂糅

董卉川　青岛大学国际教育学院
倪宏玲　青岛大学国际教育学院

鲁迅历来十分重视体裁[1]的创造与革新,他是第一个被称为"体裁家"的学人——"西欧的作家对于体裁,是其第一安到著作的路的门径,还竟有所谓体裁家(Stylist)者……作家们不将西欧的体裁作第一步的模仿,将来艺术始终是不容易成熟的。我们中国文学,从来就没有所谓体裁这名词,到现在还是没有。我们的新文艺,除开鲁迅叶绍钧二三人的作品还可见到有体裁的修养外,其余大都似乎随意的把它挂在笔头上。"[2]鲁迅也十分认同自己体裁家的称谓:"这一节,许多批评家之中,只有一个人看出来了,但他称我为 Stylist。"[3]作为体裁家的鲁迅,打破了小说、散文、诗歌、戏剧等各种不同体裁之间的固有界限,将各种不同形式的体裁——散文与诗歌、散文诗与戏剧、小说与戏剧进行杂糅,生成了全新的文体形式。不同形式的体裁之间原本是相互排斥、相互对立的,杂糅之后,势必会发生对峙碰撞,直至融合统一。"我们在阅读鲁迅作品的过程中,会在同一文本中清楚地感受到不同文体形式的存在"[4],这个过程就是一个艺术张力的生成过程,也是鲁迅作品艺术感染力的重要来源之一。这种复合杂糅的文体形式更宜寄托鲁迅那复杂深邃的精神意志与思维情感,更能凸显新文学的现代性品格。

一、散文与诗歌的杂糅

鲁迅既是战士更是诗人,"则无疑地,鲁迅在文艺上乃是一个诗人;至于在思想上,他却止于是一个战士。我说鲁迅是一个诗人,却丝毫没有把他派作是吟风弄月的雅士的意思,因为,他在灵魂的深处,是没有那么消闲,没有那么优美,也没有那么从容;他所有的,乃是一种强烈的情感,和一种粗暴的力"[5]。鲁迅的诗人气质使他尝试着将新诗与散文进行结合,在此基础上创造出一种全新的体裁——散文诗,收入《野草》之中,"有了小感触,就写些短文,夸大点说,就是散文诗,以后印成一本,谓之《野草》"[6],作为战士战斗的武器,承载诗人复杂深邃的思想。

从体裁外形上看,《野草》中的作品,除《我的失恋》外,在体裁外形上均是分段排列,这是散文性的体现。散文的体裁外形为分段排列,而新诗则是分行排列,这是散文区别于诗歌的最大特征,通过体裁外形即可将二者区别开来。

从体裁内核上看,散文诗的体裁内核是诗而非散文,"散文诗是诗中的一体,有独立艺术的存在,也可无疑"[7]。谢冕也曾提及:"散文诗与其说是散文的诗化,不如说它不过是诗的变体。散文诗只是散文的近邻,而确是诗的近亲,它和诗有血缘关系"[8]。《野草》的体裁内核即为诗而非散文,鲁迅曾指出自己创作《野草》时的艺术思维"大抵仅仅是随时的小感想。因为那时难于直说,所以有时措辞就很含糊了"[9],"含糊"揭示了鲁迅建构文本的方式是暗示,这就与诗歌的体裁内核一致——诗歌是幽婉、曲折和"偏于暗示的"[10]。散文则完全相反,是"偏于解释的"[11]。诗和其他文学体裁的区别在于,"其他的文学的文,虽重言情,其势较直;诗之言情,其势较曲。反复咏叹,是诗的特质"[12]。"其势较曲"就是鲁迅笔下的"含糊",也就是暗示。

如何在实际创作过程中实现"含糊""暗示",需要借助于意象实现。"意象,是诗歌艺术最重要的组成部分之一(另一个是声律),或者说在一首诗歌中起组织作用的主要因素有两个:声律和意象"[13]。诗歌是由具体的意象组合而成,意象的构成本身就具有象征、暗示、隐喻的因素,意象则由"意"和"象"组合而成,"意"是作者抽象的意志、思想、情感、理念,"象"是自然界与社会生活中各种具体可感的物象,是"意"的客观对应物,当"意"与"象"组合之后,会使自然界与社会生活中原本具体可感的物象升华为意象,继而就具有了全新的暗示、隐喻、象征之意,好的诗歌就应具有"浓丽繁密而具体的意象"[14]。《野草》中意象的创造与应用使作者的思想变得幽婉折绕。内心布满伤痕的鲁迅走入灰色黑暗的"野草丛中",用《野草》中展示自我痛苦与矛盾心境,展示自我对人性、对命运的哲理深思,"鲁迅先生自己却明白的告诉过我,他的哲学都包括在他的'野草'里面"[15]。主观的情感与意念均是借助于意象客观幽婉地暗示与隐喻,如《秋夜》的意象"枣树""小青虫",如《雪》中的意象"雪",如《过客》中的意象"坟""野百合""野蔷薇",如《死火》中的意象"死火",如《失掉的好地狱》中的意象"极细小、惨白可怜的曼陀罗花(地狱小花)",如《腊叶》中的意象"压干的枫叶"等。这些意象无不寄托、隐喻、暗示了鲁迅当时的精神世界与理想信念。《野草》比较晦涩难懂,其中的原因固然是多方面的,但隐喻、暗示手法的大量运用无疑是一个重要因素。鲁迅的"难于直说"的感想通过"含糊"的措辞呈现出来,就产生了一种晦涩的艺术效果。

  诗性的体裁内核与散文性的体裁外形的结合,孕育出了全新的文体形式——散文诗。散文诗作为新生的文学体裁,受到了诸多"五四"学人的青睐,胡适、沈尹默、刘半农、刘大白、徐志摩、许地山、郑振铎、闻一多、王统照、朱自清等人均创作过散文诗,而鲁迅《野草》的问世则标志着中国散文诗的创作走向了成熟。

二、散文诗与戏剧的杂糅

中国现代诗剧的体系是在西方诗剧[16]影响下发展起来的,"现在所谓诗剧实在是从西洋学来的剧体的诗或则诗体的剧,要既是诗又是剧。因为中国的新诗和新剧都还在草创时期,这种两种兼备的体裁便极难建立起来"[17]。对于此种全新体裁形式,鲁迅也进行过文体实验,《野草》中的《过客》《死火》《狗的驳诘》《颓败线的颤动》《立论》《聪明人和傻子和奴才》等作品即为典型的诗剧——散文诗剧。

《过客》是一部典型的"戏剧化的诗"形式的散文诗剧,"我突然想起鲁迅的散文诗剧《过客》……也是只顾足向日薄崦嵫之途"[18]。鲁迅在作品中设置了完整的戏剧提示语,戏剧提示语又称舞台提示,是戏剧剧本的独有形式和重要构成,"舞台提示是对故事发生的时间、地点、背景,人物生活的特殊历史阶段、时空环境,特殊处境以及人物形象的基本性格和基调的整体性交代"[19]。舞台提示是戏剧体裁所独有的表现形式,能够为读者与观众营造出剧场空间中展现戏剧剧情的特定情境,"让观众将其视为戏剧人物的生活环境或活动场所"[20]。

以舞台提示对环境和人物进行描述:时:或一日的黄昏。地:或一处。人:老翁——约七十岁,白须发,黑长袍。女孩——约十岁,紫发,乌眼珠,白底黑方格长衫。过客——约三四十岁,状态困顿倔强,眼光阴沉,黑须,乱发,黑色短衣裤皆破碎,赤足着破鞋,胁下挂一个口袋,支着等身的竹杖。借助于舞台提示进行戏剧角色的划分:"翁——""孩——"和"客——"。舞台提示穿插于作品之中,用来展现戏剧角色的动作、表情、心理状态等。舞台提示的使用,还使作品中的出场角色化身为戏剧角色,戏剧角色后的语言("——"后的语言)也就成为戏剧台词,不同戏剧角色之间的戏剧台词又形成戏剧对白,戏剧对白构成戏剧对话,牵引出戏剧剧情与戏剧冲突,"全面适用的戏剧形式是对话,只有通过对话,剧中人物才能互相传达自己的性格和目的"[21]。

除了"戏剧化的诗"类型的作品外,鲁迅还创作了多部"诗的戏剧化"类型的散文诗剧,主要有《狗的驳诘》《颓败线的颤动》《死火》《立论》《聪明人和傻子和奴才》等。鲁迅在上述散文诗中自然融入了戏剧性因子:戏剧角色、戏剧情节、戏剧冲突以及最为重要的戏剧对话,从而使这些作品由"诗"(散文诗)升华为"诗剧"("散文诗的戏剧化")。譬如《死火》中的剧作角色"我"与"死火";《狗的驳诘》中的剧作角色"我"与"狗";《颓败线的颤动》中的剧作角色"幼时的女儿""幼时女儿的母亲""成年女儿""成年女儿的丈夫""成年女儿的母亲";《立论》中的剧作角色"我""老师""第一个客人""第二个客人""第三个客人";《聪明人和傻子和奴才》中的剧作角色"奴才""聪明人""傻子""主人"。最为关键的是每部作品中出场的戏剧角色之间的戏剧对白与戏剧独白彼此构成了戏剧对话,通过戏剧对话展现作品的戏剧剧情和戏剧冲突。以散文诗剧《死火》为例,"死火"既是作品中的戏剧角色,又是贯穿全文的意象。通过"我"与"死火"的戏剧对话揭示出"死火"的悖论命运——"走出冰谷,永得燃烧"与"留在冰谷,永远冰冻"。"死火"假若被"我"带出冰谷,将永远燃烧最终会被烧成灰烬——死亡。假若被"我"留在冰谷,则会被一直冰冻最终将被冻灭——死亡。这是一个典型的命运悖论,戏剧角色"死火"无论离开还是留下,它的最终结局和最后命运均是死亡。"死火"是一个典型的意象符号,具有象征、暗示、隐喻之功能,暗示了现实世界中的鲁迅本人所面临的矛盾、苦痛、艰难的人生抉择。

鲁迅散文诗剧中的意象不仅承担着呈现作者思想感情的作用,而且还担负着剧中角色的作用,从而对散文诗剧的写作产生了深远影响。聂绀弩笔下的"哥儿"、师陀笔下的"夏侯杞"、莫洛笔下的"叶丽雅""黎纳蒙",就是在鲁迅"诗歌意象与戏剧角色合一"的散文诗剧建构方式的陶染下创作完成的。

三、小说与戏剧的杂糅

鲁迅一生与戏剧有着密切的联系。鲁迅的家乡绍兴是著名的"戏曲之乡",他对绍兴戏可谓情有独钟,"他对于唱戏听戏的经验,始终只限于绍兴的社戏,高腔,乱弹,目连戏等……对于目连戏,他却有特别的嗜好,他有好几次同我说,这戏里的穿插,实在有许许多多的幽默味"[22]。鲁迅在日本留学时,对日本戏剧也十分感兴趣,"我在仙台时常化费八分钱去立着看戏"[23]。回国后,也多次前往观看一些高校学生的新剧演出,如"晚与二弟同至第一舞台观学生演剧,计《终身大事》一幕,胡适之作;《新村正》四幕,南开学校本也"[24]。对于现代话剧,鲁迅同样十分关注,"要建设西洋式的新剧,要高扬戏剧到真的文学底地位,要以白话来兴散文剧"[25]。鲁迅还译介了众多西方戏剧作家,如易卜生,"使医士斯托克曼为全书主者,死守真理,以拒庸愚,终获群敌之谥……末乃曰,吾又见真理矣。地球上至强之人,至独立者也!"[26];戏剧作品,如《热情之花》,"因为记得《小说月报》第十四卷载有培那文德的《热情之花》,所以从《走向十字街头》译出这一篇,以供读者的参考"[27];戏剧理论,如《北欧文学的原理》,"有一本〈露西亚文学研究〉出版,内有这一篇,便于三闲时译出,编入〈壁下译丛〉里"[28]。

"五四"时期,鲁迅是以小说创作享誉文坛的,鲁迅在写作小说时,将戏剧因子投入其中,实现了戏剧与小说的杂糅,《起死》即为典型的戏剧体小说。

《起死》收录于《故事新编》之中,学界多把鲁迅的《故事新编》定义为小说集,但鲁迅除了强调《补天》为小说外,"我决计不再写这样的小说"[29],并没有将其中的所有作品都归纳为小说,"现在才总算编成了一本书。其中也还是速写居多,不足称为'文学概论'之所谓小说"[30]。《起死》从文体形式看,更像是戏剧而非小说。作品具有戏剧所特有的、完整的舞台提示,位于开头、结尾,并穿插于文章之中,介绍作品的时间、地点、人物信息、人物动作、舞台背景等,一大片荒地。处处有些土冈,最高的不过六七尺。没有树木。遍地都是杂乱的蓬草;草间有一条人马踏成的路径。离路不远,有一个水溜。远处望见房屋。通过舞台提示,鲁迅在作品中进行了明确的戏剧角色划分,作品中的戏剧角色有"庄子——""鬼魂——""司命——""汉子——"和"巡士——"。

通过"庄子""鬼魂""司命""汉子""巡士"之间的对话构成剧情,引出戏剧冲突,所有的对话、情节与冲突均固定于短时间的荒地之上。"汉子"复活为作品的高潮,复活前后则是作品的"上升"与"下降"部分,最后以"庄子"的骑马远去,"汉子"和"巡士"继续争论收场。人物、事件、时间、场景均高度集中,完全符合戏剧的"三一律"原则。由此可见,作品是以典型的戏剧结构布局全文,"'布局'有着举足轻重的意义,它是戏剧演出的核心……戏剧苦心经营的就是'布局'"[31]。作品中有一个核心的戏剧行为——"起死"的"起",由此将鲁迅的理性情感外化,"动作就是实现了的意志……凡是动作所产生的后果是由主体本身的自觉意志造成的,而同时又对主体性格及其情况起反作用"[32]。借助于"起"这个戏剧动作,以及作品中戏剧角色之间幽默诙谐的戏剧对话展现鲁迅对道家的态度,"在中国,从道士听论道,从批评家听谈文,都令人毛孔痉挛,汗不敢出。然而这也许倒是中国的'永久不变的人性'罢"[33]。语言成为戏剧行为的内在动作,它将人物的内心活动在有限的篇幅里通过对白和独白展现出来,又借助于一个具体的戏剧行为外化作者的理性情感,这就是《起死》的体裁特质。

除了《故事新编》是明显的戏剧体小说外,《药》也是一部渗透着戏剧因子的小说。作者在这篇小说中用4个戏剧场面让读者目击主人公的悲剧[34]。具体来看,鲁迅以"一""二""三""四"作为标题,将小说分为四部分,类似于西方戏剧的分幕或我国戏曲的分场。前三个部分主要发生在茶馆与大街,第四部分则发生于坟地。分别讲述了"华老栓"买药、"华小栓"吃药、茶馆茶客们的交谈与议论、坟地上"华大妈"与"老女人"上坟。四部分共同构成了作品的布局——"药"(人血馒头)。主线"药"和暗线革命者夏瑜均是由作品中出场的角色牵引而出,鲁迅完全置身于作品之外,突破了以往鲁迅的日记体、回忆体、散文化小说的创作方式。由此体现了鲁迅对戏剧和小说两种体裁进行杂糅的积极文体实验。

四、结语

作为"创造'新形式'的先锋"[35],鲁迅对文学体裁进行了大胆的实验与创新,除了散文与诗歌、散文诗与戏剧、小说与戏剧的杂糅之外,还尝试了小说与散文、杂文与戏剧等多方面的杂糅。鲁迅以文体形式的杂糅为中国现代文学确立了某种体裁范式,对诸多作家的文学创作产生了深远影响,亦是中国现代民族文艺复兴思潮中十分值得瞩目与研究的文学现象。窥一斑而见全豹,鲁迅的思维方式、文化人格、文学艺术颠覆了传统,始终位于时代的最前沿,推动了新文学的现代化。

注释

[1] 体裁与文体是两个不同级别的概念,体裁、语言、风格是文体的三大呈现层面。体裁又被称为文体形式,是文体最重要的表现形式。西方传统的体裁分类法为三分法,倡导者有亚里士多德、黑格尔等学者。亚里士多德在《诗学》中将文学作品的体裁分为史诗、抒情诗、悲剧(戏剧体诗);黑格尔在《美学》中则将文学作品的体裁分为史诗、抒情诗和戏剧体诗。中国传统的体裁分类法为二分法,为韵文与无韵文。"五四"之

后,西方思想的传入革新了国内学人的观念,学界开始流行体裁四分法,小说与戏剧逐步得到重视并占据主流地位。蔡元培将小说、戏剧同诗歌并列,刘半农则是四分法较早的倡导者。在《中国新文学大系》中,学人们正式确立了四分法的体系。

[2] 锦明:《论体裁描写与中国新文艺》,《文学周报》第5卷,开明书店1928年版,第95—96页。

[3] 鲁迅:《南腔北调集·我怎么做起小说来》,《鲁迅全集》第4卷,人民文学出版社2005年版,第527页。

[4] 吕周聚:《鲁迅文学作品中的异质因素》,人民出版社2017年版,第112页。

[5] 李长之:《鲁迅批判》,生活·读书·新知三联书店2014年版,第155—156页。

[6] 鲁迅:《南腔北调集·〈自选集〉自序》,《鲁迅全集》第4卷,人民文学出版社2005年版,第469页。

[7] 滕固:《论散文诗》,《文学旬刊》,1922年2月1日,第27期。

[8] 谢冕:《北京书简——关于散文诗》;见福建师范大学中文系主编:《中国当代文学研究资料郭风专集》,1979年版,第66页。

[9] 鲁迅:《二心集·〈野草〉英文译本序》,《鲁迅全集》第4卷,人民文学出版社2005年版,第365页。

[10] [11] 西谛:《论散文诗》,《文学旬刊》,1922年1月1日,第24期。

[12] 潘大道:《诗论》,中华学艺社1924年版,第4页。

[13] 陈植锷:《诗歌意象论》,中国社会科学出版社1990年版,第13页。

[14] 闻一多:《〈冬夜〉评论》,《闻一多全集》第2卷,湖北人民出版社1993年版,第69页。

[15] 衣萍:《古庙杂谈(五)》,1925年3月31日《京报副刊·第一零五号》;《京报副刊·第四册·第七五号至第一零五号》,第245页。

[16] 在西方,诗剧是一种极其重要的文学体裁,又被称为戏剧诗、戏剧体诗、剧诗,被誉为"艺术的冠冕"。在我国,诗剧同样有着悠久的历史。现代诗剧的体裁形式主要分为两种。一种是"戏剧化的诗",即以戏剧的体裁形式呈现,戏剧角色的对话形式为诗体,诗体的注入使戏剧升华为诗剧。另一种是"诗的戏剧化",即以诗歌的体裁形式(外形)呈现,戏剧角

色、戏剧剧情的注入,使戏剧角色之间发生了戏剧对话,戏剧对话的形成使诗歌升华为诗剧。

[17] 柯可:《论中国新诗的新途径》,《新诗》,1937年1月,第1卷第4期。
[18] [美]李欧梵:《世纪末的反思》,浙江人民出版社2000年版,第28页。
[19] 戴平:《戏剧美学教程》,上海书店出版社2011年版,第190页。
[20] 施旭升:《戏剧艺术原理》,中国传媒大学出版社2006年版,第298页。
[21] [德]黑格尔著,朱光潜译:《美学》第三卷下册,商务印书馆1981年版,第259页。
[22] 郁达夫:《故都的秋》,中国画报出版社2014年版,第128页。
[23] [日]池田幸子:《最后一天的鲁迅》,刘运峰编:《鲁迅先生纪念集》(上),天津人民出版社2007年版,第480页。
[24] 鲁迅:《日记》,《鲁迅全集》第15卷,人民文学出版社2005年版,第371页。
[25] 鲁迅:《集外集·〈奔流〉编校后记》,见《鲁迅全集》第7卷,人民文学出版社2005年版,第171页。
[26] 鲁迅:《坟·摩罗诗力说》,《鲁迅全集》第1卷,人民文学出版社2005年版,第81页。
[27] 鲁迅:《译文序跋集·〈西班牙剧坛的将星〉译者附记》,《鲁迅全集》第10卷,人民文学出版社2005年版,第310页。
[28] 鲁迅:《译文序跋集·〈北欧文学的原理〉译者附记二》,《鲁迅全集》第10卷,人民文学出版社2005年版,第316页。
[29][30] 鲁迅:《故事新编·序言》,见《鲁迅全集》第二卷,人民文学出版社2005年版,第353页、354页。
[31] [德]贝尔托·布莱希特著,张黎译:《戏剧小工具篇》,中国社会科学院外国文学研究所外国文学研究资料丛刊编辑委员会编:《外国现代剧作家论剧作》上编,中国社会科学出版社1982年版,第112—113页。
[32] [德]黑格尔著,朱光潜译:《美学》第三卷下册,商务印书馆1981年版,第244—245页。
[33] 鲁迅:《而已集·文学和出汗》,《鲁迅全集》第3卷,人民文学出版社2005年版,第582页。
[34] 陈瘦竹:《论鲁迅小说的体裁》,见江苏省文联编:《鲁迅作品研究》,江

苏人民出版社 1957 年版,第 18 页。

[35] 茅盾:《读〈呐喊〉》,《茅盾全集》第 18 卷,人民文学出版社 1989 年版,第 398 页。

范爱农：一代知识分子命运的镜像
——以《哀范君三章》为中心

任金刚　西南大学文学院

《哀范君三章》是1912年鲁迅为悼念其意外"水死"的故乡好友范爱农而作的一组旧体诗。对于这组诗的解读，大多聚焦于具有题眼作用的"哀"字上，通过对这组诗歌文本的细读，一方面阐释作者是如何在诗中表达对故友范爱农不幸命运的同情与哀悼；另一方面则进一步辨析其中极具鲁迅风格的针砭时弊之笔法。必须承认，文本细读是接近这组诗歌真意的有效途径之一，但若进一步扩宽研究的视野，将其与鲁迅创作的其他与范爱农有关的文本进行关照，并将当时具体的历史语境作为一个客观的参照，便会发现作为题眼的"哀"，除了可以从诗中文字直接辨析出来的对故乡老友不幸的命运以及当时社会政治黑暗感到哀伤之外，还有更深刻的内蕴，即自哀。范爱农的命运就像一面镜子，使鲁迅照见了自己以及和他同时代的一代知识分子命运的悲哀。

一、"畸人"范爱农之死及鲁迅之"哀"

鲁迅自己曾说，如果"要极省俭的画出一个人的特点，最好是画他的眼睛"[1]。这话鲁迅是就如何塑造小说中的人物而言的，但这一方法似乎也被他运用在了其诗歌的创作中。《哀范君三章》中有"白眼看鸡虫"一句，"白眼"典出《晋书·阮籍传》，讲的阮籍性格狂狷，常以青白眼待人。鲁迅将这一魏晋名士的形貌比拟来范爱农,一下就"道尽了范爱农'畸人'的特点"[2]。这组旧体诗最初由鲁迅自荐并署名"黄棘",发表在绍兴的《民兴日报》上。对于旧体诗,虽然鲁迅曾说自己"平常并不做",除非有人特意邀请时,他才"胡诌几句塞责"[3],但通过周作人在其《关于范爱农》一文中所提供的鲁迅的"稿后附书"——"我于爱农之死为之不怡累日,至今未能释然。昨忽成诗三章,随手写之,而忽将鸡虫做入,真是奇绝妙绝,辟历一声,群小之大狼狈。今录上,希大鉴定家鉴定,如不恶,乃可登诸《民兴》也。天下虽未必仰望已久,然我又岂能已于言乎。二十三日,树又言。"[4]可见,这组旧诗不仅不是他用来搪塞人情的,更不是他所谓的"胡诌"之笔,恰恰相反,倒是一组精心营构之作。

周作人认为"鲁迅哀范君的诗很是悲愤"[5],这是十分准确的评价。"三首诗沉痛地哀悼了范爱农,对范爱农的爱憎分明、不甘于沉沦的品格进行了评价"[6],这是"悲"。同时于此,这组诗也拥有着与鲁迅杂文相似的泼辣气质,字里行间也能明显读出鲁迅对于民初黑暗现实之"愤",因此《哀范君三章》除了"是一篇悲愤的挽歌"之外,"也是一篇战斗的檄文"[7]。

鲁迅与范爱农年龄相仿,又是绍兴同乡。但他们在日本初识时却互相看不顺眼。当时鲁迅甚至认为"中国不革命则以,要革命,首先就必须将范爱农除去。"[8]二人成为挚友是回到故乡绍兴以后的事了。直到1912年,鲁迅受蔡元培的邀请赴南京去教育部任职,5月又随教育部迁往北京,二人始分别。1912年7月19日,鲁迅在日记中写道:"晨得二弟信,十二日绍兴发,云范爱农以十日水死。悲夫悲夫,君子无终,越之不幸也,于是何几仲辈为群大蠹……"[9]分别短短三月,没想到就作了阴阳之别,始有"奈何三月别,竟尔失畸躬"之遗恨。

"大雨,遂不赴部……夜作均言三章,哀范君也……"[10]正是在这样一个雨夜,鲁迅写下了"风雨飘摇日,余怀范爱农"。这里的"风雨飘摇",这里既是写实,当然更是对当时社会环境的一种隐喻。而"华颠萎寥落",大概是他与范爱农离别时对这位朋友的最后印象。在散文《范爱农》中,鲁迅也有过对他的外貌描写:"这是一个高大身材,长头发,眼球白多黑少的人,看人总像在渺视。"[11]这是一个颇具魏晋风骨的青年范爱农形象。"他眼睛还是那样,然而奇怪,只这几年,头上却有了白发……"[12]这是经历了退学,在故乡受到"轻蔑,排斥,迫害"之后的范爱农形象。到诗歌中华发稀疏,几乎秃顶的范爱农,其短暂的一生所体味到的"世味"之苦,所经受的世间"穷途"之难,便可见一斑了。"海草国门碧,先生老异乡"则追溯了范爱农异国求学之不易和以学报国的赤子之心。"把酒论当世,先生小酒人",这个"小酒人"显示的正是范爱农"不合于世俗"的一面[13]。奈何这些故人与旧事都已如浮云散尽,只留下"此别成终古,从兹绝绪言"式的挽歌和绝唱了。

而造成范爱农人生悲剧的,则是民初令人失望的社会现实。于是鲁迅在为范爱农的遭遇感到悲痛的同时,也在诗中抒发了对当时社会的不满与愤怒之情。单从"白眼看鸡虫"这一鲁迅自称其为"真是奇绝妙绝"的这一句,便可见出其中鲁迅直指社会病灶的泼辣的杂文式笔触。这一句不仅形象地还原了范爱农孤傲的精神气质,也一语双关地讽刺了曾排挤范爱农的势利小人何几仲之流。"鸡虫"二字的绍兴口音谐他名字的"几仲"之音。鲁迅的对这句话的称奇称绝以及自荐至当时绍兴的《民兴日报》之举,也足可见其疾恶如仇,不吐不快的性格。

同时,根据鲁迅1912年7月22日的日记:"大雨,遂不赴部。晚饮于陈公猛家,为蔡子民饯别也,此外为蔡谷青、俞英厓、王叔眉、季市及余,肴膳皆素。夜作均言三章,哀范君也,录存于此……"[14]可知这一组诗并非写于得知范爱农死讯的当天(1912年7月19日),而是写在三天后的饯别宴之后,也可知使鲁迅"不怡累日,至今未能释然"的,除了范爱农事件,也包括蔡元培的境遇,同时也和辛亥革命以后当时的复杂局势联系着的"[15]。而事实上,也是如此。在鲁迅和范爱农所见的光复后的故乡绍兴,虽然"……满眼是白旗。然而貌虽如此,内骨子是依旧的……王金发带兵从杭州进来了,但即使不嚷或者也会来……在衙门里的人物,穿布衣来的,不上十天也大概换上皮袍子,天气还并不冷。"[16]在鲁迅正身处的北京,清政府刚退出舞台不久,袁世凯便窃取了革命的果实粉墨登场了。正是这"狐狸方去穴,桃偶已登场"的荒唐世像,使鲁迅不禁发出"故里寒云恶,炎天凛夜长"的感叹。整个世界仿佛还沉浸在酣醉之中没有醒来,那么深陷其中的芸芸众生,即使是个别的有识之士,也不得不在这样恶劣的环境当中无可奈何又别无选择地"微醉自沉沦"了。可以说,作为一篇沉痛的悼词,其哀悼的既是好友范爱农命运的不幸,也指向辛亥革命后黑暗的社会现实。

二、鲁迅:逃出故乡的"范爱农"

如上文所述,鲁迅用一句"白眼看鸡虫",就将范爱农的形貌与精神气质完整地勾勒了出来。而萧红在《回忆鲁迅先生》一文中,对鲁迅的眼神也有很形象的描写:"鲁迅先生在北平教书时,从不发脾气,但常常好用这种眼光看人,许先生常跟我讲。她在女师大读书时,周先生在课堂上,一生气就用眼睛往下一掠,看着他们,这种眼光鲁迅先生在记范爱农的文字曾自己述说过。"[17]可见从某种程度来说,鲁迅和范爱农在精神气质上是具有相似性的。当然,相同的精神气质又在很大程度上来自鲁迅和范爱农相似的人生经历和生命体验。周作人曾在《鲁迅小说里的人物》一书中说过,《孤独者》中主人公魏连殳的性格与范爱农很相像[18],而该小说"第一节里魏连殳的祖母之丧说的全是著者自己的事情"[19]。可见,在这篇小说中"鲁迅与范爱农已经合二为一了"[20]。日本学者竹内好则进一步认为"《在酒楼上》出现的'我'的酒友

'吕纬甫'和《孤独者》里的'我'的朋友'魏连殳'都是同一个人物，而且把他们和《朝花夕拾》里出现的'范爱农'联系在一起，夸张点儿说是同一个人物也未为不可"[21]。但是令他不解的是，"鲁迅为什么在'范爱农'身上看见了自己呢？"[22]这个问题何其复杂，但鲁迅和范爱农相似的精神气质和生命体验一定是其中的原因之一，即范爱农的命运作为一种镜像，使鲁迅照见了自己。

　　该组旧诗其二之首联的"海草国门碧，多年老异乡"，说的是范爱农，又如何不是他自己的经历呢。同样的句子还有其一中的"世味秋荼苦，人间直道穷"，世态炎凉的苦味，走投无路的窘迫，在鲁迅而言也是同样经受过或者正在经受着的。"有谁从小康人家而坠入困顿的么，我以为在这途路中，大概可以看见世人的真面目"[23]。这两句诗，也可算是鲁迅所谓的"世人的真面目"之一了。其二中的"故里寒云恶，炎天凛夜长"，其三中的"把酒论当世，先生小酒人。大圜犹茗荠，微醉自沉沦。"可以说除了说范爱农之外，也都是对自己从前境况的回忆和感怀。

　　如果我们回到鲁迅创作这组哀悼诗的1912年，会发现那时一个多事之秋。从国家层面而言，辛亥革命的胜利果实被袁世凯所窃取，而鲁迅自己迎接辛亥革命的故乡绍兴[24]虽光复但"内骨子是依旧的"[25]，使鲁迅感到"滑稽而可笑"[26]；就他个人而言，则刚刚经历《越铎日报》事件，后又因蔡元培介绍在南京教育部任职，当年5月又随教育部迁往北京，住在"S会馆"（绍兴会馆）中。那段时间，他"便寓在这屋里钞古碑。客中少有人来，古碑中也遇不到什么问题和主义，而我的生命却居然暗暗的消去了，这也就是我惟一的愿望。"[27]言辞当中的绝望与消沉可见一斑。可以说，如果鲁迅当时不是在蔡元培和许寿裳等好友的帮助下得以第二次"离乡"，那么范爱农的受到何几仲辈的排挤和陷害，以至于后来早逝的悲剧性命运，又何尝没有落到鲁迅自己头上的可能呢。从这个意义上来讲，鲁迅是"逃出"了故乡的范爱农，而范爱农则是滞留在故乡的鲁迅。因此,"哀范君"又何尝不是"哀鲁迅"自己。

三、对"自己的一代"知识分子的忏悔与哀悼

郜元宝曾在自己的文章中说《狂人日记》中实际上有两个狂人。一个是发现人吃人的狂人;另一个是忏悔于自己也吃过人的狂人。并认为在《狂人日记》中草草收尾的"忏悔"主题,在其之后的整个创作中其实贯穿始终,且构成了鲁迅创作的高度整体性[28]。其实,在比《狂人日记》早6年创作的这组悼诗中,这一"忏悔"的主题就已经初见其端倪了。而这也恰恰更进一步地证明了鲁迅思想的统一性和其著作的整体性。

鲁迅作为范爱农的挚友,对自己不能够在生活和精神上给予他更多的支持和帮助而感到的自责与后悔。"我从南京移到北京的时候,爱农的学监也被孔教会会长的校长设法去掉了。……我想为他在北京寻一点小事做,这是他非常希望的,然而没有机会。他后来便到一个熟人的家里去寄食,也时时给我信,景况愈困穷,言辞也愈凄苦。终于又非走出这熟人的家不可,便在各处漂浮。"[29]可见鲁迅在北京时,与范爱农还是保持着频繁的通信,这一点在鲁迅1912年5月的日记中也可以得到证明:

  5月15日 上午得范爱农信,九日自杭州发[30]。
  5月19日 ……夜得范爱农信,十三自杭州发[31]。
  5月23日 晨寄范爱农、宋子佩信[32]。

从这几则日记的内容可知,鲁迅在抵京之初,收到的第一封和第二封信都是范爱农的,而他自己寄出的第一封信也是给范爱农的。结合上文所提到的他散文中的内容,可见鲁迅对范爱农不得其所的生活境遇是十分了解的,也是常挂于心的。

那么范爱农当时窘困的生活具体是怎样的呢?我们从他

1912年写给鲁迅的几封信的内容中或可得到更加感性的认识:

……听说南京一切措施与杭绍鲁卫。如此世界。实何生为,盖吾辈生成傲骨,未能随波逐流,惟死而已,端无生理……(3月27日)[33]

别来数日矣,屈指行旌已可到达。子英成章已经卸却,弟之监学则为二年级诸生斥逐,亦于本月一号午后出校……(1912年5月9日)[34]

师校情形如是,绍兴教育前途必无好果……省中人浮于事,弟生成傲骨,不肯钻营,有不善钻营……(1912年5月13日)[35]

这些信不仅直接为我们呈现了范爱农当时生活窘境,而且在第一封中还流露着他甚至还有厌世的情绪。所以鲁迅才会在同好友许寿裳兄弟二人说起范爱农之死时,仍"疑心他是自杀"[36]。当时鲁迅认为,如果自己能在北京帮他找到个工作,或许就能避免范爱农的死。但因为种种现实的原因,终不能如愿。以至于在分别短短3个月后听到他的死讯,悲伤、不平、懊悔的情绪终于在他的内心交汇混杂,才有"世味秋荼苦,人间直道穷"的愤懑,恨不得学阮籍在"车迹所穷"处大哭一场。所以也才有"此别成终古,从兹绝绪言"之遗恨。

其实,作为一个知识分子,鲁迅灵魂深处一直都有着"狂人"式的深刻的自我忏悔。在小说《狂人日记》的第十二节,发现了中国历史"满本都写着两个字是'吃人'"[37]的狂人,突然觉悟自己"也在其中混了多年","大哥正管着家务,妹子恰恰死了,他未必不和在饭菜里,暗暗给我们吃。"[38]在狂人对自己"有了四千年吃人履历"的惊天认识的背后,隐藏着的是作为先驱者鲁迅的"罪的自觉":既从向来只认为自己是"被害者"的人,发现自己也是个

"加害者"[39]。这种"罪的自觉",就狂人而言,是吃了妹子的几片肉;就鲁迅及这一组悼诗来说,则是对好友范爱农的之死的深深的自责乃至对自我灵魂的拷问。

在《狂人日记》中没有得到完整表现的第二个"忏悔自己也吃过人"的狂人所引出的"忏悔"主题,不仅在鲁迅日后的创作中有所延续,如日本学者伊藤虎丸所言:"《狂人日记》提到的'妹子的肉'","如果在他的体验中去寻找与此最为接近的东西,那就是对范爱农的怀念吧"[40]。由此看来,这个关于"忏悔"的主题,早在他创作第一篇白话小说《狂人日记》的 6 年前,即 1912 年在他写下的这组悼诗中就已见端倪了。如前文所诉,鲁迅在北京一直与范爱农保持着书信的往来,也深知其生活的艰辛与不易,并曾尽力想帮他在北京寻一个差事。可事情未果,就得到范爱农水死的噩耗,在鲁迅的心里始终都对范爱农有着一份亏欠,认为他的死与自己也有关系,即自己也参与了吃了范爱农的"几片肉"。扩而大之,这也是鲁迅对跟他一起接受新思想、一起热心于革命但后来沦落了甚至被人遗忘了的无数同辈人的亏欠[41]。因为范爱农作为辛亥革命失败后的第一批殉难者[42],他的不幸的命运在当时的历史背景下绝非个例,从某种程度而言,却是民初"在寂寞里奔驰"[43]的一代知识分子共同的命运。正因为鲁迅这一份自觉的亏欠与忏悔意识,使得他独异于整个中国现代作家的群落当中,也最终成就了他的冷峻与深刻的文学风格以及蕴涵与其中的深邃的超越了他那个时代的思想。

鲁迅对他同时代的知识分子及其命运其实一直有着自觉而深刻的认识。冯雪峰就曾在《鲁迅先生计划而未完成的著作》一文中回忆说:"有一天,我们谈着,我说鲁迅先生深知四代的知识分子,一代是章太炎先生他们;其次是鲁迅先生自己的一代;第三,是相当于例如瞿秋白等人的一代,最后就是现在如我们似的这类年龄的青年……"[44]不仅如此,他也有写一部反映这四代知识分子命运的长篇小说的计划:"那天谈起的四代知识分子的长篇,曾想了一下,我想从一个读书人的大家庭的衰落写……"[45]虽然鲁迅的这个长篇计划最终并没能得以实现,但其实在他的短篇小说创作,尤其是《彷徨》中的那一系列知识分子形象,已经涉及了对上述的几代知识分子命运的观照。如《幸福的家庭》中的"他"和《伤逝》中的"涓生"就是属于"相当于例如瞿秋白等人"的第三代知识分子,而《在酒楼上》和《孤独者》中的"吕纬甫"和"魏连殳"就是属于"鲁迅先生自己的一代"的知识分子。他们和范爱农一样,都有"白眼看鸡虫"的孤傲品格,也都有留洋求学"老异乡"的经历,亦从不缺少"把酒论当世"的豪气。但他们在经历了革命的失败之后,目睹令人失望的结果,也尝尽了"世味秋荼"之苦。他们这一代知识分子是"辛亥革命独战多数的英雄",但却"摆脱不了孤独者的命运"[46]。或像一只蝇子飞了一小圈子,"便又回来停在原地点"[47],或"躬行我先前所憎恶,所反对的一切,拒斥我先前所崇仰,所主张的一切"[48],在绝望与幻灭中消磨自己的意志乃至生命。

鲁迅曾在写给好友许寿裳的信中有过"旧友云散,恨何可言?"的感叹。而《哀范君三章》这组诗的末一句"故人云散尽,我亦等轻尘"中的"故人"当然不是单指范爱农一人,正如有学者指出的那样,这组诗的写成是"借范爱农,来哀蔡元培,哀绍兴籍光复会成员的命运"[49],但其实也完全可以更进一步地说"鲁迅哀悼范爱农,也是在哀悼辛亥革命同仁流离失所的时代悲哀"[50]。可以说,《哀范君三章》是写给范爱农的悼诗,也是鲁迅写给自己及和他同一代知识分子的一曲挽歌。

注释

[1] 鲁迅:《我怎么做起小说来》,《鲁迅全集》第4卷,人民文学出版社 2005

年版,第 527 页。

[2][13][20]钱理群:《"白眼看鸡虫":鲁迅笔下的"畸人"范爱农》,《语文建设》2010 第 2 期。

[3]鲁迅:《341013 致杨霁云》,《鲁迅全集》第 13 卷,人民文学出版社 2005 年版,第 227 页。

[4]周作人:《关于范爱农》,《药味集》,北京十月文艺出版社 2012 年版,第 24 页。

[5][33][34][35]周作人:《周作人谈鲁迅》,北方文艺出版社 2014 年版、第 70 页、第 66 页、第 67 页、第 68—69 页。

[6]林伟:《鲁迅诗歌注析》,浙江大学出版社 2014 年版,第 32 页。

[7]秋疏:《写在辛亥革命之后的悲愤挽歌——鲁迅〈哀范君三章〉试析》,《学习与思考》(中国社会科学院研究生院学报)1981 年第 6 期。

[8][11][12][16][25][29]鲁迅:《范爱农》,《鲁迅全集》第 2 卷,人民文学出版社 2005 年版、第 322 页、第 323 页、第 324—325 页、第 327 页。

[9][10][14][30][31][32]鲁迅:《鲁迅全集》第 15 卷,人民文学出版社 2005 年版、第 11 页、第 12 页、第 2 页。

[15]锡金:《范爱农其人和〈哀范君三章〉——〈鲁迅诗直寻〉之一》,《东北师大学报》1981 年第 5 期。

[17]萧红:《回忆鲁迅先生》,黄海晴选编:《萧红作品精选》,长江文艺出版社 2003 年版,第 477 页。

[18][19]周作人:《〈彷徨〉衍义·十九》,《鲁迅小说里的人物》,河北教育出版社 2002 年版,第 225 页。

[21][22][日]竹内好著,李冬木、赵京华、孙歌译:《近代的超克》,生活·读书·新知三联书店 2005 年版,第 30—31 页。

[23][27][43]鲁迅:《〈呐喊〉自序》,《鲁迅全集》第 1 卷,人民文学出版社 2005 年版、第 437 页、第 440 页、第 441 页。

[24]王彬彬:《鲁迅政治虚无观念的形成》,《文艺争鸣》2021 年第 3 期。

[26][36]许寿裳:《亡友鲁迅印象记》,上海文化出版社 2006 年版,第 36 页、第 182 页。

[28][41]郜元宝:《论鲁迅著作的整体性》,《学术月刊》2008 年第 2 期。

[37][38] 鲁迅:《狂人日记》,《鲁迅全集》第1卷,人民文学出版社2005年版,第447页、第454页。

[39][40] [日]伊藤虎丸:《鲁迅与日本人——亚洲的近代与"个"的思想》,河北教育出版社2000年版,第123页、第125页。

[42] 顾农:《关于鲁迅哭范爱农的诗》,《新文学史料》2011年第2期。

[44][45] 冯雪峰:《鲁迅先生计划而未完成的著作》,《冯雪峰全集》第3卷,人民文学出版社2016年版,第326页。

[46] 钱理群,温儒敏,吴福辉:《中国现代文学三十年》,北京大学出版社1998年版,第31页。

[47] 鲁迅:《在酒楼上》,《鲁迅全集》第2卷,人民文学出版社2005年版,第27页。

[48] 鲁迅:《孤独者》,《鲁迅全集》第2卷,人民文学出版社2005年版,第103页。

[49] 仲济强:《民元记忆及伦理再造:〈范爱农〉与鲁迅的政治时刻》,《西南民族大学学报》2019年第11期。

[50] 丰杰:《论鲁迅文本中的辛亥人物和民元精神》,《鲁迅研究月刊》2019年第4期。

鲁迅《在酒楼上》之细读

管冠生　泰山学院文学与传媒学院

一

《在酒楼上》所描写的废园景色(尤其是那株山茶)令人难忘:

> 几株老梅竟斗雪开着满树的繁花,仿佛毫不以深冬为意;倒塌的亭子边还有一株山茶树,从暗绿的密叶里显出十几朵红花来,赫赫的在雪中明得如火,愤怒而且傲慢,如蔑视游人的甘心于远行。

很多解释把山茶视为积极人格的象征,如有论者这样反问:"这不正是'我'高洁的情怀和坚贞不屈的意志的象征性写照吗?"[1]这引发的疑问是:"我"到S城寻访旧友,"不到两个时辰,我的意兴早已索然,颇悔此来为多事了","愤怒而且傲慢"的山茶如何能成为这个无聊的"我"的"象征性写照"呢?

对"我"和吕纬甫来说,S城是一个特殊的地方,在这里他们做过同事教过书,贡献了青春梦想与书生意气。"我"回到S城就是要重温青春旧梦或曰死去的火焰、寻觅往日慷慨激昂的旧友。然而,现实却给予"我"不断的打击:学校业已换了名称和模样,旧同事皆星散不知去向,很熟识的小酒楼已没有了一个熟人,自己完全成了一个生客,切身感受到的只是荒凉与无聊。对"我"而言,S

城成了一座没有存在意义的废城;对 S 城来说,"我"成了一个去留皆无意义的弃子。就在这样一种互相抛弃的感受中,废园被重新发现了。

废园,即被废弃的园子、败落荒凉的园子,与 S 城有某种同形同构的关系,我们不妨视之为过去了的生命废墟的象征,而红山茶却正诗意地绽放在这片废墟之上。这让人想起一年后冻结于冰谷中的"死火"(《在酒楼上》写于 1924 年,《死火》写于 1925 年):一个现身于雪天荒凉的废园,一个存在于冰冷青白的冰谷。本文愿意把红山茶与"死火"等同视之,它是二人先前的热血青春与奋斗生命的诗意化形象,是 10 年之后二人相遇相谈、自我审视的生命背景。换言之,废园里的红山茶就是为"我"和吕纬甫的相遇而盛开的,它既使"我"感到"惊异",又使吕纬甫那失去了精彩的眼睛"忽地闪出我在学校时代常常看见的射人的光来"。

值得注意的是,在吕纬甫自叙的过程中,他们向窗外看了 3 次(或者说,叙述者的笔墨顾及窗外有 3 次):第一次只写"楼外的雪也越加纷纷的下",此时,吕纬甫正准备讲迁坟之事;第二次,正说到趁年假的空回来为兄弟迁葬,吕纬甫"看着窗外,说,'这在那边那里能如此呢? 积雪里会有花,雪地下会不冻'";第三次,吕纬甫正说到为顺姑从太原到济南搜求剪绒花,"窗外沙沙的一阵声响,许多积雪从被他压弯了的一枝山茶树上滑下来了,树枝笔挺的伸直,更显出乌油油的肥叶和血红的花来"。对此,我们应该考虑这样一个问题:为什么是在为顺姑买花的时刻才看到了红山茶? 或者说,每次望向窗外其实都可以看到红山茶,却为什么是在为顺姑买花的时刻才让红山茶现身呢?[2]

二

迁坟与送花向来并称,实则两者颇有不同。

仔细琢磨,为小兄弟迁坟,吕纬甫本不热心,这可以从他的叙述中捕捉到。买了棺材,雇了土工去掘坟的时候,他说:"我当时忽而很高兴,愿意掘一回坟,愿意一见我那曾经和我很亲睦的小兄弟的骨殖",这岂不意味着:在此之前,尤其是母亲叫他回来迁坟时他并不怎么"高兴",也不怎么"愿意"吗?——母亲叫他同时给阿顺送花,他说:"我对于这差使倒并不以为烦厌,反而很喜欢;为阿顺,我实在还有些愿意出力的意思的。"很明显,这种"喜欢"、这个"愿意出力的意思"在听到要给兄弟迁坟时是没有的。所以,春天得到坟地浸水的消息,"一直挨到"深冬才来办。母亲很着急,"几乎几夜睡不着","然而我能有什么法子呢?没有钱,没有工夫:当时什么法也没有",其实这只是敷衍母亲的托词与缓兵之计。吕纬甫在同乡家里教书,如果他当时真想回来迁坟,请个假、借点钱应该是不成问题的吧?而他一直按兵不动,实在是认为迁坟这种事很无聊。母亲说小兄弟跟他很相投,可是他连这个3岁小兄弟的模样都记不清楚了。母亲很爱念死去的孩子,得空就念叨(唠叨)这件事,而吕纬甫一直"挨"着。

本文的意思是:母亲在吕纬甫的精神生活中施加了重要的影响。不但两件事皆由母亲发动,而且在其叙述中皆以骗母亲安心高兴作为两件事完成的标志。这是可以理解的:吕纬甫的父亲早死而与寡母生活,兄弟又早死而成家中独子,如此处境使他很难成为一个传统的决裂者、一个勇往直前的革命者。他无法挣脱他的母亲——在S城教了一年的书,然后北上到济南谋生(约七八年),后又去了太原,"前年"把母亲接去同住。可以说,母亲最终决定了他的命运。

正因为吕纬甫本不愿回来迁坟,积雪里的山茶花并未显示出"血红的"颜色。等雇了人去掘坟,他"忽而很高兴",并发出了"一生中最为伟大的命令"——"掘开来!"。钱理群认为,小兄弟的坟隐喻着一种逝去的生命,掘坟意味着对已经消失的生命的一种追寻,所以在吕纬甫的感觉中,"掘开来"是一生中最伟大的命令[3]。本文认为用事件的隐喻意义来解释命令之伟大终究隔了一层,要考虑这个命令"最为伟大"是因为它最动情,并且最想得到合意的回报或结果。可以想见,吕纬甫教书的时候也会下命令,比如"把它背过",于是学生就开始读、背,然而这种职业化的操作无须动情,更无所谓伟大与否。但掘坟显然是非常特殊和罕有的体验,尽管他本不愿来,但事情既然已经开始了,并且站在了小兄弟的坟前,尽管母亲说小兄弟和自己"很相投"可能是善意的谎言,却不妨视其为真,而满怀希望从坟中得到可靠的物证,哪怕是小兄弟的一根头发也行,以此证明或者让自己确信那段被自己遗忘了的感人的过去真地存在过。换言之,这个命令"最为伟大"是因为它意欲寻找到爱的物证、发现相亲相爱者存在的证据。

然而,坟里一无所有,爱扑空了。

"本已可以不必再迁",但吕纬甫还是尽心尽力地把它迁到父亲的坟旁。有研究者认为,"如果仅仅是为了骗骗母亲,他是无需这般一丝不苟的,看来还是出于兄弟之情、母子之情,不这样尽职地完成'迁葬',他会过意不去,会留下感情的负累"[4]。可是,我们首先要设身处地地为吕纬甫想一想:如果不迁坟,那么,那个写信来告知坟地浸水的堂兄又要来信反映问题,又要把母亲弄得着急上火;若告以真相(小兄弟什么也没留下,不必费事),必叫她伤心不已。不如郑重其事地把事情办了,堂兄来信或许会称赞几句,母亲高兴,他也清静,能使三方受益——为人子者,有时不得不如此认真(办无聊事)啊!

三

吕纬甫"动身回来的时候",母亲又叫他给阿顺送花。对母亲来说,儿子南下为的是迁坟,送花只是顺便;而吕纬甫则把两件事的重要性颠倒了过来,为买花他倾注了更多的时间与心血,为送花他特地耽搁了一天——这才是他真正愿意出力去做的事情。

尽管他说阿顺"长得并不好看",但她的"眼睛非常大,睫毛也很长,眼白又青得如夜的晴天,而且是北方的无风的晴天",有研究者据此反问道:"有这么一双美丽迷人眼睛的阿顺,难道不是一位醉了月亮、醉了太阳,也醉了当年的吕纬甫的人间美女吗?",加之"她很能干,母亲早逝,家事全由她主持,服侍父亲,招呼弟妹,连邻居都'夸赞她',父亲也常对她'说些感激的话'。美丽懂事的顺姑,是多么可爱啊!吕纬甫当年对她怎能不情有独钟!?"[5]这显然夸大了阿顺的美,且忽略了她的内心痛苦,也简单化了两人之间的关系。

阿顺是个有想法的姑娘。当她拒绝偷鸡贼长庚的"硬借钱",后者就说"你的男人比我还不如","她从此就发了愁,又怕羞,不好问,只好哭",说"男人真比长庚不如,那就真可怕呵!"看来,阿顺不是一个随便找个人嫁了过日子就行的女孩。就小说所写来看,我们可以说她心目中的好男人就是吕纬甫这样的"文人"(或者说吕纬甫本人):她把吕纬甫吃的那碗荞麦粉调得"非常甜",又远远地看着,"愿我们吃得有味"[6],见吕纬甫全吃掉了,收拾空碗的时候便忍着"得意的笑容"。她的心思与命运实在很像萧红《小城三月》里的翠姨。

吕纬甫因为"硬吃"了一大碗荞麦粉,一夜不曾安睡,但"也还是祝赞她一生幸福,愿世界为她变好",这话说得动情动人,只是过于宏大而抽象,实际上就是希望她能找到一个如意郎君。女怕嫁错郎,这是女人一件大事,可以说是最大的事;如果这事做不好,所谓"一生幸福"等全是白搭。当听到自己将来的男人不如个偷鸡贼,阿顺宁可去死,觉得死是一种解脱,说"好在我已经这样,什么也不要紧了"(《小城三月》翠姨亦如此)。——"愿世界为她变好",吕纬甫紧接着说道:"然而这些意思也不过是我的那些旧日的梦的痕迹,即刻就自笑,接着也就忘却了"。"旧日的梦"是什么呢？愿阿顺找一个如意郎君是"旧日的梦"的痕迹？这岂不表明吕纬甫曾有与阿顺好合的念想？"即刻就自笑"是因为他这次回来接母亲远走他乡,此后与阿顺各自走天涯,一辈子难再见面,还想那点事干吗？"接着也就忘却了",可到现在仍然还记得!

这又是一个有情人不能终成眷属的故事。阻碍的因素可能有：(1)吕纬甫的青春力比多主要倾注在改革中国的宏愿上而相对忽略了阿顺的心意情感。(2)二人身份悬殊。对阿顺来说,吕纬甫有些可望而不可即。二人的关系有些类似巴金《家》中的丫头鸣凤与少爷觉慧,觉慧在鸣凤心中是个英雄,她不求觉慧娶她,只希望一辈子在他身边做仆人服侍他。这两对男女关系同样并不对等。(3)阿顺母亲死得早,没人在意她的心事,有些事不好对父亲开口(如有病就一直瞒着),如果母亲在,情况会不同。(4)吕纬甫的母亲不同意。只要她同意,前面3个因素可以撤除,就像鲁迅的母亲安排儿子与朱安的婚事一样,婚后朱安在家伺候婆婆,鲁迅则继续外出求学,如果吕纬甫的母亲愿意,则完全可以如此安排。她不同意应该基于以下几点考虑：一来,阿顺是邻居,彼此知根知底,她家负担重,有弟妹要照顾,夸她能干可以,但结婚就不合算了；二来,儿子的同学(比如"我")已经搬离了乡下进了城市,这是读书有出息的表现,自己的儿子怎么能回来娶个乡下姑娘叫人瞧不起呢？——她记起给阿顺送剪绒花,是因为"这种剪绒花是外省的东西,S城里尚且买不出",实在是出于一种炫耀心理。

但母亲的话唤醒了吕纬甫压抑下去的梦念,所以,他"意外的勤快起来了","先在太原城里搜求了一遍,都没有；一直到济南……"这简短的话语让我们想起了屈原的名句、《彷徨》的题词："路漫漫其修远兮,吾将上下而求索",这"意外的勤快"不是出于炫耀,也不是想得到加倍的回报(利益算计),乃是出于对顺姑的爱,是不计报酬的付出,是死火的复活、青春的重现,因而红山茶再次出现于视野之中。

吕纬甫"上下求索"而得到剪绒花,一朵大红一朵粉红,与废园里血红的山茶遥相呼应。安排红山茶重现于此时此刻,极具视觉上的冲击力,同时具有浓重的象征意味。吕纬甫年轻时的作为是出于对民众和国家的爱,买花则是出于对某个个体的爱,虽然所爱对象的大小广狭不同,但爱就是爱。吕纬甫仍然心中有爱,只是实践的结果无一如意,负性经验的不断累积使他陷入了极端的怀疑论调而不能自拔了。

四

在叙说迁坟与送花之前,吕纬甫谈了一个人生感悟:

> 我在少年时,看见蜂子或蝇子停在一个地方,给什么来一吓,即刻飞去了,但是飞了一个小圈子,便又回来停在原地点,便以为这实在很可笑,也可怜。可不料现在我自己也飞回来了,不过绕了一点小圈子。

在众多的解释与评论中,下面的说法颇具代表性:"表面上,看吕纬甫这段话是指他离开故乡外出谋生,又返回故乡办理无聊家事这种绕圈子的行踪的。但在鲁迅笔下,却蕴藏着深刻的人生哲理。吕纬甫年轻时……颇为敏捷精悍,一别十年……变得消沉颓唐,而重归故辙了。用蜂蝇转圈子来隐括软弱、动摇、妥协的知识分子的人生道路,是准确形象,又发人深省的"[7]。显然,它存在一个漏洞:年轻时敏捷精悍,十年后消沉颓唐,这如何是"重归故辙"呢?

要消除这个漏洞,就要明白这个人生感悟是如何出现的。二人见面后,"我"得知吕纬甫现在太原教书,便问"这以前呢?"他沉思似地说:"无非做了些无聊的事情,等于什么也没有做",接着所说的便是绕圈子的感悟。由此,本文认为它是对"等于什么也没有做"的形象化解释。蜂蝇飞了一圈又落回原点,从结果上看,飞与不飞是一样的;十年之间,做了很多事情,但从结果上看,做和不做是一样的,做了(似乎)也没有意义,例如年轻时"拔掉神像的胡子"的壮举并没有改变中国人的文化积习(他还得教《女儿经》),前天所发出的那个"最为伟大的命令"得到的是"踪影全无",而意欲赠她花的意中人早就死去了。绕圈子的人生感悟追问的是人生的意义与价值何在。蜂蝇的飞是一种本能,对此不必提问有关动机、理由的问题,不必赋予什么意义或价值,但人的所作所为则要建构某种意义与价值,而在吕纬甫的反思中人与蜂蝇没有本质的差别,这乃是中了启蒙功利主义思想的毒害。

按照查尔斯·泰勒的看法,"功利主义是启蒙运动的道德规范。功利主义是这样一种道德规范,它依照行为后果来判断行为,依照与某个外在目的的关系即行为的有用性来判断行为"[8];功利主义的初衷是好的,但它对人生价值与意义的理解过于狭隘。又,按照韦伯的观点,人的行为(行动)可以分为四类:(1)目的理性式,是通过对周围环境和他人客体行为的期待所决定的行动,这种期待被当作达到行动者本人所追求的和经过理性计算的目的的"条件"或"手段";(2)价值理性式,有意识地坚信某些特定行为的自身价值,无关于能否成功,由信仰所决定的行动;(3)情感式;(4)传统式[9]。若持守目的理性,一旦意愿受挫则容易灰心绝望,绕圈子的无聊感心生而口出;应该让爱成为一种信念——"信念(所说的是地道的信念)是对达到这样一个前景的信赖,促进这一前景是义务,但对它的实现的可能性却是我们所不能看透的"[10]——让爱来作为行动持续的、最终的动力,不计较眼前的报酬与成功,作鲁迅所说的韧性的、持续的战斗。

如果说功利主义的思考方式在绕圈子的感悟中还不明显,那么,在吕纬甫最后一句话中则暴露无遗。分手之际,"我"问他以

后预备怎么办,他说:

> 以后?——我不知道。你看我们那时豫想的事可有一件如意?我现在什么也不知道,连明天怎样也不知道,连后一分……

因为豫想的事没有一件如意,吕纬甫成了一个极端的怀疑论者,竟然连后一分钟会发生什么都不知道。然而,对这种怀疑论调的驳斥即刻就出现了:

> 堂倌送上账来,交给我;他也不像初到时候的谦虚了,只向我看了一眼,便吸烟,听凭我付了账。

吃了酒楼上的饭,接下来的事情很清楚,那就是付账。付账可视为"我"的一次清算:既完成了与旧友见面的心愿,卸掉了自己心中的无聊,又走出了吕纬甫的怀疑论调。故此,二人店门分别后,走的方向正相反,且感受亦相反:"我独自向着自己的旅馆走,寒风和雪片扑在脸上,倒觉得很爽快"。

最终,本文认为吕纬甫叙述迁坟和送花这两件事其实是讲述自己的心灵秘史,向旧友独白他灵魂深处的痛苦,解释他现在为何是这样一种"敷敷衍衍"的状态。母亲的意志决定了他的命运和一生的走向,这是他摆脱不掉的先在;他仍然有爱的欲望,有对自我的清醒认知,同时又对现实抱着深深的疑虑。"敷敷衍衍"就是他平衡母亲(传统)、自我与现实等3种力量的心术。从某种意义上说,"敷敷衍衍"是人生阅历丰富和心智成熟的一种表现[11],只是吕纬甫愈加陷溺其中而不能自拔,这才是叙述者"我"及鲁迅本人所不以为然的。

(2021年冬初定稿于泰山脚下)

注释

[1] 卢今:《〈在酒楼上〉细读》,转引自李平主编:《〈中国现当代文学名著导读〉自学指导》,北京大学出版社2004年版,第24页。梁伟峰也认为,山茶树是"反抗绝望、韧性的战斗人格的象征"(《〈在酒楼上〉新解》,《鲁迅研究月刊》1999年第4期)。

[2] 另外一个问题或许也值得思考:1924年的红山茶只能远观眺望,一年后的死火却是绝地相逢,可以近身拾取,"我"用自身温热把它惊醒,它以自我燃烧的方式救"我"出了冰谷。这种变化是否折射出了鲁迅的某种心路历程?许广平是否在其中起了关键作用?此与本文无甚关系,故而略去不答。

[3] 钱理群:《鲁迅九讲》,福建教育出版社2007年版,第159—160页。

[4] 见卢今《〈在酒楼上〉解读》。有研究者提出了相反的意见:吕纬甫"之所以如此,并不是出于对小兄弟的爱,甚至也不是出于对母亲的爱,恰如他自己所说的是为了'骗骗我的母亲,使她安心些。'至于吕纬甫,他已经无爱也无所可爱了"(李允经《重读〈在酒楼上〉》,《鲁迅研究月刊》2013年第2期)。

[5] 见李允经《重读〈在酒楼上〉》。汪卫东说得较节制,用"已经脱俗"4个字评价阿顺(《"梦魇"中的姊妹篇:〈在酒楼上〉与〈孤独者〉》,《鲁迅研究月刊》2012年第6期)。

[6] 整句话是:"我漫然的吃了几口,就想不吃了,然而无意中,忽然间看见阿顺远远的站在屋角里,就使我立刻消失了放下碗筷的勇气。我看她的神情,是害怕而且希望,大约怕自己调得不好,愿我们吃得有味","我们"的出现实在有些突兀,其实应该是"愿我吃得有味"。吕纬甫明白和在乎阿顺的意思,但用"我们"代替"我"掩饰了过去。

[7] 杨义:《中国现代小说史》,人民文学出版社1986年版,第184页。"表面上,看"应为"表面上看,"。近三十年后,杨义仍然认为这种"蜂之圈"或"蝇之圈"是对新旧文化交替时代某类人物心理行为轨迹的形而上的思考与隐喻(《鲁迅〈彷徨〉的生命解读》,《江苏师范大学学报》2014年第1期)。从某种意义上讲,我们对鲁迅的解释也一直落在某个圈子里。要打破这个圈子,一个方式是直面文本,放弃人云亦云。

[8] 查尔斯·泰勒著,张国清、朱进东译:《黑格尔》,译林出版社2012年版,第250页。

[9] 韦伯著,顾忠华译:《社会学的基本概念》,广西师范大学出版社2005年版,第31—32页。

[10] 康德著,邓晓芒译:《判断力批判》,人民出版社2002年版,第332页。信仰与信念为同一个德语词汇,译者根据不同的情况选用两者之一。

[11] 鲁迅并不排斥"敷敷衍衍",如他在《两地书·序言》中就写道:"我无论给谁写信,最初,总是敷敷衍衍,口是心非的",但须注意"最初"的时间设定,鲁迅绝没有像吕纬甫那样完全被"敷敷衍衍"夺去了魂魄。

从《越中竹枝词》谈鲁迅的《祝福》

陈佳利　绍兴鲁迅纪念馆

竹枝词又叫"竹枝"或者"竹枝歌",原是四川一带的民歌,自唐代刘禹锡创作竹枝词以后成为中国诗歌体裁的一个独特分支,在明清形成高潮,有大量文人效仿创作,特别是晚清,竹枝词发展到了最为繁盛的时期。竹枝词分地域性创作,从竹枝词的命名来看,有《长沙竹枝词》《黔苗竹枝词》《滇池竹枝词》《闽江竹枝词》《济南百咏》等。裘士雄、吕山编注的《越中竹枝词》搜集整理了宋、元、明、清以及民国时期绍兴地区的竹枝词,这些竹枝词以近乎直录的方式描绘了绍兴地区的社会变化、风土民情,是后人窥探宋代以来绍兴社会风貌变迁的重要史料之一。鲁迅的《祝福》以辛亥革命后旧中国江南农村小镇为背景,主要记述了农村妇女祥林嫂坎坷悲惨的一生,小说具有十分浓厚的民俗色彩,如出现祝福祭祀的礼仪、抢亲习俗、寡妇守节现象等。本文以裘士雄、吕山编注的《越中竹枝词》为范本,与《祝福》作比较,梳理考订《祝福》中所涉及的民俗元素,主要探究清末民初绍兴地区的风俗文化。

一

《越中竹枝词》与《祝福》共同反映绍兴地区民俗的分两大类,有反映岁时风俗的,也有反映礼仪时俗的。

(一) 反映岁时习俗

《越中竹枝词》有多篇反映岁时习俗的竹枝词,如钱梦峰的《越中新年竹枝词》、无名氏的《越中乡村新年竹枝词》、戴彬的《清明扫墓竹枝词》、半林的《中元竹枝词》、阮堉的《越州四时风俗》等,这些篇目描写的都是普通百姓的生活,真实记录了当时社会上的岁时习俗。鲁迅的《祝福》中提到年终祝福、送灶、冬至祭祖等岁时习俗。

新年是《越中竹枝词》中出现次数最多的岁时节令,无名氏的《越中乡村新年竹枝词》新年需要放爆竹、吃汤团、穿新衣、拜年,章乃谷的《民国新年越中竹枝词》里的新年习俗有灯会、祀神祝福、分岁、吃粽子年糕、放鞭炮,钱梦峰的《越中新年竹枝词》里还有拜财神、寺庙祈福、祠堂分胙肉、看戏、送灯盘等习俗。从这些习俗中可看出祀神祝福(以下简称"祝福")是新年隆重的祭祀活动。祝福在绍兴民间又俗称"请大菩萨",是为了答谢神明、祈求来年福运,一般在送灶至除夕之间的吉日举行,最晚不能过立春,因此祝福往往也可算是庆祝新年的习俗之一。《祝福》的年终祝福是文中最重要岁时习俗。《祝福》中总共提到3次祝福,分别描写了3次祝福景象——"鲁镇年终的大典,致敬尽礼,迎接福神,拜求来年一年中的好运气的。"[1]这句话点明了"祝福"的时间在年末,祝福的目的是拜求新的一年好运。鲁迅接下来重点描写了鲁镇各家准备祝福的场景:"杀鸡,宰鹅,买猪肉,用心细细的洗,女人的臂膊都在水里浸得通红,有的还带着绞丝银镯子。煮熟之后,横七竖八的插些筷子在这类东西上,可就称为'福礼'了,五更天陈列起来,并且点上香烛,恭请福神们来享用;拜的却只限于男人,拜完自然仍然是放爆竹。"[2]祝福之前一系列的准备工作必须用心细致,福礼的摆放也很讲究,五更天就要陈列"福礼",以此来显示对神明的恭敬。主持祝福的必须是男人,说明祝福也有男尊女卑的观念。"我给那些因为在近旁而极响的爆竹声惊醒,看见豆一般大的黄色的灯火光,接着又听得毕毕剥剥的鞭炮,是四叔家正在'祝福'了……从白天以至初夜的疑虑,全给祝福的空气一扫而空了,只觉得天地圣众歆享了牲醴和香烟,都醉醺醺的在空中蹒跚,豫备给鲁镇的人们以无限的幸福。"[3]文章结尾对祝福的描写,既体现了热闹繁忙的场景,又显得仪式神圣而庄重,足见祝福是一年中最重要的大典。

祭灶是中国传统习俗,祭灶又分送灶与接灶,送灶意味着春节的开始。《越中竹枝词》中有多篇竹枝词提到了祭灶,如《越中新年竹枝词》中有写:"自从祭灶吃饧糖,鹿鹿无非酒食忙。"[4]当时民间祭灶需要用糖果来供奉,寓意用糖粘住灶王爷的嘴巴,使他甜甜嘴,好让他上天庭汇报时多说好话。与此类似,鲁迅笔下的《庚子送灶即事》与《送灶日漫笔》都提到了祭灶的供品胶牙糖,来说明胶牙糖的作用是来"贿赂"灶王爷的。《越州四时风俗词》中写到:"送灶初闻爆竹声,倏逢除夕又相迎。"[5]绍兴送灶仪式一般在农历腊月廿三,俗称"廿三夜",灶王爷在廿三夜上天庭奏事后,又在大年三十晚上返回人间,因此除夕夜还有接灶活动,又因为祭灶时间在春节期间,绍兴民间有春节放爆竹的习俗,因此祭灶时免不了燃放炮竹。《祝福》中鲁镇的年终除了祝福,还有祭灶仪式,文章开头写道:"灰白色的沉重的晚云中间时时发出闪光,接着一声钝响,是送灶的爆竹。"[6]与《越州四时风俗》中描写的一样,鲁镇的祭灶仪式也有鸣放鞭炮环节,送灶放鞭炮本来是营造节日喜庆热闹的气氛,但在《祝福》中的鞭炮声渲染沉闷压抑的环境,既反衬着当时社会大背景的黑暗,也暗示祥林嫂悲惨的命运。

《祝福》中提到的岁时习俗还有冬至祭祖。祥林嫂在土地庙捐了门槛后,主动帮四婶准备冬至祭祖,但去拿酒杯和筷子时,仍旧被四婶嫌弃,叫她不要沾手。[7]《越中四时风俗词》中有诗言:"为送寒衣作纸衣,坟前焚化雪蚨飞。"[8]蚨在古代是铜钱的别名,雪蚨指的是焚化的纸钱。绍兴旧时冬至日有为逝者于墓前焚化衣服的习俗,俗称"送寒衣",到祠堂家庙去祭祖,称"做冬至"。冬至是绍兴民间一年中的重大节日,有"冬至大如年"之称。冬至这天,除了祭祀祖宗,一般还要上坟给去世不到三年的亲人烧纸钱、烧寒衣、坟头除草与增土,此日必须动土,否则会遭不测。《祝福》中祭祀是四叔家中最重大的事件,冬至又是一年中极其重要的祭祖时节,也有一套祭祀流程,祥林嫂这种再嫁妇女是"败坏风俗"的,因此四婶坚决不让祥林嫂沾手祭祀的活。

(二) 反映礼仪时俗

《越中竹枝词》不仅记录了绍兴地区的岁时习俗,还记录了当地民间的礼仪习俗。

《婚嫁催妆竹枝词》写道:"巧语甜言花脸婆,小红条子鬓边拖。郎才女貌都休讲,且问田庄有几多。谁家豪富到而今,锦满妆台玉满林。七级铜炉成宝塔,女儿真个值千金。"[9]媒婆说媒时不论男女的品貌,只问对方的家底,尤其是女方家以嫁入豪门为目标,这首竹枝词揭露了旧社会包办、买卖婚姻的丑陋现象。《祝福》里的祥林嫂也同样深受封建婚姻制度的压迫,在第一任丈夫死后,为了给小叔子赚彩礼钱,祥林嫂被婆家的人强行塞进花轿嫁到深山野墺里去,为婆婆换来"八十千"。面对被迫改嫁,祥林嫂也进行过抗争,甚至以死相逼,但最终敌不过封建势力,说明封建社会的女性没有婚姻自主权,她们只是物化了的人,婚姻仅是用来换取男方的物质。

《越俗竹枝词》之三《红布铺庙地》中写道:"猩红三丈铺神前,婀娜风前步生莲。今日宿憾全忏尽,费侬两串买粉钱。"[10]这几句诗描写的是再嫁妇人烧香礼佛的场景。封建时期再嫁妇人地位低下,去庙里礼佛需要在神前铺红布,以免死后遭受步火砖的酷刑。《越俗竹枝词》之八《捐门槛》中又写道:"万踏千跨倩替身,一段朽木价三金。归来为怕有人问,却向庙畔小巷行。"[11]受贞洁观的影响,旧社会对妇女要求从一而终,寡妇再嫁难被社会接受,是不洁的象征,而捐门槛能够为自己找个替身去地下赎罪。《祝福》中的祥林嫂是位再嫁寡妇,在失去第一任丈夫后就抱"从一而终"的决心,因此再嫁后别人仍称她为"祥林嫂"。祥林嫂听柳妈讲述再嫁妇女在阴间的惩罚,再嫁妇女死后遭两个男人争抢,阎罗王会将她锯开,为及早抵当,需要去土地庙捐一条门槛当替身,"给千人踏,万人跨,赎了这一世的罪名"。[12]于是祥林嫂听从柳妈的建议,在辛苦做工一年后,利用挣来的12元钱在土地庙里捐了一条门槛,目的就是为了"赎罪"。祥林嫂捐门槛的经历符合竹枝词里捐门槛的礼仪习俗,都一致体现了再嫁寡妇卑贱的地位,从中可见旧社会再嫁女性生存十分艰难,几千年来"三纲五常""三从四德""贞洁观"的思想根深蒂固,无数的中国妇女深受其害。

二

《越中竹枝词》在鲁迅的《祝福》中有多处体现不是偶然。首先,绍兴经过漫长岁月的文化积淀,形成独具特色的地方文化与风土习俗,清末民初的绍兴虽然不断有思想进步的人士涌现,但绍兴仍是相对保守的地方,尤其是农村依旧保留着不少落后的封建习俗,丰富多样的风俗文化为竹枝词与鲁迅作品创作提供了素材。其次,竹枝词是多种艺术的融合,明显带有"俗"的传统,到了清末民初,竹枝词越来越贴近市井平民的生活,记事功能逐渐加强,作为展现绍兴地域特色的越中竹枝词自然拥有丰富的民俗史料,各种岁时节令、风俗事象,在竹枝词中屡见不鲜。最后,鲁迅作为土生土长的绍兴人,有近20年的时间是在绍兴生活和工作的,故乡的民情习俗对他的创作产生深刻的影响。而且,鲁迅本身对竹枝词也有一定的研究,鲁迅的义房族祖父周玉田写过100

首《鉴湖竹枝词》，鲁迅曾手抄过周玉田所著的《鉴湖竹枝词》，耳濡目染，对竹枝词有一定的了解，关于竹枝词的起源与发展，鲁迅在《门外文谈》发表自己的见解："唐朝的《竹枝词》和《柳枝词》之类，原都是无名氏的创作，经文人的采录和润色之后，留传下来的。"[13] 在越文化与竹枝词的熏陶下，鲁迅创作出极具代表性的乡土小说《祝福》就不足为奇。

无论是《越中竹枝词》还是《祝福》，一方面，两者都记录了绍兴地区的民间文化与市井平民生活，如《祝福》中通篇可见这些生动的民俗描绘："送灶的爆竹""幽微的火药香""绞丝银镯子"……祥林嫂的悲剧与本应喜庆的乡风民俗画面形成强烈对比，乐景衬哀情，更加突出悲剧震撼人心的力量。这些细致的风俗描写，成为研究绍兴民俗的重要史料；另一方面，《越中竹枝词》与《祝福》对民俗的关注具有批判性的目的，一些底层人物的不幸命运与旧社会的陈规陋习紧密相关。比如寡妇守节是当时社会的主流习俗，据《鲁迅笔下的绍兴风情》记载，"过去，绍兴主要城门外，都有叫行牌头的地名，那里贞节牌坊林立。"[14]《越俗竹枝词》详细记录了再嫁寡妇铺红布、捐门槛的习俗，体现了寡妇极低的地位，而《祝福》里的寡妇祥林嫂本质上是被风俗所操控的封建礼教毒害，底层民众对传统文化主导的封建礼教存在盲从与奴性，被落后的习俗无情迫害，又毫无反抗，寡妇守节、再嫁不洁这些落后的信仰习俗最终将祥林嫂逼上绝路。鲁迅通过描述祥林嫂的悲惨命运，深刻揭露了寡妇守节的陋习，批判了封建礼教吃人的本质。总而言之，《越中竹枝词》与《祝福》是贮藏丰富的民俗宝库，对研究绍兴地区的民俗文化有重要意义，有待我们去进一步挖掘。

注释

[1][2][3][6][7][12] 鲁迅：《祝福》，《鲁迅全集》第 2 卷，人民文学出版社 2005 年版，第 5 页，第 5—6 页，第 21 页，第 20 页，第

19页。

[4][5][8][9][10][11] 裘士雄、吕山编注:《越中竹枝词》,西泠印社出版社 2008 年版,第 170 页,第 238 页,第 235 页,第 242 页,第 244 页。

[13] 鲁迅:《且介亭杂文·门外文谈》,《鲁迅全集》第 6 卷,人民文学出版社 2005 年版,第 97 页。

[14] 裘士雄、黄中海、张观达:《鲁迅笔下的绍兴风情》,浙江教育出版社 1985 年版,第 128 页。

鲁迅散文《范爱农》的小说笔法

徐依楠　卓光平　绍兴文理学院人文学院

《朝花夕拾》是鲁迅生前出版的唯一一部散文集，共收录了 10 篇回忆性散文。对于该书的文体，学者孙郁指出："《朝花夕拾》在文体上别有创意，小说笔法与随笔韵致交融在一起，行文别是一番境地。"[1]作为《朝花夕拾》中最后一篇散文，《范爱农》一文在随笔韵致之外也明显运用了许多小说的笔法。不过，截至目前，学术界虽也注意到此文中的小说笔法，但一直缺乏系统的梳理和专门的讨论。《范爱农》中小说笔法的运用主要体现在细节描写、抑扬来塑造典型人物，矛盾冲突构建典型情节，铺陈、渲染刻画典型环境。正因如此，《范爱农》虽然属于散文文体，但其在生动性和深刻性方面却并不逊于鲁迅的许多小说。

一、细节描写与人物形象的塑造

《范爱农》是一篇记人散文，人物是文章很重要的组成部分，而这篇文章对范爱农这一典型人物的形象塑造是极其成功的，这主要归功于鲁迅在文中使用了细节描写和抑扬的小说笔法。细节描写主要体现在对人物肖像、神态及语言的描写上。其中肖像和神态的刻画主要采用白描手法，而对范爱农的语言描写则选取能充分反映人物性格的个性化语言。白描勾勒出了范爱农的神韵，个性化的语言使范爱农变得典型，最后又通过抑扬加深了读者对范爱农的认识和印象。正是得益于细节描写与抑扬的结合才使得范爱农这一典型形象栩栩如生、跃然纸上。

鲁迅在刻画范爱农这一形象时有许多的细节描写,其中肖像描写和神态描写尤为生动,这主要得益于白描手法的运用。"所谓'白描',从修辞的角度分析,就是用朴实的、平白的、极为精练的语言,把人物的动作、神态甚至性格栩栩如生地勾勒出来。往往是淡淡数笔,却能以少胜多,形神毕现。"[2]关于白描手法的运用,最明显的一处就是关于范爱农尸体姿态的描写。鲁迅只用了极为简练的3个字描绘——"直立着"。但这短短的3个字却将范爱农狂狷、正直的形象表现得更加鲜明——即便是死,也要"直立着"。这与鲁迅小说《孤独者》中对魏连殳死后的描写"到入棺,是连殳很不妥帖地躺着"[3]颇有几分类似,虽寥寥数字却生动表现了主人公为黑暗的现实社会所不容。除此之外,白描手法也大量运用在描写范爱农外貌、神态的句子中,如:"这是一个高大身材,长头发,眼球白多黑少的人,看人总像在渺视。"[4]"他眼睛还是那样,然而奇怪,只这几年,头上却有了白发,但也许本来就有,我先前没有留心到。他穿着很旧的布马褂,破布鞋,显得很寒素。"[5]"他瞪着他多白的眼。"[6]鲁迅在这些地方运用白描手法,以简洁的粗线条勾勒了范爱农的形象,从而使得范爱农这个人物形象跃然纸上。着墨不多,但是传神。读者只需通过这短短几个字,仿佛就能窥探到一个人穷志不穷、不修边幅、充满傲气的范爱农形象。正是因为通过白描抓住了范爱农的神韵,人物也显得比一般的散文生动许多。

此外,《范爱农》中对范爱农的语言描写更是做到了充分个性化。范爱农的出场未见其人,先闻其声:"杀的杀掉了,死的死掉了,还发什么屁电报呢。"[7]同一句式的反复,又是反问,其语气的激烈程度可以想见。这句话虽短,却处处彰显着范爱农身上那种冷峻、狂狷之气。下文"何必推举呢?自然是主张发电的人啰——"[8]反问句的使用,以及话语结束后的一个语气词"啰"生动地传递出范爱农话语中流露的讽刺与不屑,更是将其孤傲狂狷的个性展现得淋漓尽致。"还不是我们师母的?"[9]"谁知道呢?你问她去。"[10]范爱农的话语中流露着他对旧社会裹脚陋习的鄙夷。"这里又是那样,住不得。你快去罢……"[11]寥寥数字体现着他对友人的关心,让读者窥见范爱农实是外冷内热之人。而"也许明天就收到一个电报,拆开来一看,是鲁迅来叫我的。"[12]则是他生活窘困之时的自我安慰,时常这样念叨,更凸显了他当时生活的不易。这一系列符合人物性格、处境的个性化语言描写使范爱农的形象变得鲜活。

在刻画范爱农这个人物时,鲁迅还运用欲扬先抑的方法来展现范爱农丰富的形象。《范爱农》开始呈现出来的范爱农形象实在是不佳。一是相貌给人的印象颇为不佳,长长的头发,眼球白多黑少,看人总像在藐视等。二是品性不佳:范爱农冷漠无情,自己的先生徐锡麟被杀,居然说出"杀的杀掉了,死的死掉了,还发什么屁电报"的冷漠话语来。但随后笔锋一转,使读者对其的看法发生巨大反转。一方面,他勤快能干:"很少有工夫谈闲天。他办事,兼教书,实在勤快得可以。"[13]另一方面,他心系国家民族的命运和前途,在革命前常常忧国忧民,因而也常常借酒消愁。但当绍兴光复时,他又十分兴奋,甚至不再喝酒要同"我"去看光复的绍兴。这一抑一扬使读者对范爱农的感觉随着阅读的推进发生巨大转变,而范爱农也因此给读者留下了更为深刻的印象。读完全文后再反观他对于发电报的态度,读者也会恍然大悟:范爱农之所以不赞同发电报是因为对清政府不抱任何希望,明白发电报不过是徒劳而已,背后流露出的是对懦弱腐朽的清政府的愤恨。范爱农勤劳、爱国、正直的形象也正是在抑扬法的运用中变得更加鲜明。

二、矛盾冲突与典型情节的构建

除了在典型人物的塑造上借鉴了小说笔法，鲁迅在构建情节时也采用小说笔法中的冲突制造。这里的冲突包括人物自身的冲突，即范爱农内心的矛盾冲突；人物与他人之间的冲突，即范爱农与"我"之间的矛盾冲突；人物与环境之间的冲突，即范爱农与黑暗的社会环境之间的矛盾冲突。这些矛盾冲突使得文章情节更加紧张生动，引人入胜。

首先是范爱农自身的冲突。这主要体现在范爱农不想鲁迅离开却不得不支持他离开的内心冲突。由于报馆的少年们收了王金发的钱还继续发报骂王金发，王金发要对报馆实施打击报复。鲁迅作为报馆名义上的发起人自然也面临着生命危险。值此危急时刻，季弗写信催他前往南京。文中此时是这样描写范爱农的："爱农也很赞成，但颇凄凉。"[14]"但"表示转折，从这句话中可以窥见范爱农的矛盾心理。他虽然支持鲁迅离开，但内心又有千般不舍。鲁迅一旦离开就意味着他在黑暗的世道里少了个志同道合、相互支持的朋友。前文已经提到范爱农被众人排挤，躲到乡下去。后文又写到他"先是什么事也没得做，因为大家讨厌他"[15]。"他已经很少和人们来往，常见的只剩下几个后来认识的较为年青的人了，然而他们似乎也不愿意多听他的牢骚，以为不如讲笑话有趣。"[16]在这样的社会环境中，鲁迅对于范爱农的意义可想而知，他如何舍得下这个于他而言像精神支柱般的朋友？然而为了鲁迅的安全考虑，他必须选择支持鲁迅离开。一方面不想，另一方面又必须支持，范爱农心中的矛盾可想而知。而这一矛盾无疑强化了当时社会环境之黑暗，也加强了情节的生动性。

其次是范爱农与"我"之间的冲突。文章一开头就呈现了范爱农与"我"关于要不要发电报的冲突。当"我"说出"我"主张发电报之后，范爱农说了句"杀的杀掉了，死的死掉了，还发什么屁电报"表示反对。当大家还是决定发电之后,冲突并没有就此结束,而是进一步深化。此时的范爱农与"我"又因为电报由谁来撰写的问题产生了冲突:他让我撰稿,我让他撰稿,两人争执不下,最后谁也不肯拟。"从此我总觉得这范爱农离奇,而且很可恶。天下可恶的人,当初以为是满人,这时才知道还在其次;第一倒是范爱农。中国不革命则已,要革命,首先就必须将范爱农除去"[17]一句则显示了两人的矛盾冲突达到了极点。这一冲突使得文章情节极富吸引力,牵动着读者的心。将其放在开头,更是强化了这种效果。自然,矛盾冲突的塑造最终还是为凸显人物形象服务的。在这样的矛盾冲突中,范爱农郁愤孤傲的性格就得到了很好地展现,与后面绍兴光复时的笑容一对比,他忧国忧民的形象也就自然而然地显现出来了。

最后是范爱农与社会环境之间的冲突。在范爱农因交不起学费从日本回到故乡之后,处处受到他人的轻蔑、排斥和迫害,只能躲到乡下教书糊口。这是范爱农与社会环境的第一处冲突。当"我"问范爱农为什么要带弓鞋时,范爱农的反应是"'还不是我们师母的?'他瞪着他多白的眼。"[18]从中可以看出范爱农对当时社会裹脚陋习依旧顽固的鄙夷,即与此处于对立面,构成了范爱农与社会环境的第二处冲突。最后当报馆案发生后,范爱农的学监一职被校长设法撤了,他无事可做只能到熟人家中寄食,最终落得四处漂泊的结局。在这样一个社会中,范爱农谋不到一份事业,生活困顿,难以生存。这是范爱农与社会环境的第三处冲突。而范爱农之所以与环境产生冲突,就源于他刚正不阿,不愿与世俗同流合污的风骨。因此,范爱农与社会环境之间的矛盾冲突不仅让情节变得更加生动,更是让范爱农正直狂狷的品性得以彰显,读者也能深刻地感受到以范爱农为代表的大部分知识分子在旧民主革命时期的悲惨命运。

三、铺陈、渲染与典型环境的刻画

在刻画典型环境时，鲁迅又通过铺陈、渲染的方式使其更加生动。铺陈体现在他花了大量的笔墨来叙述事件的背景信息，如发电报一事的背景信息和报馆案一事的背景信息。而渲染则主要体现他运用夸张和反复的修辞手法来强化社会环境的黑暗，如通过对时间的夸张化处理凸显报馆案事发时危急的形势，通过反复描写与环境密切相关的范爱农的喝酒行为强化当时社会环境的黑暗。

《范爱农》的主要描写对象显然是范爱农，然而文章开头五段虽占了不少篇幅却只字未提范爱农。即使是要交代发电报一事"我"与范爱农起争执事件的起因，完全可以用徐锡麟被满政府刺杀一笔带过，然后直接进入第五段大家就要不要发电报一事展开讨论，范爱农提出反对意见。但鲁迅并没有这样做。除此之外，在叙述报馆案一事时亦是如此，甚至还出现了大量与范爱农无关的细节描写。例如对办报青年的语言描写："情形还是不行，王金发他们。"一个去年听过我的讲义的少年来访问我，慷慨地说："我们要办一种报来监督他们。不过发起人要借用先生的名字。还有一个是子英先生，一个是德清先生。为社会，我们知道你决不推却的。"[19]以及"我"和会计之间的对话："报馆为什么不收股本？""这不是股本……""不是股本是什么？"[20]对于德清被刺伤甚至细致到描写出刀伤的尺寸是一寸来宽，还加上了"我"的心理描写："我想，这种照片现在是大约未必还有人收藏着了，尺寸太小，刀伤缩小到几乎等于无，如果不加说明，看见的人一定以为是带些疯气的风流人物的裸体照片，倘遇见孙传芳大帅，还怕要被禁止的。"[21]这些内容似乎都可以一笔带过或者删去，但鲁迅却将这些背景信息铺开来陈述，描写得十分详细。这不免使人联想到鲁迅的小说《孔乙己》开头的两段文字同样只字未提孔乙己，而是介绍了咸亨酒店的一些背景信息。可见《范爱农》一文中出现这样的处理与小说《孔乙己》的处理是异曲同工的,都是通过这种铺陈叙事来刻画人物生存的典型环境,正是这样的环境造成了人物的悲剧。

除了铺陈事件的背景信息,鲁迅还使用了夸张的修辞手法来渲染社会环境。关于报馆案一事有明确的史料记载,王金发捣毁越铎日报馆案是在 1912 年 8 月 1 日。1912 年 8 月 1 日,王金发从嵊州老家招募的卫队士兵以《越铎日报》记载失实为借口,突然闯入报社进行血腥报复。而鲁迅早就在 5 月就已离开南京随教育部迁到了北京,所以报馆案了结应该是他到北京后两三个月而非到南京后两三个星期。从时间上说,两三个星期和两三个月相差甚远,显然不太可能是作者记忆出差错。同时,1912 年 8 月 7 日,鲁迅在《日记》中记载:"见北京报载初五日电云,绍兴分府卫兵毁越铎报馆"[22]。这充分表明了鲁迅是知道报馆案的发生时间的,而对于自己在北京住了多久更是不可能不知道的事。因此,文中报馆案了结的时间出现差错,应是鲁迅刻意艺术化的夸张处理。而这一处对时间的夸张化处理可以更好地表现出当时情况的紧急以及鲁迅离开的必要性和紧迫性,稍迟一些离开他也免不了被这些士兵屠杀。这样将时间作了虚构的夸张化处理,更能表现出革命的失败及当时社会环境的黑暗,这也就为下文范爱农的悲剧提供了社会背景,塑造了典型环境。

此外,文章还通过反复的修辞手法来强化社会环境的黑暗。文中关于喝酒的描写反复出现。细读文本不难发现,其实范爱农的喝酒行为与社会环境是息息相关的。因此,喝酒描写的反复出现不仅使文章在结构上产生呼应,更重要的是使这一行为所反映的社会环境在反复强调中得到渲染。文章一共 5 次写到喝酒:第一处是"他又告诉我现在爱喝酒,于是我们便喝酒"。[23]第二处是"到冬初,我们的景况更拮据了,然而还喝酒,讲笑话"。[24]第三处是"老迅,我们今天不喝酒了。我要去看看光复的绍兴。我们同去"。[25]第四处是"爱农做监学,还是那件布袍子,但不大喝酒了,也很少有工夫谈闲天"。[26]第五处是"他很困难,但还喝酒,是朋友请他的"。[27]当老师、秋瑾接连被杀,革命事业失了希望时,范爱农爱喝酒,借酒消愁。当绍兴光复、革命看到了曙光时,他顾不上喝酒,迫不及待地要去看绍兴光复的景象。此外,更是积极投身于教学,不大喝酒了。然而当报社受到打压,也就是意味着革命并没有真正革出结果时,他又时常喝酒了。范爱农一次次地喝酒正是对社会极其黑暗,看不到希望的一次次反复渲染,黑暗的社会环境也在这样的渲染中得到淋漓尽致地显现。

注释

[1] 鲁迅著,孙郁点评:《朝花夕拾》,春风文艺出版社2004年版,第2页。
[2] 易蒲、李金苓:《汉语修辞学史纲》,吉林教育出版社1989年版,第492页。
[3] 鲁迅:《彷徨·孤独者》,《鲁迅全集》第2卷,北京:人民文学出版社2005年版,第109页。
[4][5][6][7][8][9][10][11][12][13][14][15][16][17][18][19][20][21][23][24][25][26][27] 鲁迅:《朝花夕拾·范爱农》,《鲁迅全集》第2卷,北京:人民文学出版社2005年版,第321—328页。
[22] 鲁迅:《日记》,《鲁迅全集》第15卷,北京:人民文学出版社2005年版,第15页。

[本文系浙江省新苗人才计划课题"活在故乡的鲁迅——基于绍兴鲁迅文化传播史的考察与研究(1936—2021)"(2021R432001)研究成果]

史海钩沉

风义师友,斯世同怀:通信中的鲁迅与台静农

黄乔生　北京鲁迅博物馆

台静农与鲁迅的亲密关系,归因于他们社会观念相通、文学风格契合和学术理路一致。他们从创立未名社时期相识,到鲁迅逝世,十几年间友情不断加深。其间虽有几年中断了联系,但失而复得后,关系倍加亲密,其友情发展过程迥异于有些文学青年与鲁迅的始而浓烈,渐渐稀薄,终同路人,甚或反目成仇。

鲁迅逝世后,台静农在抗战时期颠沛流离,备受艰辛,胜利后任教于台湾大学中文系。在台湾的几十年里,因时势所限,他极少参与有关鲁迅的纪念活动,文字中对鲁迅着墨甚少。查他的著述,只有两首诗提到鲁迅,其中有一首还比较隐晦。但私下里,他保存了鲁迅的演讲《娜拉走后怎样》的手稿,还手书鲁迅的诗稿。他的纪念鲁迅的文章是在晚年才写的,比起那篇纪念陈独秀的《酒旗风暖少年狂》来,不那么张扬,但内蕴很深。他的学生在一篇文章中提到他晚年从温州街他那住了40多年的寓所搬走时的情景:"当大家陆续把东西搬过去后我看到台静农老师缓缓起身以双手抱着鲁迅的陶瓷塑像,步履庄重而沉稳,像《仪礼》中的祀典,一步步走向25号的宿舍,那是一种极慎重的态度,一种精神仪式,是不能假手他人的,当我回家后还感受到这股神圣而隆重的气氛。"[1]显然,台静农对鲁迅的深厚感情一直处在压抑之中,没有完全释放出来。台静农服膺鲁迅的思想和品格,内心深处珍藏着对鲁迅的爱戴和景仰。他在艰苦甚至危险的环境中默默践行鲁

迅的文化思想和学术理念,艺术创作和学术研究中或隐或现透出鲁迅的影响,保持着那个时代知识分子的风骨,没有辜负鲁迅的期望。

台静农与鲁迅的情谊在师友之间,他们对人生的态度有相同相通之处。从两人之间的通信中,可以寻绎出一条传承的线索。

一

1922年春,台静农从武汉到北京,在北京大学中文系旁听。除国学课程之外,他选了鲁迅的中国小说史课。这门课对他的影响不可低估。鲁迅既是小说家又是学者的身份令人感到神奇,是吸引学生的重要因素之一,台静农自然心向往之。

1925年4月27日,台静农与同乡张目寒一起拜访了鲁迅(张目寒是鲁迅在世界语学校的学生)。1925年8月,台静农参加了以安徽同乡为骨干的未名社,未名社是一个具有浓郁地域色彩的文学社团,六位成员中,韦素园、李霁野、台静农和韦丛芜四位是安徽霍邱叶集人,其中韦素园和韦丛芜是同胞兄弟。而且,四人从叶集的明强小学到阜阳第三师范学校再到北京,都有同学之谊。其余两位成员中,曹靖华是韦素园在上海求学和苏联留学时的同学,鲁迅则是五位青年的老师。在未名社成立之前,五位社员都曾在北京大学听过鲁迅讲课。

未名社成员大多是文学青年和穷学生,因此,未名社的发展要靠鲁迅的资金支持。鲁迅先后投入了400多元,自费印行社员的书稿。不但如此,鲁迅亲自担任《莽原》周刊和半月刊的编辑,借助于《莽原》促进未名社作家的快速成长。从1925年4月到1926年8月离京前,鲁迅一直担任《莽原》的主编,一共编辑了48期(周刊32期,半月刊16期)。

未名社立社宗旨是翻译外国文艺作品。鲁迅在《忆韦素园君》中说:"那时我正在编印两种小丛书,一种是《乌合丛书》,专收创作,一种是《未名丛刊》,专收翻译,都由北新书局出版。出版者和读者的不喜欢翻译书,那时和现在也并不两样,所以《未名丛刊》是特别冷落的。"指出了未名社在当时文坛的处境,以及翻译文学不受重视的局面。

台静农本来无意于创作,因为韦素园的鼓励做起小说来,成绩颇不俗,得到鲁迅赞赏。鲁迅本人虽然兼创作、翻译和学术研究于一身,但文学名声主要来自创作,尤其是小说创作,自然对台静农的创作成绩给予较多的注意。台静农写家乡农民生活的《地之子》,步趋鲁迅,显示了中国现代"乡土文学"的实绩。

1928年11月,台静农的第一本小说集《地之子》出版,作品大多是乡土题材,人物形象主要是乡土社会中的农民和农村社会的衰败愚昧。"地之子"的意象隐含着他对于自己的大别山之子的身份和早年乡土生活经验的认同。《地之子》中的十字街、茶馆、义地和南栅门等是乡土社会的代表性的场所,具有典型的宗法制农村社会特色。

1935年,鲁迅编辑《中国新文学大系·小说二集》,从台静农的《地之子》中选出4篇,数量与自己的作品相当。鲁迅在序言中对台静农的创作意图和心态做了生动的描述,给予高度评价:

> 台静农是先不想到写小说,后不愿意写小说的人,但为了韦素园的奖劝,为了《莽原》的索稿,他挨到一九二六年,也只得动手了。《地之子》的后记里自己说——"那时我开始写了两三篇,预备第二年用。素园看了,他很满意我从民间取材;他遂劝我专在这一方面努力,并且举了许多作家的例子。其实我倒不大乐于走这一条路。人间的酸辛和凄楚,我耳边所听到的,目中所看见的,已经是不堪了;现在又将它用我的心血细细地写出,能说这不是不幸的事么?同时我又没有生花的笔,能够献给我同时代的少男少女以伟大的欢欣。"此

后还有《建塔者》。要在他的作品里吸取"伟大的欢欣",诚然是不容易的,但他却贡献了文艺;而且在争写着恋爱的悲欢,都会的明暗的那时候,能将乡间的死生,泥土的气息,移在纸上的,也没有更多,更勤于这作者的了。

鲁迅选定篇目后,在给良友图书公司编辑的信中说:"其中,黎锦明和台静农两位的作品,是有被抽去的可能的,所以各人多选了一篇。如果竟不被抽去,那么,将来就将目录上有×记号的自己除掉,每人各留四篇。"送审结果,抽删情况并不严重,只因篇幅超过计划,鲁迅"除原可不登者全数删去外,又删去了五篇",但台静农的《天二哥》《红灯》《新坟》《蚯蚓们》全部保留。

台静农先后在《莽原》周刊、《莽原》半月刊、《未名》半月刊上发表近 30 篇诗、文和小说。有的作品写成后,鲁迅还帮助修改。

台静农不但小说创作突出,杂感文字也十分犀利,敢于面对黑暗现实,抨击反动势力。例如,他在《梦的记言》一文中揭露封建军阀们只图谋求私利,不顾老百姓的死活,"年年月月开演着战争把戏"的恶劣行径。那些"聪明的军官在安宁的地方傲然指挥着"人去为他们战死。这种"圣者的行为"使得无辜的人们或是"热血浸润在黄土里",或是"血肉狼藉的横飞,如秋林的霜叶"。军阀政府唱着"仁让"的调子屈服于帝国主义,"每每恶毒袭来",他们"一笑便算完事"。"唾沫吐在我们脸上,可以恭敬地承受,可以不必去,可以昂然向人前表示'雅量'"。然而"绅士们时常赞美""这是我们的礼仪!"如此,中国人民本具有的"强毅"性格、精神,被"熔化在仁让的洪炉里,复仇消逝于微笑中了。"作品中这样写道:"仁让厚道,如同吗啡之麻痹我们的精神;与其这样懦怯的生息下去,生存是失去了意义。"小说批判了"诗人文士"无视黑暗现实而一味地"欢欣唱着美好的明天的空想",呼吁人们从过去的痕迹里寻觅出可贵的反抗本能。这种执着于现实的斗争精神与鲁迅"敢于直面惨淡的人生,敢于正视淋漓的鲜血"的战斗精神完全一致。

但北京时期,鲁迅和台静农通信很少,原因不言自明:同在北京,见面容易。不过,台静农与鲁迅见面的次数不多,他似乎不大爱抛头露面。当然也与他的生活状态有关。而在这个时期,鲁迅本人也陷入苦闷和彷徨。1924年9月24日,鲁迅在给李秉中的信件中就谈到自己这种矛盾的心境:"我这里的客并不多,我喜欢寂寞,又憎恶寂寞,所以有青年肯来访问我,很使我喜欢。但我说一句真话罢,这大约你未曾觉得的,就是这人如果以我为是,我便发生一种悲哀,怕他要陷入我一类的命运;倘若一见之后,觉得我非其族类,不复再来,我便知道他较我更有希望,十分放心了。"又说:"我自己总觉得我的灵魂里有毒气和鬼气,我极憎恶他,想除去他,而不能。我虽然竭力遮蔽着,总还恐怕传染给别人,我之所以对于和我往来较多的人有时不免觉到悲哀者以此。"

现存被台静农保存下来的鲁迅给他的第一封信,写于1925年8月23日。台静农可能是听说鲁迅遭到教育部当局的免职处分,来信询问情况,鲁迅回信告知,自己已就此事在平政院投了诉状,控告教育部总长。信中谈及的稿件《懊悔》是台静农的文章,交给《语丝》发表了。信封上显示,台静农当时是从太原发出这封信的。

鲁迅离开北京到厦门和广州任教期间,与未名社成员就编辑出版事务有很多通信。自1926年9月初到厦门至1927年9月底离开广州,鲁迅一共给未名社成员写了34封信。从信件内容来看,主要是商量社内事务、《莽原》半月刊编辑工作、未名社图书发售等,谈论得最多的是关于《莽原》半月刊和未名社的发展。鲁迅提出非常明确具体的意见,对于出版物的质量要求较高,不仅重视刊物的内容,在形式设计上也很细致讲究。例如关于图书封面的设计,他在给台静农的一封信中嘱咐道:"用陶君所画者,未名社似有,亦可,请他自由决定。"这是指陶元庆为未名社出版的书籍设计的封面。有几封信所附图书校样或图版说明等,是很珍贵的资料。例如在一张外国作家的照片上,鲁迅写道:"此各处似乎还有阴影。原图似乎没有如此之光滑,如刀切一样。"

鲁迅尽心尽力提携青年的行动感动了台静农。鲁迅一直关心着社中青年译者译作的出版,1927年4月9日给台静农信中说:"《象牙之塔》出再版不妨迟,我是说过的,意思是在可以移本钱去印新稿。但如有印资,则不必迟。"鲁迅翻译的《出了象牙之塔》出版后销售情况不错,甚至连书店中的样本都被买走。在这封书信中,鲁迅向台静农解释了自己为何要推迟《出了象牙之塔》一书再版的原因,是想用收回的本钱去印社中其他成员的新书稿。但鲁迅也并不反对在未名社印资丰富的前提下再版该书,因为本来自己的书籍销售状况非常好,一经印行就能很快收回成本,而再版自己的书籍又能促进资金流转。

二

台静农是最早编辑鲁迅研究著作的人。

《关于鲁迅及其著作》一书没有列入未名社的两种丛书中,是因为既不是创作,也不是译作。该书收录的文章都是谈论鲁迅及其著作者,是一本关于鲁迅的研究文集。该书作为最早的关于鲁迅研究的专集,在鲁迅研究历史上具有重要意义。

台静农编辑《关于鲁迅及其著作》恰逢鲁迅离开北京去南方。鲁迅在女师大风潮事件中,支持学生运动,导致教育总长章士钊将其免职,鲁迅提出上诉,恢复了职务。但1926年3月26日,段祺瑞政府密令通缉48位文化教育界人士,鲁迅躲避于日本人所开的山本医院,直至4月初。紧接着奉系军阀张作霖的先头部队到达北京,形势一度紧张,鲁迅在好友齐寿山的帮助下,于15日与许寿裳等移住德国医院,23日回寓。26日,48名通缉者之一邵飘萍被奉系军阀暗杀。为防止意外,鲁迅又避居法国医院。鲁迅的散文集《朝花夕拾》的前五篇正是完成于这一时期。在这个时候,未名社同人整理、编辑、出版关于鲁迅的研究文章,对鲁迅来说也是一种莫大的精神鼓舞。

《关于鲁迅及其著作》收录13篇评论鲁迅生平思想的文章,以及《鲁迅自叙传略》1篇,是鲁迅为王希礼翻译的俄文版《阿Q正传》所作。关于选编标准,台静农在序言中如此介绍:"有一两篇文字,在我个人是觉得并非无意义的;还有国外的人,如法国罗曼罗兰对于法文译本《阿Q正传》的评语,和这一篇的俄文译者俄国王希礼君致曹靖华君的信,日本清水安三《支那的新人及黎明运动》中关于他的记载,以及最近美国巴特勒特去访问他的时候的重要的谈话,本来都拟加入,后来却依了鲁迅先生自己的意见,一概中止了,但反而加添了一篇陈源教授的信。"可以看出,台静农在选编过程中,听取了鲁迅对篇目选择的意见。

该书13篇文章的编排顺序,先是5篇关于鲁迅的印象描述和文艺成就的评论,包括曙天女士的《访鲁迅先生》、张定璜的《鲁迅先生》、尚钺的《鲁迅先生》、陈源的《致志摩》和马珏的《初次见鲁迅先生》;接着是关于鲁迅小说集《呐喊》的评论文章6篇,包括雁冰的《读〈呐喊〉》、Y生(叶圣陶)的《读〈呐喊〉》、成仿吾的《〈呐喊〉的评论》、冯文炳的《呐喊》、玉狼的《鲁迅的〈呐喊〉》和天用的《呐喊》;此外还有2篇是孙福熙评论小说《示众》的《我所见于〈示众〉者》;景宋的《鲁迅先生撰译书录》是特约稿,可见那时鲁迅与许广平的关系已经较为亲密。在5篇关于鲁迅的印象记中,有2篇出自女性作者之手。吴曙天是语丝社的撰稿人,章衣萍的妻子;马珏是鲁迅好友马幼渔的女儿。书中文章的作者来自语丝社、莽原社和新月派、文学研究会、创造社、现代评论派等,从不同的角度和立场发表了对于鲁迅的作品和个性的看法。特别是最后根据鲁迅意见添加的陈西滢信件,显得大度包容。陈西滢是鲁迅在京时期的最强劲的文艺论敌,最先宣扬鲁迅的《中国小说史略》是剽窃日本人盐谷温的著作,并用公开信的形式在《晨报》副刊上刊登《闲话的闲话之闲话引出来的几封信》,发起对鲁迅的全面攻击。在陈西滢的这几封信中就有一封 1926 年 1 月 30 日发表的题为《致志摩》的长信,有大量对鲁迅的主观印象,不乏污蔑和造谣之词。鲁迅写下《不是信》一文反击,发表于 1926 年 2 月 8 日的《语丝》周刊第 65 期上。鲁迅建议《关于鲁迅及其著作》收录《致志摩》这篇攻击自己的文章,体现了自信和勇气。

台静农在《关于鲁迅及其著作》序言开头说:"我在最近的期间,约有一月工夫,能将这几年来一般人士对于鲁迅先生及其著作的观察,感想和批评搜集起来,这在我是一件很能慰心的事,因为我完成了我所愿意完成的一部分工作,虽然我并不知道别人对于这事的意见如何。"在编辑过程中,他与鲁迅通信应该很多,而且,他也十分接近鲁迅的私生活,因为这本书中使用了许广平编辑的鲁迅著作目录。许广平与鲁迅的关系,台静农也许早就知道了。

台静农还特别选用了鲁迅几张照片,有些照片是第一次与读者见面。

三

鲁迅定居上海前几年,与台静农的通信减少,特别是 1928—1932 年,几乎不通音信。

台静农 1930 年 8 月出版了第二本小说集《建塔者》,主要表现革命的挫败以及革命者的壮烈牺牲。在《建塔者》的写作过程中,台静农还经历了一次入狱。在 1930 年 7 月 26 日所作的该书后记中,台静农记录了《建塔者》的成书过程:"本书写于一九二八年,始以四篇登载于《未名》半月刊,旋以事被逮幽禁。事解,适友人编某报副刊,复以笔名发表者五篇。《井》一篇,作最迟,未发表。""遭幽禁"指的是 1928 年 4 月,未名社因为李霁野翻译托洛茨基的

《文学与革命》而遭到查封,李霁野、台静农和韦丛芜等3位社员被捕入狱。

因此《建塔者》隐含着台静农对革命力量的期待,多数作品塑造了悲壮的革命者形象的塑造,其抗争与激烈情绪与台静农自己的情感体验有关。但作品叙事特征不明显,情节淡化,语言偏于抒情性和主观性,青年革命者的形象是理想化、抽象化的,通常没有名字,场景多以监狱为背景。

台静农的第二本小说集《建塔者》作为《未名新集》之六印行,台静农也在内页上写"一九三〇年十月寄呈鲁迅师于上海静农旧作时居北平市"。他的第一本小说集原定名《蟪蛄》,出版前也曾寄鲁迅审阅。鲁迅复信说:"你的小说,已看过,……都可以用的。但'蟪蛄'之名,我以为不好。我也想不出好名字,你和霁野再想想罢"。根据鲁迅的意见,台静农在该集列为《未名新集》之三出版时,定名为《地之子》,写上敬请指正的话寄赠鲁迅。

台静农思想"左"倾,屡受迫害,颠沛流离,生活无着,甚至有生命危险,可能因为不愿连累鲁迅,他主动切断与鲁迅的联系。从1932年4月23日鲁迅写给台静农信中可知,他与未名社其他成员也长期失去联系:"先前之未名社中人,我已无一个知道住址了。社址大约已取消,无法可转。今日始在无意中得知兄之住址,甚喜。"

恢复通信后,两人的关系进入密切期。

1932年11月,鲁迅由上海到北平探亲期间多次发表演讲,台静农担任联络人和组织者,几乎全程陪同。鲁迅28日离平返沪,台静农为他买好车票并"相送至东车站"。鲁迅在给许广平的信中谈到在平期间台静农等友人的深情厚谊:"我到此后,紫佩,静农,霁野……皆待我甚好,这种老朋友的态度,在上海势利之邦是看不见的"。"……此地人事,似尚存友情,故颇欢畅,殊不似上海文人之反脸不相识也"。鲁迅30日抵沪,立即给台静农写了感谢信:"廿八日破费了你整天的时光和力气,甚感甚歉。……一路均好,特以奉闻。"

台静农的第二次被捕,是 1932 年 12 月 12 日。国民党特务搜查他的住所时,竟把无人居住、堆存杂物的房间认定是"秘密室";把曹靖华译的两部苏联小说和未名社存余的书刊说成是"共产党的宣传品",甚至把制造化妆品的机器当作"新式炸弹"。鲁迅从友人来信中得知这一消息,在回信中对台静农的安危表达了深切的关怀:"静农事殊出意外,不知何故?其妇孺今在何处?倘有所知,希示知。此间报载有教授及学生多人被捕,但无姓名。"鲁迅在另一封信中对台静农及其家人表达了担忧:"静兄因误解被捕,历十多天始保出,书籍衣服,恐颇有损失。近闻他的长子病死了,未知是否因封门,无居处,受冷成病之故,真是晦气。"台静农获释后致信鲁迅,表示感谢。

1933 年 1 月 26 日,鲁迅将为日本友人写的讽刺和抨击国民党政府的《二十二年元旦》,"别录以寄静农":"云封高岫护将军,霆击寒村灭下民。依旧不如租界好,打牌声里又新春。申年之旦开笔大吉并祝静农兄无咎。"

1933 年,北平共产党组织、北方文总和北方"左联"等遭到严重破坏,很多共产党人和左翼文化人士被捕。刚刚获释不久的台静农,在这样严重的白色恐怖下,较少发声。对于台静农的沉默,北方"左联"主要成员、《文学杂志》编辑王志之致信鲁迅做了说明。鲁迅在回信中说:"静农久无信来,寄了书去,也无回信,殊不知其消极的原因,但恐怕还是为去年的事(指被捕)罢。我的意见,以为还是放置一时,不要去督促。疲劳的人,不可再加重,否则,他就更加疲乏。过一些时,他会恢复的。"鲁迅对青年人的体谅、宽容、爱护和信任可见一斑。

1933 年 9 月至 12 月下旬,台静农 3 个多月未与鲁迅通信。但鲁迅对台静农的信任丝毫不减,曾介绍友人前去与台静农会晤,并说:"台君为人极好,且熟于北平文坛掌故,先生去和他谈谈,是极好的。"12月27日,鲁迅收到台静农一封信,信中可能谈到北平文化阵营的分化及自己的近况,鲁迅在复信中说:"北大堕落至此,殊可叹息,若将标语各增一字,作'五四失精神,时代在前面',则较切矣。"

1934年3月10日,天津《大公报》载日本《盛京时报》"通讯",言鲁迅患"重性脑膜炎",需"停笔十年,否则,完全无治"。鲁迅闻知此消息后,"戏作一绝寄静农":"横眉岂夺蛾眉冶,不料仍违众女心。诅咒而今翻异样,无如臣脑故如冰。"

1934年7月26日,台静农以共产党嫌疑第三次被捕,随即由北平宪兵第三团押解至南京警备司令部囚禁。鲁迅从曹靖华的信中得知消息,但不知被捕的原因,所以,在致友人的信中推测可能是被人举报:"静事已闻,但未详。我想,总不外乎献功和抢饭碗,此风已南北如一"。台静农被押解到南京,鲁迅深感问题严重:"青兄(即台静农)事如此麻烦,殊出意外"。8月26日和27日,鲁迅在千爱里避难地两次接待专为此事自津抵沪的李霁野,同意致函蔡元培设法营救。在鲁迅等的帮助下,台静农于1935年1月获释。闻此消息,鲁迅十分欣喜:"农兄病已愈(指台静农获释),甚可喜,此后当可健康矣。"

台静农以共产党嫌疑被捕,囚禁半年,释放后生活堪忧。鲁迅对此极为关心:"农已回平,甚可喜,但不知他饭碗尚存否?这也是紧要的。"由于日本帝国主义入侵华北,国民党当局不敢抵抗,怨声载道,人心惶惶。1935年7月,国民政府与日方签订《何梅协定》,妥协求和国事既令人沮丧,教育界更是"漆黑一团,无赖当路"。得知郑振铎就任上海暨南大学文学院长,鲁迅立即托他为台静农谋职,但也因"学校内情形复杂","掣肘者多",未能成功。鲁迅为此感叹说"中国步步荆棘"。此后,台静农有了去厦门大学任职的机会,鲁迅亦喜亦忧,去信说:"厦门亦非好地方,即成,亦未必能久居"。既如此预料,他就同时托陈望道与桂林师范学校联系,并将答复"剪下一段",请曹靖华转达。不久,台静农谋得厦门大学职位,生计总算有了着落。但鲁迅仍为他的前途担心:"厦门不但地方不佳,经费也未必有,但既已答应,亦无法,姑且去试试罢。容容尚可,倘仍饿肚子,亦冤也。"鲁迅自己曾在厦门待过几个月,深知此地不可久居。果然,台静农在此没多久就离开了。

1936年10月15日,鲁迅致信台静农,准备将瞿秋白遗著《海上述林》上卷寄给他,"以为纪念"。但几天后,鲁迅突然病逝。噩耗传到厦门,台静农十分悲恸,致函许广平,表示深切哀悼:"周师母鉴:顷见报载,中央社电豫师去世,惊骇万状,然关于师之起居,向多谣言,颇以为疑。但记载甚详,似果真不讳,山颓木坏,世界失此导师,不仅师母之恸也……"

从鲁迅日记中可以查到不少关于台静农来信的记载,但这些信件都已散失,因为鲁迅曾经多次销毁过友朋尤其是与左翼文坛人士的来信。未名社成员韦素园病逝后,台静农等曾写信给鲁迅,希望收集韦素园写给他的信,作为纪念。鲁迅回信道:"说起信来,我非常抱歉。他原有几封信在我这里,很有发表的价值的,但去年春初我离开寓所时,防信为别人所得,使朋友麻烦,所以将一切朋友的信全都烧掉了,至今还是随得随毁,什么也没有存着。"台静农早期给鲁迅的信应该也遭受了同样的命运。目前所能见到的台静农致鲁迅信,仅存一封和另一封的附件——一张他替鲁迅购买的汉画像的目录。

读者只能从鲁迅的去信中揣摩台静农来信的内容了。

但是,台静农保存鲁迅文稿和书信十分用心。鲁迅1923年12月在女高师文艺会讲演《娜拉走后怎样》,学生的记录稿发表在1924年女高师《文艺会刊》,鲁迅校正定稿发表于同年8月1日《妇女杂志》第10卷第8号,后来收入《坟》。台静农把鲁迅手写定稿裱为长卷,精心保管。抗日战争期间,他虽辗转多地,生活艰难,却始终与这份手稿不离不弃,还时时拿出来供学界同仁欣赏,这从手稿后面诸多名家题跋中可以概见。

1934年,台静农把鲁迅给自己的信装裱成册,珍藏,并把此事报告鲁迅。鲁迅1934年2月15日回信,谦虚地说:"我的信竟入于被装裱之列,殊出意外,遗臭万年姑且不管,但目下之劳民伤财,为可惜耳。"鲁迅逝世后,台静农把装裱成册的40封信献给鲁迅全集编辑委员会,为编辑鲁迅书信做出了贡献。

四

20世纪20年代末,鲁迅写给台静农的信,阐述观点,抨击时弊,品评人物,语气间是把台静农当作亲近朋友的。

鲁迅1927年9月25日辞谢诺贝尔文学奖提名的信,是鲁迅致台静农信件中被提及较多的一封。台静农是受刘半农委托,询问鲁迅是否同意被提名为诺贝尔文学奖候选人的。应该说,鲁迅的复信不是一封私信,因为他写信时心中至少还有一个假想的读者即刘半农,并且刘半农还会把信的内容传达给斯文赫定等人。今天我们读鲁迅这封信,虽然对鲁迅没有获得诺贝尔奖感到遗憾,但对信中丰富的信息以及鲁迅严正的态度产生深刻的印象。鲁迅的理性和自知之明,对"时贤"的辛辣讽刺,对"翰林文字"的警惕,对自由书写状态的坚守,给人启示,仍发人深思。

鲁迅文字的批评锋芒,在给友朋的信中时时显示出来,即便对较为亲密的朋友,有时也不客气。这里只举出有关品评人物的一两个事例。他和郑振铎合编的《北平笺谱》出版后,销行不错,首印100部很快售罄。其中有若干部,鲁迅是打算送给朋友的,曹靖华是受赠者之一。但郑振铎在办理此事时不十分得力,致曹靖华迟迟未收到。鲁迅在信中批评道:"印书小事,而郑君乃作如此风度,似少函养,至于问事不报,则往往有之,盖不独对于靖兄为然也。"因为台静农问及编写中国文学史的意见,鲁迅对郑振铎在这个领域的成果加以批评:"郑君治学,盖用胡适之法,往往恃孤本秘笈,为惊人之具,此实足以炫耀人目,其为学子所珍赏,宜也。我法稍不同,凡所泛览,皆通行之本,易得之书,故遂孑然于学林之外,《中国小说史略》而非断代,即尝见贬于人。……郑君所作《中国文学史》,顷已在上海豫约出版,我曾于《小说月报》上见其关于小说者数章,诚哉滔滔不已,然此乃文学史资料长编,非'史'也。但倘有具史识者,资以为史,亦可用耳。"这应该是学术上的体己话,也许不大跟不太熟悉的人说,因为毕竟鲁迅与郑振铎的关系也比较亲密,当时正在进行多项合作。

还有一封信回答台静农关于《北平笺谱》书写序言和题签事宜的询问,对刘半农和钱玄同这两位"五四"时期的老战友不客气地加以指责:"郑君来函问托天行或容某(忘其名,能作简字),以谁为宜,我即答以不如托天行,因是相识之故。至于不得托金公执笔,亦诚有其事,但系指书签,盖此公夸而懒,又高自位置,托以小事,能拖延至一年半载不报,而其字实俗媚入骨,无足观,犯不着向悭吝人乞烂铅钱也。关于国家博士,我似未曾提起,因我未能料及此公亦能为人作书,惟平日颇嗤其摆架子,或郑君后来亦有所闻,因不复道耳。""郑君"指郑振铎;"金公"是钱玄同(金心异);"国家博士"指刘半农,他在法国获得了博士学位;"天行"是魏建功的号。

结果,《北平笺谱》请魏建功书写了鲁迅的序言,郭绍虞书写郑振铎的序言,沈兼士题签。北平诸公是台静农的老师,也是鲁迅曾经的朋友,鲁迅将自己对他们的不满,讲给台静农出,可见鲁迅对台静农的高度信任。

委托办事是鲁迅致台静农信札的另一个主要内容。1932 年 6 月 18 日,鲁迅收到台静农代购的《王忠悫公遗集》一函。他还曾托台静农寻找报刊文章:"闻胡博士有攻击民权同盟之文章,在北平报上发表,兄能觅以见寄否?"1933年3月25日的信中,他还托台静农把自己编辑的《萧伯纳在上海》分送北平的朋友们。

书信中更多的是鲁迅对台静农生活和事业的关心。他把自己的亲身经历告知比自己年轻的朋友,以为借鉴。当他得知台静农要到厦门大学工作,复信建议说:"厦门亦非好地方,即成,亦未必能久居也。向暨大曾一问,亦不成,上海学校,亦不复有干净土;尚当向他处一打听也。"随后又去信说:"厦门不但地方不佳,经费也未必有,但既已答应,亦无法,姑且去试试罢。"果然,台静农在厦门大学也不惬意,鲁迅又去信与他交流经验道:"十一日信收到,知所遇与我当时无异,十余年来无进步,还是好的,我怕是至少是办事更颓唐,房子更破旧了。"在纷繁复杂的政坛文坛斗争中,鲁迅常以过来人的身份给台静农以指点,如1936年5月7日的信说:"'第三种人'已无面目见人,则驱戴望舒为出面腔,冀在文艺上复活,远之为是。"

鲁迅晚年偶作旧体诗,抒发情怀,并书写赠人,作为表达友情的一种方式。他多次赠诗给台静农。台静农在北平与启功等交游,研习书法,有时写信向鲁迅求字。鲁迅1932年12月13日信中说:"又字一卷,不知已收到否?字写得坏极,请勿裱挂,为我藏拙也。"台静农在书法方面很有建树,旧体诗也颇当行,说与鲁迅的熏陶有关,恐怕不算夸张。

尤其值得注意的是鲁迅逝世前三天写给台静农的最后一封信。信中谈到自己的病和自己正在做的事,谈到文坛的斗争,谈到上海的文化环境,从中可见鲁迅心中郁积一股愤懑之气。但鲁迅又声明,他与人斗争是为了世道人心,不是在贪图个人名利,也非闹情绪争意气:"我鉴于世故,本拟少管闲事,专事翻译,藉以糊口,故本年作文殊不多,继婴大病,槁卧数月,而以前以畏祸隐去之小丑,竟乘风潮,相率出现,乘我危难,大肆攻击,于是倚枕,稍稍报以数鞭,此辈虽猥劣,然实于人心有害,兄殆未见上海文风,近数年来,竟不复尚有人气也。"洞明时世,心怀悲愤,而又态度积极,思欲更有作为,是鲁迅晚年生存状态的真实写照。

台静农晚年蛰居台北温州街"歇脚庵",常书写"人生实难大道多歧"联语,或赠友朋,或自警自励,其中无疑闪现着鲁迅的影像。

五

台静农是鲁迅的学术传人。

在有关"整理国故"的讨论中,鲁迅指出:"就现状而言,做事本来还随各人的自便,老先生要整理国故,当然不妨去埋在南窗下读死书,至于青年,却自有他们的活学问和新艺术,各干各事,也还没有大妨害的,但若拿了这面旗子来号召,那就是要中国永远与世界隔绝了。倘以为大家非此不可,那更是荒谬绝伦!"在有关"崇拜创作"、贬低翻译的争论中,鲁迅也指出:"从表面上看来,似乎这和要求天才的步调很相合,其实不然。那精神中,很含有排斥外来思想,异域情调的分子,所以也就是可以使中国和世界潮流隔绝的。"在鲁迅看来,胡适的转向国故和郭沫若的"崇拜创作"表面上看来是两种不同的论调,但根本上都具有潜在排斥外来文艺的倾向。

在这些方面,台静农接续了鲁迅的传统,整理古代典籍,是为现实服务,不是为了国故而国故,为学术而学术。

鲁迅写给台静农的信中,颇多关于学术研究的内容,主要有3个方面:

(一)古籍校勘

鲁迅倾心魏晋文学,青年时代立志校勘《嵇康集》,用功甚勤,到定居上海时,已经校勘近10遍,但仍不满意。台静农深谙鲁迅的学术志向和旨趣,积极为鲁迅收集《嵇康集》版本。在阅读了台静农寄来的某版本后,鲁迅复信说:"此书佳处,在旧钞;旧校却劣,往往据刻本抹杀旧钞,而不知刻本实误。戴君今校,亦常为旧校所蔽,弃原钞佳字不录,然则我的校本,固仍当校印耳。"台静农的寄赠催促了鲁迅在《嵇康集》校勘方面下了更多功夫,材料的充分和版本的完备,使他有信心将自己的校勘写定本拿出来,准备付印——虽然因为其他因素,鲁迅生前未能看到该书的出版。

(二)南阳汉代画像石拓本的搜集

台静农在北京时期与鲁迅多有交往,了解鲁迅在收集和研究汉画像方面的成绩。他发现新拓本,就会报告鲁迅,引发鲁迅的兴趣:"也许见过若干,但很难说,因为购于店头,多不明出处也,倘能得一全份,极望。""《汉圹专集》未见过,乞寄一本。"台静农寄给鲁迅的一本《南阳画象访拓记》是鲁迅重续搜集汉画像前缘的一个重要触媒,引发鲁迅立即着手搜集南阳石刻拓片:"关于石刻事,王冶秋兄亦已有信来,日内拟即汇三十元去,托其雇工椎拓,但北方已冷,将结冰,今年不能动手亦未可料。印行汉画,读者不多,欲不赔本,恐难。南阳石刻,关百益有选印本(中华书局出版),亦多凡品,若随得随印,则零星者多,未必为读者所必需,且亦实无大益。而需巨款则又一问题。"(1935年11月15日)

从信中可知,关于汉画像,鲁迅早已拟定了研究和出版计划:"我陆续曾收得汉石画象一箧,初拟全印,不问完或残,使其如图目,分类为:一,摩厓;二,阙,门;三,石室,堂;四,残杂(此类最多)。材料不完,印工亦浩大,遂止;后又欲选其有关于神话及当时生活状态,而刻划又较明晰者,为选集,但亦未实行。南阳画象如印行,似只可用选印法。"1934年6月9日的信中也讲到汉画像的集印问题:"对于印图,尚有二小野心。一、拟印德国版画集,此事不难,只要有印费即可。二、即印汉至唐画象,但唯取其可见当时风俗者,如游猎,卤簿,宴饮之类,而着手则大不易。五六年前,所收不可谓少,而颇有拓工不佳者,如《武梁祠画象》《孝堂山画象》《朱鲔石室画象》等,虽具有,而不中用;后来出土之拓片,则皆无之,上海又是商场,不可得。"这项工作相当烦难,鲁迅没有助手,只能自己经营,颇为吃力。为了搜集汉画像拓片,不得已时,他只好请台静农这样懂行的好友来协助:"济南图书馆所藏石,昔在朝时,曾得拓本少许;闻近五六年中,又有新发见而搜集者不少,然我已下野,遂不能得。兄可否托一机关中人,如在大学或图书馆者,代为发函购置,实为德便。"有时,鲁迅也会在信中讲述自己的研究心得,与台静农切磋琢磨。1935 年 5 月 14 日的信中论及"君车"等拓片:"'君车'画象确系赝品,似用砖翻刻,连籑斋印也是假的。原刻之拓片,还要有神彩,而且必连碑阴,乃为全份。又包中之《曹望憘造象》,大约也是翻刻的,其与原刻不同之处,见《校碑随笔》。"

鲁迅的这些托付和商讨,对台静农此后的学术生涯很有帮助。从鲁迅的学问文章中,台静农感悟颇多。台静农兼具文学创作和学术研究才能,他也遇到了鲁迅曾遇到的问题:是搞创作,还是搞学术。鲁迅 1932 年 6 月 18 日给他的信中这样鼓励他:"兄如作小说,甚好。"但靠写小说为生,在鲁迅尚感吃力,对台静农而言更是布满荆棘之途。养家糊口的现实考量最终决定了台静农的职业取向,只好辗转各地,寻找合适的大学教书。有一时,鲁迅鼓励台静农专心学术研究:"兄蛰伏古城,情状自能推度,但我以为此亦不必侘傺,大可以趁此时候,深研一种学问,古学可,新学亦可,既足自慰,将来亦仍有用也。"鲁迅曾透露自己的两个学术计划,一个是编纂《中国字体变迁史》;另一个是《中国文学史》。他担任厦门大学教授时,讲授《中国文学史》,因为时间短,讲义只写到汉代,后来整理出版了《汉文学史纲要》。台静农很关心鲁迅中国文学史的编写计划,1928 年初致信鲁迅,有所询问,鲁迅于 2 月 24 日回复道:"中国文学史略,大概未必编的了,也说不出大纲来。

我看过已刊的书,无一册好。只有刘申叔的《中古文学史》,倒要算好的,可惜错字多。"其实,鲁迅并未放弃这个研究项目,1929年回北平省亲期间写信给许广平说:"我也对于自己的坏脾气,时时痛心,想竭力的改正一下。我想,应该一声不响,来编《中国字体变迁史》或《中国文学史》了。"

(三)《中国文学史》和编纂

鲁迅英年早逝,未及完成自己的学术计划。多年后,台静农发愿研究中国文学史。抗日战争结束后,台静农到了台湾,创建台湾大学中文系,担任系主任20多年。他在中文系任教几十年,培养了大量人才,个人著述的重要一项,就是编纂《中国文学史》。因两岸阻隔,直到终老,台静农未能再回大陆。他去世后,他的弟子将讲义整理出版。台静农可能是带着对鲁迅的愧疚离开人世的——他有生之年,没有见到《中国文学史》的印行。

就鲁迅研究而言,没有台静农等亲炙过鲁迅的学者参与,是一个极大的遗憾。如果有像他这样深知鲁迅、博通典籍的学者参与,或者不至于最近几年才陆续出版鲁迅留下的约6 000张金石拓片。

注释

[1] 陈昌明《温州街》,台湾《文讯》2021年11月号。

[本文系国家社科基金一般项目"鲁迅的新文学收藏研究"(17BZW145)的阶段性成果。]

1927年鲁迅坚辞中山大学教职探赜索隐

秋　石　浙江越秀外国语学院

几十年来,尤其是进入21世纪以来,笔者所见有关论述1927年4月鲁迅坚辞中山大学教职的文章多认为是鲁迅在原厦门大学时期的"仇人"顾颉刚也来中山大学任教所致。从表面上看,似乎这也是事实——顾颉刚4月18日抵达中山大学,鲁迅便于3天后的21日向校方提交了辞呈。另外,自1927年4月下旬开始,无论是写文章,还是给诸多友朋的信上,鲁迅对于顾颉刚也来中山大学任教授一事,愤激之情是显而易见的。他一而再,再而三地予以了猛烈的抨击,大有痛打落水狗之嫌。

然而,细细分析,依笔者之见,这不过是一个借口,一个掩饰。换言之,至多不过是一个加快他辞职进程的催化剂罢了,而绝非系主要的根本的原因。

重要的是,鲁迅是一名战士,一名始终瞪大着眼睛,真正而又异常优秀的战士。他不但勇猛无畏地走在反对蒋介石独裁统治、反对国民党文化围剿斗争第一线的行列中,而且在具体的斗争实践中彰显其足智多谋的特质,懂得并且善于保护自己。他不会直截了当地以国民党背信弃义、同室操戈,大肆屠杀共产党人和革命人民这一血淋淋的事实作为辞职的公开理由,告示天下以抗议。须知,鲁迅平素是最反对赤膊上阵的。他不但自己反对赤膊上阵,而且也教导围聚在他身边的青年不要赤膊上阵。[1]于是,就在适逢昔日的"仇人"顾颉刚的到来,"一山不容二虎",鲁迅便将此作为一个借口,不依不饶地与忠实于蒋介石国民党政权的校方抗衡上了,直至最终辞职,离开这血雨腥风的广州为止。

在正式提交书面辞呈的前一天晚上(1927年4月20日),鲁迅在写给李霁野的信上,先是简略地写了几句有愤于顾颉刚"来做教授"的话,至信尾,忽地笔锋一转,便愤怒地转到了广州国民党反动派当局发动"四一五"大肆搜捕和屠杀共产党人这一惨烈事件上来。鲁迅写道:"这里现亦大讨其赤,中大学生被捕者有四十余人,别处我不知道,报上亦不大纪载。其实这里本来一点不赤……"[2]在这里,鲁迅对国民党反动派的滥杀无辜及对共产党人的大开杀戒,表达了他的发自内心的极大愤慨。"其实这里本来一点也不赤"则又显示了他对共产党人正在从事的革命事业的充分理解与衷心拥护。而对于真正背叛了孙中山背叛了革命的蒋介石国民党反动派推行的贼喊捉贼的阴谋伎俩,以及他们对共产党人、进步革命人民的种种污蔑攻击,鲁迅则予以了无情的揭露和驳斥。

后来,相隔不长时间,鲁迅在《怎么写》(夜论之一)一文中写道:"果然,毕磊君大约确是共产党,于四月十八日从中山大学被捕。据我的推测,他一定早已不在这世上了,这看去很是瘦小精干的湖南的青年。"[3]

在其后所作的仍然可以被视作为广州记事的《在钟楼上》(夜论之二)中,鲁迅再次将矛头直指国民党蒋介石的"清党"大屠杀。他尖锐地指出:"只有若干已经'正法'的人们,至今不听见有人鸣冤或冤鬼诉苦,想来一定是真的共产党罢。"[4]

鲁迅先生还以其极为辛辣的笔调,描述了蒋介石之流如何背叛孙中山先生三大政策,以"清党"为名,混淆革命与反革命的界线滥杀无辜的罪恶行径。他写道:

恐怕有一天总要不准穿破布衫,否则便是共产党。

革命,反革命,不革命。

革命的被杀于反革命的。反革命的被杀于革命的。不革命的或当作革命的而被杀于反革命的,或当作反革命的而被杀于革命的,或并不当作什么而被杀于革命的或反革命的……

凡为当局所"诛"者皆有"罪"。[5]

"凡为当局'诛'者皆有'罪'",十分形象地印证了一个历史事实:正是紧随蒋介石在北伐刚一胜利后的宁沪一带发动大开杀戒的"四一二"反革命政变,广州国民党反动当局发动的"四一五"大搜捕大屠杀,特别是与鲁迅有着密切联系的青年共产党员毕磊和他的亲密战友萧楚女遭广州国民党反动当局残忍地杀害之后,鲁迅当即作出了辞去中山大学教职的决定,以示对国民党反动派血腥罪行的强烈抗议和对共产党人的强有力声援。

这里面有一个背景,这就是关于鲁迅先生来广州中山大学任教的最初原因。根据有关史料和回忆,这完全是中共两广区委书记陈延年推动的结果。也许是因为父亲陈独秀的关系,陈延年对鲁迅是颇为了解的。此时的鲁迅先生已自北平南下厦门大学任教,听说在那里工作得很是不愉快。于是,陈延年就建议并力促鲁迅先生前来中山大学。鲁迅来后,如何做好鲁迅的思想引导工作成了陈延年以及广东区委急需考虑和急迫要解决的问题。针对鲁迅当时的思想状况,结合鲁迅先生自"五四"以来的一系列反封建反专制反军阀的鲜明立场和表现,陈延年给鲁迅做了个"政治定位"。他对区委和中山大学党组织的负责人说,鲁迅是知识分子中个性鲜明的"自由人",但不是一般的"自由人",而是彻底的反封建反专制反强权的"自由人",因此我们应该好好地做工作,团结他,更好地同右派进行斗争。为此,陈延年专门召开区委会议,就鲁迅到来之后如何做好他的工作作了研究。参加研究的党员骨干有恽代英、邓中夏、李求实、毕磊等人。会上分析了鲁迅反帝反封建的战斗思想和战斗业绩,认为鲁迅是能够与共产党人并肩战斗的。陈延年特别强调,鲁迅到广州后,组织上一定要尽快帮助他了解广州当前的政治局势。首先是要求广州党组织做好鲁迅来时的欢迎工作。其次是确定专人做好鲁迅的日常思想工作,并要常常去求教鲁迅,按时将党组织的刊物送给鲁迅。时任中山大学党总支书记的徐彬如(原名徐文雅)回忆说,他给鲁迅送过《人民周刊》《少年先锋》《做什么?》等刊物。《少年先锋》封面上印着列宁的画像和革命火炬,鲁迅对此印象很深,在当天日记记道:"徐文雅、毕磊、徐辅国来并赠《少年先锋》十二本。"根据徐彬如回忆,有一次和鲁迅在一起谈起党的事情时,鲁迅突然问:"贵党在这里的主要领导是不是陈延年啊?"徐彬如点点头,是的。鲁迅仰着头,似乎在回忆着什么,说:"他可是我的'老仁侄'啊,他人很聪明啊!"徐彬如立即回来将此事向陈延年作了汇报。

这里,不得不说一说鲁迅与青年共产党员毕磊之间的那种血浓于水的情谊。笔者以为,鲁迅与毕磊的关系丝毫也不亚于数年后在上海,他同另一位青年共产党员、"左联"五烈士之一的柔石之间的那种血肉相连难以割舍的情谊。而柔石,恰恰也同样遭遇国民党反动当局的残酷杀害。

鲁迅于1927年1月18日抵达广州,担任中山大学中文系主任,同时兼任教务主任。抵达广州未几,当时的中共广东区委立即委派既是中山大学学生,又担任着中共广东区委学生运动委员会副书记的毕磊,担负起党与鲁迅的联络员重任。

1902年出生于湖南澧县的毕磊,于1922年考入广州国立高等师范学校英语部,即后来鲁迅任教职的中山大学。他于1925年加入国民党并任学校特别支部委员的同时,先是加入共青团,继而于同年底加入中国共产党。他还是中山大学的学生会主席及负责宣传工作的广州革命青年联合会执行委员。1926年5月,毕磊担任中共广东区委学生运动委员会副主席,协助恽代英同志领导广东文化教育界、共青团和黄埔军校的青年工作,是广州学生运动和青年运动的著名领袖之一。受党组织委托,毕磊主编以国民党广州市党部宣传部名义发行的《广州评论》旬刊,以及一个名叫《做什么》的中共广东区委学生运动委员会主办的刊物。

而论及鲁迅在1927年4月广州发生的这个嬗变,笔者经梳理鲁迅早期著述和思想理念后认为,中共广东区委领导人陈延年等人的引领,固然是时代转折关头一个不可缺的重要因素,但是我们也应当看到,早在"五四"前后,由于同陈延年的父辈——陈独秀和李大钊两位中国最早的共产主义先驱者密接受到的启蒙与熏陶,加上列宁领导的苏维埃"十月革命"取得胜利和孙中山先生制定的切合中国实际的"联俄、联共、扶助农工"三大政策的双重影响,对未来可能出现的危害革命的突发性事件,鲁迅就已经有了一定的认知和应变能力。否则也就不会有其刚进入广州时,当着"盛情欢迎"的国民党高官面,毫不避讳说出的那个"红中夹白"的切肤感受,以及在传达室里贴出不食人间烟火的"概不赴宴"的四字告示!——而这些言行,都是在鲁迅与陈延年会面之前发生的。

可以说自1927年1月抵达广州,到同年10月离去,前后不过是10个月的时间,鲁迅先生始终对"红中夹白"的国民党执政当局保持着高度的警惕。正是基于这一态度与立场,对于国民党方面的拉拢与诱惑,鲁迅是嗤之以鼻、不屑一顾的。鲁迅抵达广州一周后,1927年1月25日,在中大学生会出面举行的欢迎大会上,身为副校长的朱家骅也跑来参加。发言中,这位日后大发其迹并担任国民政府教育部部长和国民党中央组织部部长等要职的中大副校长,吹捧鲁迅为"革命家""战士"等。而鲁迅对这位顶头上司的吹捧却很不以为然,并且当场声明道:"大家很热忱,其实我是没什么值得欢迎的,朱先生说我是'革命家',我这个人有什么

'革命'？我不是什么'战士'和'革命家'。朱先生说的那一套我不承认。"接下去，鲁迅还用辛辣无比的口吻作了还击，说道："我在厦门时听说广东是'革命的策源地'，是很革命的地方，'赤化了'，'红'的红，既然如此，我很想来看看，看看广州的革命究竟怎么样？'红'的怎么样？是真革命，还是假革命？跑来一看，果然是'革命'了！满街红标语，还用白粉写的字——'红中夹白'！"

同年9月3日，鲁迅在给北新书局老板李小峰的信中再次予以了抨击，鲁迅无奈而又愤怒地这样评说道：

> 我到中山大学的本意，原不过是教书。然而有些青年大开其欢迎会。我知道不妙，所以首先第一回演说，就声明我不是什么"战士"，"革命家"。倘若是的，就应该在北京，厦门奋斗；但我躲到"革命后方"的广州来了，这就是并非"战士"的证据。
>
> 不料主席的某先生——他那时是委员——接着演说，说这是我太谦虚，就我过去的事实看来，确是一个战斗者，革命者。于是礼堂上劈劈拍拍一阵拍手，我的"战士"便做定了。拍手之后，大家都已走散，再向谁去推辞？我只好咬着牙关，背了"战士"的招牌走进房里去，想到敝同乡秋瑾姑娘，就是被这种劈劈拍拍的拍手拍死的。我莫非也非"阵亡"不可么？[6]

不仅如此，鲁迅还坚决拒绝了国民党在广州的高官戴季陶、陈公博、孔祥熙等人的请吃，且拒绝得很是彻底：在传达室里贴上"概不赴宴"4个大字的告示作回答。

对国民党的言行不一和屠杀共产党人、革命人民群众的罪恶，鲁迅往往会以幽默且为辛辣的语气与笔调，施之以猛烈的抨击。但到了后来，却又被反动当局那道无形的书报检查黑手给抹了个影踪全无。对此,鲁迅无奈地写道:"到后来,却有些改变了,往往斗胆说几句坏话。然而有什么用呢?"他举例说道:"在一处演讲时,我说广州的人民并无力量,所以这里可以做'革命的策源地',也可以做反革命的策源地……当译成广东话时,我觉得这几句话似乎被删掉了。给一处做文章时,我说青天白日旗插远去,信徒一定加多。但有如大乘佛教一般,待到居士也算佛子的时候,往往戒律荡然,不知道是佛教的弘通,还是佛教的败坏?……然而终于没有印出,不知所往了……"[7]

然而,与对待国民党方面截然不同的态度是,鲁迅先生对中共广东区委派来与他联络的年轻共产党员毕磊,却是异常的热情,而且从不以年龄的悬殊分深浅。根据中共广东区委的指示,毕磊经常把中共主办的刊物,如《人民周刊》《向导》《少年先锋》《做什么》等,送给鲁迅阅读。与此同时,他还向鲁迅先生介绍了中共对当前时局的看法。鲁迅也总是认真、仔细地听取毕磊的介绍,时不时还谈些自己的看法。作为忘年交,两人经常在一起促膝谈心,有时,竟还秉烛作通宵达旦的长谈。逢到周末,闲暇之余,鲁迅还常与毕磊一起到书店浏览,或去公园边散步边谈话。

一天,毕磊对鲁迅先生说道:"中共广东区委负责同志想到这儿来拜访您。"鲁迅听后,很是高兴。他当即予以呼应:"太好了!我也正想见见他。"出于对战友的安全计,鲁迅建议道:"不过,他来这里容易惹人注意,还是我去方便些。"

毋庸置疑,鲁迅的"我去方便些"的提议说明了两个问题。一个是尽管当时国民党蒋介石还没有彻底撕下蒙在脸上的假面具,但鲁迅先生已经从广州这个"红中夹白"的特殊环境中窥出了一些端倪——早晚,国民党是要和共产党分道扬镳的。而且由于国民党的势力远远大于共产党,且拥有庞大的军队,共产党届时会面临一场严峻的考验。另一个则是鲁迅对共产党人正在从事的事业与终极目标有了较为深刻的理解,认准了他们要实现的正是中国新兴的未来。所以,他格外地关注与保护共产党人的安全。也正是从广州开始的,鲁迅还在其日记中隐去了同共产党人交往的一切文字(公开的则不在此列,如应修人代黄埔军校方面邀请其去作演讲),直至其逝世为止。由此足见其同共产党人那种休戚与共、血肉相连的特殊情谊。笔者以为,这既是鲁迅的可贵之处,也正是毛泽东在鲁迅逝世一周年时所作的《论鲁迅》的演讲中,给予他心中这位"中国第一等的圣人",以"伟大的文学家……民族解放的急先锋……党外的布尔什维克"这一恰如其分的评价内涵所在。在1927年的血雨腥风中,面对强大的不可一世的国民党与手无寸铁遭屠杀的共产党人之间,鲁迅先生毅然选择了共产党,直至战斗到生命终结的最后一刻。这是由他身边的许多人为之证实的。其夫人许广平、战友冯雪峰等一再与人提及,其后期弟子黄源、萧军也时时与我们这些从事左翼文学研究的晚辈深情地回忆。特别是鲁迅在身患重病的情况下仍然念念不忘共产党人正在从事的正义事业:从中国共产党为维护民族团结统一及抗日御侮大计提出的抗日民族统一战线政策到在国民党枪口下英勇就义的瞿秋白烈士。为亡友瞿秋白出版《海上述林》一事,自获知瞿秋白惨遭国民党杀害的消息之日起,直至其逝世的1936年10月,鲁迅忙碌了一年多。我们或可以这么认为,为出版留存其精神财富的《海上述林》,鲁迅先生耗干了最后一滴汗水、最后一滴心血。而且他还抢在死神来临之前亲自阅完了该卷下卷,以至直到自己逝世都不能亲眼瞧见下卷的出版(该下卷出版在1936年11月间)。黄源先生曾经在1936年11月写就的《鲁迅先生》(刊同月出版的《文季月刊》1卷6期)一文中回忆:"他在病中常常讲起《海上述林》,我也常常看见有《海上述林》的校样在他的书桌上。他曾对许广平女士说,'这书纪念一个朋友,同时也纪念我自己。'10月7日(12天后鲁迅逝世——秋石注)我去,他把一本皮面精装的《海上述林》送我,我们翻着一同看,他看到底页上有一个皱褶,要许广平女士另挑一本。他交给我时,微笑着说:'总算出版了,下卷也已校好。年内可出版。'……那天《海上述林》在内山书店卖去20册,他非常高兴。

在鲁迅生命的最后10年间,鲁迅与共产党人之间是一个水乳交融的关系。他对共产党的感情是真挚的,深沉的,直到逝世他也没有动摇一分。这就是鲁迅一生中一个最大的亮点。"

1927年,来广州还不到两个月的时候,3月的一个夜晚,在年轻共产党员毕磊的陪同下,鲁迅来到中共两广区委的秘密机关驻地,与"老贤侄""五四"时期老友陈独秀的长子、中共两广区委负责人陈延年亲切地会了面。通过这次与陈延年之间进行的推心置腹的长谈,加上平时与毕磊的频繁往来,鲁迅进一步加深了对中国共产党的认识,由此也开始了他同中国共产党人长达10年共艰危的并肩战斗。

在广州,鲁迅不但关心由共产党支持出版的刊物,而且还每月一次为之捐助经费。

当年4月8日晚,在另一位共产党人、黄埔军校政治部供职的应修人,以及同在黄埔军校工作的应修人老乡宿荷的陪同下,鲁迅应邀来到黄埔军校出席每周五举行的特别讲演会,作了题为《革命时代的文学》的讲演。

> 鲁迅对青年军人的教诲是:"为革命起见,要有'革命人','革命文学'倒无须急急,革命人做出东西来,才是革命文学。"[8]

距鲁迅在黄埔军校作《革命时代的文学》的讲演才不过4天,蒋介石终于撕破了他的伪装面具,向着中国共产党人和革命人民举起了屠刀,这就是"四一二"反革命政变。很快,这股血雨腥风就刮到了广州。这期间,毕磊不止一次冒着被抓捕被杀害的风险来看望鲁迅。1927年4月14日上午,他再一次来到鲁迅的住处探视。会面时鲁迅很是为他的安危担心,力劝他不要出去。可毕磊的回答是:"我还要给同志们送个信。"不幸,果然被鲁迅猜中。当天晚间,就在中山大学校舍二楼的一间屋子里,正在执行给其他同志报信任务的毕磊,被跟踪前来的国民党军警捕获。

次日,也就是1927年4月15日,紧随蒋介石举起屠刀的广州国民党反动当局,在全城范围内展开了对共产党人和进步学生的大搜捕,仅中山大学一地就有40余名进步学生遭军警逮捕。鲁迅获信后,显得格外的愤怒与着急。为营救毕磊和其他被捕的共产党人、进步学生,当日下午,鲁迅冒着风雨自居住的校外白云楼寓所匆匆赶往中山大学,主持召集系主任紧急会议。会上,鲁迅慷慨陈词,抗议当局捕杀进步学生,并当场呼吁营救被捕学生。但鲁迅的这一正当要求,遭到了对学生握有生杀大权的国民党广州市清党委员会委员朱家骅的无理拒绝。至此,鲁迅彻底失望了,当即愤然退出会场,以示强烈抗议。16日,鲁迅又全然不顾自身安危,前往临时关押被捕学生的南关戏院探视慰问,还捐款大洋10元。鲁迅对当局的抗议以及关注被捕学生的作为,一直持续到他获知毕磊确已被国民党反动当局杀害的消息为止。随后不久,鲁迅怀着极为悲愤的心情,写下了《怎么写》一文,从中寄托了他对这位年轻的共产党员毕磊的深切悼念。

毕磊是一位值得鲁迅引以为傲的年轻共产党员。被捕后,面对敌人的多次严刑拷打,和朱家骅、戴季陶等多名国民党要员的诱降,他始终坚贞不屈,怒斥敌人的罪恶行径。他还在狱中带领难友们同敌人展开斗争。4月23日凌晨,距被捕不到9天,他和患病住院治疗的战友萧楚女等人一起,被敌人用两艘军舰押往珠江南岸的南石头"惩戒场"行刑。敌人的手段极其残忍:用铁链将毕磊锁住,装进麻袋,丢进了珠江。就义前,毕磊才25岁。

听到毕磊惨烈牺牲的消息后,在很长一段时间里,鲁迅一直处于一种极度悲愤的状态中,甚至到了食之无味、夜不能寐的境地(相隔四年后,这种情形再次重现,是在青年前驱者柔石遭秘密杀害后)。他不止一次在同住在白云楼寓所的老友许寿裳面前,提及毕磊这位年轻的、"瘦小精悍"的湖南籍共产党员,异常痛楚地说道:"毕磊死了,是被铁链锁住了弄死的……"

谈起当年鲁迅缘何坚辞中山大学教职一事,相隔二十年后,许寿裳先生在其《亡友鲁迅印象记》一文中以一名颇具说明力的历史见证者的身份道出了原委:"清党事起,学生被捕者不少,鲁迅出席各主任紧急会议,归来一语不发,我料想他快要辞职了,一问,知道营救无效。不久,他果然辞职,我也跟着辞职,他时常提起,有某人瘦小精悍,头脑清晰,常常来谈天的,而今不来了。……至此仅一年,他的生活是不安的,遭遇是创痛的。"[9]

由此可以看出,鲁迅心中惦念的正是那些遭国民党反动派逮捕的进步学生。尤让他牵肠挂肚的则是他的共产党挚友、忘年交毕磊。

说到底,有关在1927年4月中下旬,鲁迅之所以会提出辞去中山大学教职一事,其最初也是最根本的原因,就在于国民党蒋介石政权发动屠杀共产党人和革命人民的反革命政变所致。而鲁迅最早萌生辞职的念头,是在主持召集4月15日中山大学系主任紧急会议那一天,也就是他呼吁营救毕磊等共产党人、进步学生的愿望落空之后。随后,由于顾颉刚的来中大任教,则是为鲁迅的这次辞职找到了一个似是天衣无缝的借口。"有一天,傅孟真(其时为文学院长)来谈,说及顾某可来任教,鲁迅听了就勃然大怒,说道:'他来,我就走,'态度异常坚决。"[10]

"勃然大怒""异常坚决",这里显然指的是被国民党反动派大肆搜捕共产党人和进步学生的法西斯暴行大大激怒,而自己又无法营救的鲁迅,由于顾颉刚这个昔日"仇敌"的到来,无疑是火上浇油,更加坚定了他辞去中山大学教职的决心与信心,从而大大加快了他的辞职进程。至 4 月 23 日凌晨,毕磊遭国民党灭绝人性杀害后,鲁迅更是不屈不挠地同国民党控制的校方展开了拉锯战,直到六月六日"上午得中大委员会信,允辞职"。[11]

论及鲁迅与国民党右派控制并参与逮捕共产党人和革命学生的校方展开拉锯战,最终辞去中山大学教职一事,我们可以循着鲁迅当年日记所载,列出来加以说明:

1927 年 1 月 18 日　鲁迅自厦门"抵黄浦(埔)"……
1 月 19 日　　　　　"移入中山大学"。
1 月 28 日　　　　　"收本月薪水及库卷各二百五十"。
4 月 12 日　　　　　蒋介石全面背叛革命,发动反革命政变。
4 月 15 日　　　　　以戴季陶为首的广州国民党右派,紧步蒋介石后尘,大肆逮捕共产党人和进步学生,发动广州"四一五"反革命政变。而抓捕中山大学的进步学生(包括中共广东省委派出的与鲁迅联络的年轻共产党员毕磊)的行动,早在 14 日夜间就进行了。当日下午,鲁迅主持召开有各系主任及名教授参加的紧急会议,力主营救被捕学生,但遭朱家骅拒绝。会议无任何结果,鲁迅愤然离去,同时萌生去意。
4 月 21 日　　　　　鲁迅向校方正式提出辞呈。
22 日、23 日　　　　中山大学委员会唯恐由此酿成风潮,连续两日,派出朱家骅与 4 名文科学生代表及"中大学生代表""中大学生会代表"多人前来挽留,但鲁迅丝毫也不为所动。
4 月 29 日　　　　　鲁迅"上午寄中山大学委员会信并还聘书,辞一切职务"。当日"下午骝先来,得

	中山大学委员会信并聘书"。
5月3日	又"寄中山大学委员会信并还聘书"。
5月9日	"沈鹏飞来,不见,置中大委员会函并聘书而去"。
5月25日	"上午复中大委员会信",再次表明态度。
6月6日	"上午得中大委员会信,允辞职"。
9月27日	同许广平一道乘坐太古公司"山东船"离广州北上。
10月3日	"午后抵上海"。

在到了上海后,经过痛苦的思考,鲁迅逐步接受了"十月革命"的现实及其共产主义理念,自觉而又坚决地步入了左翼阵营并成为左翼文学文化,亦即新文学文化运动的伟大旗手和主帅。

有关1927年因坚决反对广州国民党当局秉承蒋介石旨意,大肆捕杀共产党人和进步学生,愤而辞去中山大学教职一事,除当年同居白云楼的老友许寿裳回忆论述外,还有一位历史现场当事者的回忆更为直观、真实。这位见证者名叫何思源,早年与周总理同为"新中学会"会员。他比鲁迅早来广州一两个月,参与筹组了中山大学。他先为中山大学经济学院教授兼图书馆馆长,后又任法学院主任。鲁迅辞职次年,他也辞职北上。抗战时期,何思源率领国民党地方武装于鲁北地区坚决抗御日寇侵犯,乃至自己的法国夫人及儿女遭日寇扣押也决不予对话"和谈"及收编,1944年他被任命为山东省主席兼保安司令。抗战胜利后担任过北平市市长,因力主和谈反对内战,不久即遭蒋介石解职。1948年底,作为国民党北平和平谈判的首席代表,何思源密切配合人民解放军前线特使,促成傅作义将军率部起义和北平和平解放。中华人民共和国成立初,由周恩来总理亲为提名,何思源担任全国政协委员至1982年逝世。在其晚年撰写的《回忆鲁迅在中山大学的情况》一文中,极为珍贵的是,何思源先生为我们还原了1927年4月鲁迅的一些真实情况。何思源先生写道：

> 鲁迅支持中山大学学生组织社会科学研究会，开展学习马列主义的活动，提倡学校要帮助学生开展这个学习研究活动。但朱家骅对学生组织这样的学习活动采取抵制态度，主张蒋党的党化教育。为此事发生过一场辩论。鲁迅在中大教务会议上的讲话中说：我主张学生要有研究自由，活动自由，组织自由，这是北京大学"五四"运动的传统〔提出要德（民主）先生，赛（科学）先生；要新文学，不要孔老二。——何思源先生解释〕。鲁迅的意思是说："五四"运动打倒孔家店，还火烧赵家楼，提倡科学和民主，那时北大有"新青年""新潮"派，还有"国故"派。许德珩、朱家骅、何思源、傅斯年等许多人都是北大的，难道我们还要现在的中山大学不如那时的北京大学么？现在是国共合作时期，而却要中大倒退十几年吗？
>
> 朱家骅说："现在国共合作，和那时候不同，那时是反对北洋军阀，现在的教育就要有领导的进行。"
>
> 鲁迅说：我们按照三大政策办教育，又和三大政策有什么冲突呢？"五四"时代学生活动，是反对旧有的北洋军阀。现在学生的进步活动，则防止新的封建统治。三大政策就是防备军阀统治的再起。

关于鲁迅在1927年4月15日下午不顾自身安危，召集中大系主任紧急会议，力主营救被捕学生一事，何思源先生在其回忆中向我们复原了当时的历史现场：

> 鲁迅是中山大学教务主任，"四一五"事变这一天，他召开了营救被捕学生的紧急会议。这次会议不是一般教务会，

而是一次特别会议,所以我记得很清楚,是鲁迅召集开会,不是别人召集。

对于"四一五"前的形势,鲁迅是知道的,虽然了解得不那么具体,但总的形势是明白的。以后也知道全部情况。……
……

十四日晚上,傅斯年对我说,今晚有军事行动,我们不要出去。果然,当晚出现了大搜捕事件,戴季陶、朱家骅、傅斯年知道此事,但我还不详细了解国民党的预谋。戴季陶是奉蒋介石的命令主持这次政变的,他也是为蒋介石出谋献策的人。例如苏州监狱里关押了许多共产党员,蒋介石要杀,戴季陶就说不要杀,让他们自首,放了当特务。蒋介石就按照他说的那样做。可以说戴季陶是蒋介石的军师。"四一五"事件,学生被抓走好几百人,关在南关戏院,被关的学生还在那里演戏。鲁迅知道许多学生从宿舍里被抓走,就主张召开各主任紧急会议。这次会议不是学校当局召开。戴季陶、朱家骅不可能召开这样一个会,傅斯年没有资格也不愿召集。鲁迅就对许多人说:"你们看怎么办?学生被捕抓走,学校有责任。我们应当对学生负责,如果军队随便到学校乱抓人,学校就没有安全了。"于是他决定下午召开紧急会议,朱家骅知道后也参加了,戴季陶没有参加。到会的不一定都是主任,有主任和各部门负责人,也有教授,但没有青年人参加。我参加了这个会。

鲁迅坐在主席座位上,朱家骅坐在鲁迅的正对面。鲁迅说:"学生被抓走了,学校有责任,校长不出来,现在我来召开会,请大家来说话,我们应当像是学生的家长,要对学生负责,希望学校出来担保他们。我们也要知道为什么抓走他们?有什么罪?被抓的不是一个两个,而是几百人"!

这时，朱家骅就说："关于学生被捕，这是政府的事，我们不要对立。"

鲁迅对朱家骅说："学生被抓走了，是公开的事实，被捕的学生究竟违背了孙中山总理的三大政策的那一条政策？"

朱家骅倚势压人，则说："我们要听政治分会的，党有党纪，我们要服从。"

鲁迅继续驳斥："'五四'运动时，学生被抓走，我们营救学生，甚至不惜发动全国工商界都罢工罢市。当时朱家骅、傅斯年、何思源都参加过，我们都是'五四'运动时候的人，为什么现在成百成千个学生被抓走，我们又不营救了呢？"

朱家骅强词夺理说："那时候是反对北洋军阀。"

鲁迅坚决说："现在根据三大政策的活动，就是要防止新的封建统治。"鲁迅和朱家骅的对立已公开并到了最尖锐的时候了，无转圜之地。鲁迅主张营救学生，他坚持说："这么多学生被抓去，这是一件大事，学校应该负责，我们也应该对学生负责。"在那样的情形下，公开支持鲁迅的人不多，会议没收到预期的效果。

傍晚，国民党在图书馆北学生宿舍墙上贴出布告，公布了开除被捕学生和其他未被捕的人的名单。这说明国民党早就有计划进行的。戴季陶、朱家骅派出一批反动学生替他们维持政治局面，……

何思源先生最后写道：

当时许多共产党员都离开广州，但鲁迅没有离开。我们知道鲁迅不是共产党，他具有进步思想，同情共产党，当时共产党也支持他。鲁迅支持进步的态度很鲜明，他给社会科学研究会捐钱，并赴会作过演讲。他是抱着要办好中山大学的愿望,并做了很多工作,但是才开学一个多月,形势突变,他的愿望不能实现。最后,他看到那样的形势不可能继续把中山大学办好,就坚决辞职了。我知道这是他最痛心的。

  我在广州中山大学与鲁迅同事一段时间,无论在一块开会或听他在其他场合发言,甚至一般讲话,给我印象,他来中大是有一种抱负和希望的。一九二五年前后几年,他在北京各校兼课时,本来他是不专属哪一校或偏向哪一派的,可是一些人指他是"北大派"。他说既然"被派进这派里去","也就以此自居了"。他又说,北大派并不坏,就近七八年看,"北大是常为新的、改进的运动的先锋","始终一贯,不见得驰懈"。又说"北大是常与黑暗势力抗战的,即使只有自己。"(《华盖集·我观北大》)那时北大许多人齐集广州中大,又有"国共合作""三大政策"的政治条件,我看他心中是有所希望的。谁知"四一五"事件,使他深为悲愤,那天下午鲁迅冒雨召开各主任紧急会议。这是鲁迅贯彻北大精神"与黑暗势力抗战"。那次制高点未获胜利,只得"转移阵地"再战,这就是我未曾忘掉的那次会议的"搏斗",我感觉鲁迅的痛心,我看见鲁迅的"抗战"精神。[12]

有关鲁迅为什么会愤怒辞去中山大学教职,以及辞职后为什么不马上离开广州的真正原因,当时已与鲁迅同居生活在一起的许广平有着一个很好的注解。这个注解印证了何思源、许寿裳两位教授的说法。许广平先生指出:

  鲁迅到广州的时候,正是国共还在合作,负责人又表示带领着学生往左走,总以为这里的气候(政治)比厦门大学好一些,光明一些,甚至还希望厦门大学的一些人转移到广州来。而事实是:广东中山大学里面就是一党专政,并且这个

"党"又远非本着中山先生的精神和实质的,一转眼间把联俄、联共、扶助农工的政策抛在九霄云外的了。在四月十五日的清晨,看到在白云楼的对岸,土屋的店楼上似乎是工会的住所被查抄了,接着看到文件和人被带走了,这不平常的遭遇正在抖动着每一个正义的心。忽然,一个消息接着从我家老工人口里投送过来,说中大贴满墙上的标语,都是骂共产党,对周也不利,他叫老周(指鲁迅)赶快躲起来。鲁迅并没有听这善良人的警告,倒立刻起身跑到中大去。这时学生已有许多被捕了,在会议上鲁迅首先主张营救学生,那时朱家骅吐出嗜杀者的凶焰,说中大是"党校",在"党校"的教职员应当服从"党",不能有二志。这几句话把在场的人弄得哑口无言。鲁迅在这场合,看看不能扭转局势,即表示辞职,以表示抗议这种横蛮无理态度。

许寿裳,那位可尊敬的文科教授,在政治上始终与鲁迅合作,反对北洋军阀压迫学生时代,曾经一度表示与鲁迅一个态度,在鲁迅被教育部长章士钊免去佥事时曾一同辞职的。这回认为鲁迅所作所为也是合乎中国人民的要求的,看到鲁迅辞职了,他也一起辞去,表示抗议。

一样的辞职,反动的朱家骅采取两种不同的处理,对许立刻批准,对鲁迅则挽留。在他看来,许的地位不高,群众声望不及鲁迅,也要辞职表示抗议?就先向他不客气了。对鲁迅的挽留也不是真意,无非多留鲁迅几天在广州,不时有些侦探样的学生来访问罢了,另外还要造谣,说鲁迅逃跑了,不在广州了。这样搞得鲁迅去留两不是的时候,鲁迅一直待在广州,到同年十月离开去上海。[13]

注释

[1] 鲁迅在信中写道:"和朋友谈心,不必留心,但和敌人对面,却必须刻刻

防备。我们和朋友在一起,可以脱掉衣服,但上阵要穿甲。您记得《三国志演义》上的许褚赤膊上阵么?中了好几箭。全圣叹批道:谁叫你赤膊"?1984年6月4日,在北京后海东岸一个名叫鸦儿胡同的一所危楼上,就我5年前在哈尔滨座谈会上所提"鲁迅当年怎样关怀你们"的话题,已是77岁高龄的萧军,重又提及鲁迅先生半个世纪前对他的这个教诲。见《致萧军萧红》(1934年3月13日),《鲁迅全集》第13卷第408页。

[2]鲁迅:《致李霁野》,《鲁迅全集》第12卷,人民文学出版社2005年版,第30页。

[3]鲁迅:《怎么写》,《鲁迅全集》第4卷,人民文学出版社2005年版,第21页。

[4]鲁迅:《在钟楼上》,《鲁迅全集》第4卷,人民文学出版社2005年版,第30页。

[5]鲁迅:《小杂感》,《鲁迅全集》第3卷,人民文学出版社2005年版,第556—557页。

[6]鲁迅:《通信》,《鲁迅全集》第3卷,人民文学出版社2005年版,第465页。

[7]鲁迅:《在钟楼上》,《鲁迅全集》第4卷,人民文学出版社2005年版,第33页。

[8]鲁迅:《革命时代的文学》,《鲁迅全集》第3卷,人民文学出版社2005年版,第437页。

[9][10]许寿裳:《亡友鲁迅印象记》,《挚友的怀念:许寿裳忆鲁迅》,河北教育出版社2001年版,第42页。

[11]鲁迅:《日记》,《鲁迅全集》第16卷,人民文学出版社2005年版,第24页。

[12]本文原刊文物出版社1979年出版的《鲁迅研究资料》第3辑。

[13]许广平:《回忆鲁迅在广州的时候》,《许广平文集》第2卷,江苏文艺出版社1998年版,第544—545页。

鲁迅引用《庄子》词语考辨十则

杨福泉　绍兴文理学院元培学院

鲁迅作品征引中国古代典籍数量众多,经、史、子、集均有所涉猎,他对《庄子》似乎也是青睐有加。早在1941年,郭沫若《庄子与鲁迅》一文就指出:"鲁迅爱用庄子所独有的词汇""不仅年轻一代的人,就像我们这一代的人,要通晓鲁迅作品中的许多新旧故实和若干语汇,恐怕都要有精确的注解才行"。[1]郭氏曾对鲁迅所引《庄子》的若干语汇详加考订,今续考十则如下,敬请学界教正。

一、犁然

黑氏著书至多,辄明斯旨,且立种族发生学,使与个体发生学并,远稽人类由来,及其曼衍之迹,群疑冰泮,大阂犁然,为近日生物学之峰极。……瞿提者,德之大诗人也,又邃于哲理,故其论虽凭理想以立言,不尽根于事实,而识见既博,思力复丰,则犁然知生物有相互之关系,其由来本于一原。(《坟·人之历史》,第8、11页)[2]

犁然,清楚明白的意思。(《坟·人之历史》注13,第19页)

犁然有当于心,语出《庄子·山木》:"木声与人声犁然有当于人之心。"犁然,唐代陆德明《经典释文》引司马彪语:"犹栗然。"确切明白的意思。(《译文序跋集·〈域外小说集〉序言》注4,第169页)

"犁然"一语出自《庄子》,诸家见解颇为分歧,尚需辨析。

《庄子·山木》:"孔子穷于陈、蔡之间,七日不火食,左据槁木,右击槁枝,而歌猋氏之风。有其具而无其数,有其声而无宫角。木声与人声,犁然有当于人心。"唐陆德明《经典释文》引司马彪云:"犁然,犹栗然。"[3]宋林希逸口义:"犁然,端的之意。"[4]清王先谦集解引宣云:"犁然,犹释然,如犁田者其土释然也。"[5]杨柳桥说:"犁,当读为'剺',与'梨'读为'剺'同例,双声通借字。……犁然,犹划然也。"[6]钟泰说:"'犁然'犹厘然,言条理分明也。"[7]曹础基说:"犁然,即栗然,心神惊动的样子。"[8]方勇、刘涛说:"犁然,令人忧消情愉的样子。"[9]上陈诸说,见仁见智,孰达其诂?

就《庄子》"木声与人声,犁然有当于人心"而言,这里的"犁然"表情态,可解作"栗(慄)然",惊惧貌,瑟缩貌。《黄帝内经·灵枢·经脉》:"闻木声则惕然而惊,心欲动,独闭户塞牖而处。"此种用义亦见于鲁迅作品,如《坟·科学史教篇》:"故震他国之强大,栗然自危,兴业振兵之说,日腾于口者,外状固若成然觉矣,按其实则仅眩于当前之物,而未得其真谛。"《坟·文化偏至论》:"全欧人士,为之栗然震惊者有之,芒然自失者有之。"《呐喊·白光》:"他栗然的发了大冷,同时也放了手,下巴骨轻飘飘的回到坑底里不多久,他也就逃到院子里了。"

就《坟·人之历史》"大阅犁然"而言,其与"群疑冰泮"对举,则可理解为"释然""划然""厘然"。正如农人犁田,未知土壤质地及墒情,尤为谨慎从事;已耕之,则"其土释然""条理分明"。《坟·科学史教篇》:"观于今之世,不瞿然者几何人哉?……察其外状,虽不易于犁然,而实则多缘科学之进步。"

二、尸祝

震旦死抱国粹之士,作此说者最多,一若今之学术艺文,皆我数千载前所已具。不知意之所在,将如天竺造说之人,聊弄术以入新学,抑诚尸祝往时,视为全能而不可越也?虽然,非是不协不听之社会,亦有罪焉已。(《坟·科学史教篇》,第26—27页)

指古代祭祀时任尸和祝的人。尸,代表受祭者;祝,向尸祝告者。尸祝引申为崇拜。《庄子·庚桑楚》:"子胡不相与尸而祝之,社而稷之乎?"(《坟·科学史教篇》注23,第38页)

代死者受祭者,谓之尸。多以年幼者为之。男者以其孙或孙辈为尸;女者必异姓,以其孙辈之妇为尸。《仪礼·士虞礼》:"祝迎尸。"汉郑玄注:"尸,主也。孝子之祭,不见亲之形象,心无所系,立尸而主意也。"《礼记·曾子问》:"'祭必有尸乎?若厌祭亦可乎?'孔子曰:'祭成丧者必有尸,尸必以孙,孙幼,则使人抱之,无孙则取于同姓可也。祭殇必厌,盖弗成也。'"汉郑玄注:"厌时无尸。"殇,未成年而死。厌祭,不用尸,仅以食供神。

原注引《庄子·庚桑楚》不如引《逍遥游》:"尧让天下于许由,曰:'日月出矣,而爝火不息,其于光也,不亦难乎!时雨降矣,而犹浸灌,其于泽也,不亦劳乎!夫子立而天下治,而我犹尸之,吾自视缺然。请致天下。'许由曰:'子治天下,天下既已治也,而我犹代子,吾将为名乎?名者,实之宾也,吾将为宾乎?鹪鹩巢于深林,不过一枝;偃鼠饮河,不过满腹。归休乎君,予无所用天下为!庖人虽不治庖,尸祝不越樽俎而代之矣。'"

可见,《逍遥游》"而我犹尸之,吾自视缺然""尸祝不越樽俎而代之矣"与《科学史教篇》"抑诚尸祝往时,视为全能而不可越也"表述颇为相似,实乃鲁迅化用庄语。

三、成然

故震他国之强大,栗然自危,兴业振兵之说,日腾于口者,外状固若成然觉矣,按其实则仅眩于当前之物,而未得其

真谛。(《坟·科学史教篇》,第33页)

　　顷刻,很快。《庄子·大宗师》:"成然寐,蘧然觉。"(《坟·科学史教篇》注80,第43页)

　　关于《庄子·大宗师》"成然寐",颇有歧解,莫衷一是。晋郭象注:"寐寤自若,不以死生累心。"唐陆德明音义:"成然,如字。崔同。李云:'成然,县解之貌。'本或作戌,音恤。简文云,当作灭。本又作臧,呼括反,视高貌。本亦作俄然。"
　　原注将"成然"释为"顷刻,很快",可能依据"本亦作俄然",然亦甚为武断。郭象释"成然"为"自若",陆德明认为"成然,如字",则"成然"似以本字解为安。钟泰说:"'成然'犹全然。全其生而终,是为'成然寐'也。'成然寐'者亦'蘧然觉',寐觉如一,即死生如一也,故以是二语结之。"[10]
　　对照《科学史教篇》原文,鲁迅所谓"成然",或近之于"全然"。

四、吊诡

　　个人一语,入中国未三四年,号称识时之士,多引以为大诟,苟被其谥,与民贼同。意者未遑深知明察,而迷误为害人利己之义也欤?夷考其实,至不然矣。而十九世纪末之重个人,则吊诡殊恒,尤不能与往者比论。(《坟·文化偏至论》,第51页)

　　十分奇特的意思。《庄子·齐物论》:"是其言也,其名为吊诡。"据唐代陆德明《经典释文》:吊,"音的,至也";诡,"异也"。(《坟·文化偏至论》注30,第61页)

　　吊诡,又作"恢恑",指言行奇异怪诞、变幻莫测而难以理解。清王引之认为"吊字有祥善之义",对理解"吊诡"或有启发意义。
　　《庄子·齐物论》:"丘也与女,皆梦也。予谓女梦,亦梦也。

是其言也,其名为吊诡。万世之后,而一遇大圣知其解者,是旦莫遇之也。"晋郭象注:"夫非常之谈,故非常人之所知,故谓之吊当卓诡而不识其悬解。"唐陆德明音义:"吊,如字,音的,至也。诡,九委反,异也。"钟泰认为:"'诡',变幻也。变幻莫梦,亦莫如生。'吊诡'者,吊梦也,抑亦吊生也。'万世之后,而一遇大圣知其解者,是旦莫遇之也',言解之者希。"[11]《齐物论》"恢恑憰怪,道通为一"之"恢",唐陆德明音义谓梁简文本作"吊"。《诗经·小雅·天保》:"神之吊矣,诒尔多福。"汉毛公传:"吊,至。"汉郑玄笺:"神至者,宗庙致敬,鬼神著矣,此之谓也。"

清王引之《经义述闻》卷三十一《通说上》"吊"条曰:"吊字有祥善之义,而学者皆弗之察。《大诰》曰:'弗吊天降割于我家。'《多士》曰:'弗吊旻天大降丧于殷。'《君奭》曰:'弗吊天降丧于殷。''弗吊天'、'弗吊旻天',俱当连读谓天之不祥也。《小雅·节南山》曰:'不吊昊天,乱靡有定。'郑笺曰:'吊,至也。至,犹善也。'……后人'吊音丁击反'者训为至,'多啸反'者训为闵伤,强加分别,而吊之为善卒无知之者。故《玉篇》《广韵》并不收'吊,善也'之训,盖失其传久矣。"[12]

五、机械

若夫兴起之由,则原于外者,为大势所向,胥在平庸之客观习惯,动不由己,发如机械,识者不能堪,斯生反动;其原于内者,乃实以近世人心,日进于自觉,知物质万能之说,且逸个人之情意,使独创之力,归于槁枯,故不得不以自悟者悟人,冀挽狂澜于方倒耳。(《坟·文化偏至论》,第55页)

即机关,能制动的器械。《庄子·天运》:"意者其有机械而不得已邪?意者其运转而不能自止邪?"(《坟·文化偏至论》注41,第62—63页)

原注释"机缄"为"机关"不准确,因为并未涉及"缄"的语意。

《说文·系部》:"缄,(所以)束箧也。从糸,咸声。"清段玉裁注:"'所以'二字,今补。箧者,笥也。束者,缚也。束之者曰缄。引申之,齐人谓棺束曰缄,《丧大记》作咸。"可见,缄字本义指用来缚物的束丝,引申为封闭之义。

《庄子·天运》:"天其运乎?地其处乎?日月其争于所乎?孰主张是?孰维纲是?孰居无事推而行是?意者其有机缄而不得已邪?意者其运转而不能自止邪?"唐成玄英疏:"机,关也。缄,闭也。玄冬肃杀,夜宵暗昧,以意亿度,谓有主司关闭,事不得已,致令如此。"

"机缄"原指机关闭合,引申为关键、机密等。晋谢灵运《山居赋》:"览明达之抚运,乘机缄而理默。"《朱子语类》卷六九:"这个道理直是自然,全不是安排得,只是圣人便窥见机缄,发明出来。"鲁迅《寡妇主义》:"即以今年的士大夫的文言而论,章士钊呈文中的'荒学逾闲恣为无忌','两性衔接之机缄缔构','不受检制竟体忘形','谨愿者尽丧所守'等……可谓臻嫭黩之极致了。"

六、澡雪

> 其神思之澡雪,既至异于常人,则旷观天然,自感神閟,凡万汇之当其前,皆若有情而至可念也。(《坟·摩罗诗力说》,第88页)

> 高洁的意思。《庄子·知北游》引述老子对孔子说的话:"汝斋戒,疏瀹而心,澡雪而精神。"而同汝;澡雪,意为洗洁,此处引申为高洁。(《坟·摩罗诗力说》注110,第113页)

原注将"澡雪"做形容词"高洁"解,实乃似是而非;"其神思之澡雪"中的"之",用在主谓之间,取消句子的独立性。

"澡雪"在古代文献例证中一般用做动词或使动用法。《庄子·知北游》引老子语曰:"汝齐戒,疏瀹而心,澡雪而精神,掊击而知。"唐成玄英疏:"澡雪,犹精洁也。"钟泰说:"'澡雪',涤濯之使明也。"[13]《文选·马融〈长笛赋〉》:"是故可以通灵感物,写神喻意,致诚效志,率作兴事,溉盥污濊,澡雪垢滓矣。"唐李善注:"澡,洗手也。"《魏书·释老志》:"其为教也,咸蠲去邪累,澡雪心神。"《文心雕龙·神思》:"是以陶钧文思,贵在虚静,疏瀹五藏,澡雪精神,积学以储宝,酌理以富才,研阅以穷照,驯致以怿辞,然后使玄解之宰,寻声律而定墨;独照之匠,窥意象而运斤:此盖驭文之首术,谋篇之大端。"

除道家"澡雪"之外,儒家亦有"澡身"之说,《礼记·儒行》:"儒有澡身而浴德。"唐孔颖达疏:"澡身,谓能操絜其身不染浊也。"

七、通人

博古通今、学识渊博的人。这里讽刺陈西滢等人。章士钊在他主编的《甲寅》周刊第一卷第二号(1925年7月25日)发表的《孤桐杂记》中曾称赞陈西滢说:"《现代评论》有记者自署西滢。无锡陈源之别字也。陈君本字通伯。的是当今通品。"(《华盖集·题记》注5,第6页)

"通人"原指学识广博,多用作褒义;鲁迅作品提及"通人"侧重于道德层面,且颇具批评讽刺意味。这或许是因为受到其师章太炎关于"通人"观点的影响。

《庄子·秋水》载孔子语曰:"我讳穷久矣,而不免,命也;求通久矣,而不得,时也。当尧舜而天下无穷人,非知得也;当桀纣而天下无通人,非知失也。时势适然。……知穷之有命,知通之有时,临大难而不惧者,圣人之勇也。"《史记·田敬仲完世家》赞曰:"非通人达才,孰能注意焉。"汉司马迁《报任安书》:"仆窃不逊,近自托于无能之辞,网罗天下放失旧闻,考之行事,稽其成败兴坏之理,凡百三十篇,亦欲以究天人之际,通古今之变,成一家之言。"汉王充《论衡·超奇》:"博览古今者为通人。"

《说文·辵部》:"通,达也。从辵,甬声。"清段玉裁注:"通、达双声。达,古音同闼。《禹贡》'达于河',今文《尚书》作'通于河'。按达之训'行不相遇'也,通正相反。经传中通、达同训者,正乱亦训治、徂亦训存之理。"

鲁迅《华盖集·题记》:"我幼时虽曾梦想飞空,但至今还在地上,救小创伤尚且来不及,那有余暇使心开意豁,立论都公允妥洽,平正通达,像'正人君子'一般;正如沾水小蜂,只在泥土上爬来爬去,万不敢比附洋楼中的通人,但也自有悲苦愤激,决非洋楼中的通人所能领会。"《阿Q正传》:"我所聊以自慰的,是还有一个'阿'字非常正确,绝无附会假借的缺点,颇可以就正于通人。"

章太炎《革命之道德》:"今之道德大率从于职业而变,都计其业则有十六种人:一曰农人,二曰工人,三曰裨贩,四曰坐贾,五曰学究,六曰艺士,七曰通人,八曰行伍,九曰胥徒,十曰幕客,十一曰职商,十二曰京朝官,十三曰方面官,十四曰军官,十五曰差除官,十六曰雇译人。其职业凡十六等,其道德之第次亦十六等,虽非讲如画一,然可以得其概略矣。……通人者,所通多种,若朴学,若理学,若文学,若外学,亦时有兼二者。朴学之士多贪,理学之士多诈,文学之士多淫,至外学则并包而有之。所恃既坚,足以动人,亦各因其时尚,以取富贵。古之鸿文大儒邈焉,不可得矣。卑谄汙漫之事,躬自履之,然犹饰伪自尊,视学术之不己若者,与资望之在其下者,如遇仆隶,高己者则生忌克,同己者则相标榜,利害之不相容,则虽同己者而亦嫉之。若夫笃信好学,志在生民者,略有三数狂狷之材,夫下之至高也。……故以此十六职业者,第次道德,则自艺士以下率在道德之域,而通人以上则多不道德者。……今之革命党者,于此十六职业将何所隶属耶?农工、裨贩、坐贾、学究、艺士之伦,虽与其列,而提倡者,多在通人。使通人而具道德提倡之责,舍通人则谁与?然以成事验之,通人率多无行,而彼六者之有道德,又非简择而取之也。"[14]

李春阳指出:"鲁迅所不喜欢的'正人君子'之流,那些学者教授文人,正是乃师道德序列中排名靠后者。"[15]

八、强聒不舍

> 我也是一个偶而译书的人,本来应该说几句话的,然而至今没有开过口。"强聒不舍"虽然是勇壮的行为,但我所奉行的,却是"不可与言而与之言,失言"这一句古老话。(《二心集·关于翻译的通信》,第389页)

> 语出《庄子·天下》:"上说下教,虽天下不取,强聒而不舍者也。"意思是说了又说,不肯停止。(《华盖集·通讯》注6,第28页;《二心集·关于翻译的通信》注13,第397页)

"聒"义指表面喧哗不休、多言乱听,实质拒善自用、愚昧无知。

《庄子·天下》:"见侮不辱,救民之斗;禁攻寝兵,救世之战。以此周行天下,上说下教,虽天下不取,强聒而不舍者也。故曰:'上下见厌而强见也。'"清郭庆藩集释:"聒,古活反。谓强聒其耳而语之也。"

《说文·耳部》:"聒,讙语也。"清段玉裁注:"讙,哗也。"《苍颉篇》:"聒,扰乱耳孔也。"《左传·襄公二十六年》:"左师闻之,聒而与之语。"晋杜预注:"聒,讙也。"唐孔颖达疏:"声乱叫谓之聒。多为言语讙哗乱其耳,故聒为讙也。"《楚辞·九思·疾世》:"鸲鹆鸣兮聒余。"宋洪兴祖补注:"多声乱耳为聒。"宋王安石《答司马谏议书》:"虽欲强聒,终必不蒙见察,故略上报,不复一一自辨。"

《说文·心部》:"愁,善自用之意也。从心,銛声。《商书》曰:'今汝愁愁。',古文从耳。"清段玉裁认为:《说文》原文"善自用"当作"距善自用","距字各本无,依《尚书音义》所引补。许书无拒,距即今拒字。"据《说文》及《段注》可知，慇，意为"拒善自用"，亦即《玉篇·心部》"慇，愚人无知也"。慇、聉是一对古今字，古文《尚书》用字从耳，今文《尚书》用字从心。

《尚书·盘庚上》："王用丕钦，罔有逸言，民用丕变。今汝聒聒，起信险肤，予弗知乃所讼。"汉孔安国传："聒聒，无知之貌。"唐陆德明释文："聒，古活反，马云《说文》皆云：'拒善自用之意。'"唐孔颖达疏："郑玄云：'聒读如聒耳之聒，聒聒，难告之貌。'王肃云：'聒聒，善自用之意也。'此传以聒聒为'无知之貌'，以聒聒是'多言乱人'之意也。"

《华盖集·通讯》："看看报章上的论坛，'反改革'的空气浓厚透顶了，满车的'祖传'，'老例'，'国粹'等等，都想来堆在道路上，将所有的人家完全活埋下去，'强聒不舍'，也许是一个药方罢，但据我所见，则有些人们——甚至于竟是青年——的论调，简直和'戊戌政变'时候的反对改革者的论调一模一样。"

九、侅事

凡有美术，皆足以征表一时及一族之思惟，故亦即国魂之现象；若精神递变，美术辄从之以转移。此诸品物，长留人世，故虽武功文教，与时间同其灰灭，而赖有美术为之保存，俾在方来，有所考见。他若盛典侅事，胜地名人，亦往往以美术之力，得以永住。(《集外集拾遗补编·儗播布美术意见书》，第52页)

重大事件。(《集外集拾遗补编·儗播布美术意见书》注7，第55页)

《庄子·盗跖》："侅溺于冯气，若负重行而上也，可谓苦矣。"清郭庆藩集释引郭嵩焘曰："《说文》：'奇侅，非常也。'扬子《方言》：'非常曰侅事。'侅溺，犹言沈溺之深也。"

《说文·人部》:"佹,奇佹、非常也。从人,亥声。"清段玉裁注:"《汉书·艺文志》五行家有《五音奇胲用兵》二十三卷、《五音奇胲刑德》二十一卷,如淳曰:'胲,音该。'《史记·扁鹊仓公列传》:'臣意即避席再拜谒,受其脉书上下经、五色诊、奇咳。'《集解》曰:'奇,音羁。咳,音该。'按,据张守节正义,则《史记》'奇咳'本亦作'奇胲'。《肉部》训胲为'足指毛皮'。然则佹正字,胲其假借字耳。《淮南·兵略训》:'明于星辰日月之运,刑德奇賌之数,背向左右之便,此战之助也。'注云:'奇賌之数,奇秘之数,非常术。'其字又作賌,亦假借也。盖'奇佹'与今云'奇骇'音义皆同,是以《左氏春秋》'无骇',《穀梁春秋》作'无侅'。若《庄子》'侅溺于冯气',据徐音,乃是假佹为碍。"

十、圣人不死,大盗不止

老氏有言:"圣人不死,大盗不止。"彼非恶圣人也,恶伪圣之足以致盗也。嗟社会之陷穽兮,莽莽尘球,亚欧同慨;滔滔逝水,来日方长!(《译文序跋集·〈译丛补〉〈哀尘〉译者附记》,第480页)

语出《庄子·胠箧》。这里说老氏(老子),当系误记。(《译文序跋集·〈译丛补〉〈哀尘〉译者附记》注9,第481页)

引语"圣人不死,大盗不止"虽出庄子之口,其实源于老子。故鲁迅"误记"亦情有可原。类似"误记",郭沫若曾这样解释说:"但这,并不证明鲁迅对于《庄子》读得生,而是证明鲁迅对于《庄子》读得熟。我们把他早年的文字和晚年的文字并起来看,可以知道鲁迅在早年实在是熟读《庄子》的人,所以词汇和语法,都留下了显明的痕迹。但到晚年来,尽力想从古人的影响之下摆脱出来,《庄子》是丢生了。因早年熟读,所以有不少辞句活在记忆里,但晚年丢生,所以有些实在'记不真确',但也不愿一查,这儿正表现着鲁迅的坚毅的性格的一面——虽略耽心,却有自信;因要摆脱,率性不翻。"[16]

值得注意的是,鲁迅受老庄思想影响颇深,尤其体现在他们均对黑暗腐朽的社会现实进行冷峻无情的批判上。兹录有关老庄言论如下,以窥一斑。

《庄子·胠箧》:"夫川竭而谷虚,丘夷而渊实;圣人已死,则大盗不起,天下平而无故矣。圣人不死,大盗不止。虽重圣人而治天下,则是重利盗跖也。为之斗斛以量之,则并与斗斛而窃之;为之权衡以称之,则并与权衡而窃之;为之符玺而信之,则并与符玺而窃之;为之仁义以矫之,则并与仁义而窃之。何以知其然邪?彼窃钩者诛,窃国者为诸侯,诸侯之门而仁义存焉。则是非窃仁义圣知邪?故逐于大盗、揭诸侯、窃仁义并斗斛权衡符玺之利者,虽有轩冕之赏弗能劝,斧钺之威弗能禁。此重利盗跖而使不可禁者,是乃圣人之过也。故曰:'鱼不可脱于渊,国之利器不可以示人。'彼圣人者,天下之利器也,非所以明天下也。故绝圣弃知,大盗乃止;擿玉毁珠,小盗不起;焚符破玺,而民朴鄙;掊斗折衡,而民不争;殚残天下之圣法,而民始可与论议。擢乱六律,铄绝竽瑟,塞瞽旷之耳,而天下始人含其聪矣;灭文章,散五采,胶离朱之目,而天下始人含其明矣;毁绝钩绳而弃规矩,攦工倕之指,而天下始人含其巧矣。故曰:大巧若拙。削曾史之行,钳杨墨之口,攘弃仁义,而天下之德始玄同矣。"

《老子》十八章:"大道废,有仁义;慧智出,有大伪;六亲不和,有孝慈;国家昏乱,有忠臣。"十九章:"绝圣弃智,民利百倍;绝仁弃义,民复孝慈;绝巧弃利,盗贼无有。此三者,以为文不足,故令有所属,见素抱朴,少私寡欲。"三十八章:"上德不德,是以有德;下德不失德,是以无德。上德无为而无以为,下德为之而有以为。上仁为之而无以为,上义为之而有以为,上礼为之而莫之应,则攘臂而扔之。故失道而后德,失德而后仁,失仁而后义,失义而后礼。夫礼者,忠信之薄而乱之首。前识者,道之华而愚之始。是以大丈夫处其厚,不居其薄;处其实,不居其华。故去彼取此。"

注释

［1］［16］郭沫若:《庄子与鲁迅》,原载1941年4月20日《中苏文化》半月刊第八卷第三、四期合刊,转引自《1913—1983鲁迅研究学术论著资料汇编》第三卷,中国文联出版公司1987年版,第594页,第595页,第597页。

［2］凡本文所引《鲁迅全集》原文及注释均据人民文学出版社2005年版。

［3］〔晋〕郭象注、〔唐〕陆德明音义:《庄子》,《二十二子》本,上海古籍出版社1986年版,第58页。

［4］〔宋〕林希逸著、周启成校注:《庄子鬳斋口义校注》,中华书局1997年版,第310页。

［5］〔清〕王先谦、刘武撰,沈啸寰点校:《庄子集解》,中华书局1987年版,第173页。

［6］杨柳桥:《庄子译诂》,上海古籍出版社1991年版,第395页。

［7］［10］［11］［13］钟泰:《庄子发微》,上海古籍出版社2002年版,第455页,第152页,第59页,第493页。

［8］曹础基:《庄子浅注》,中华书局2000年版,第297页。

［9］方勇、刘涛:《庄子译注》,上海古籍出版社2019年版,第331页。

［12］〔清〕王引之:《经义述闻》,江苏古籍出版社2000年版,第735—737页。

［14］章太炎:《革命之道德》,此文原载《民报》第八号(1906年10月8日),后收入《章太炎全集》(四)《太炎文录初编·别录卷一》,并将文章名称改为《革命道德说》,上海人民出版社1985年版,第281—283页。

［15］李春阳:《超乎左右之上的鲁迅》,生活·读书·新知三联书店2016年版,第68页。

[本文系国家社会科学基金项目"《鲁迅全集》古代文献语言研究"(项目批准号:17BZW022)阶段性成果。]

读鲁迅札记五则

侯桂新　华南师范大学文学院

一、鲁迅牙齿的历史的变迁

在民国文人中,鲁迅是一位资深的牙病患者——"我从小就是牙痛党之一",一生深受牙痛的折磨,与之战斗不休。常言道,牙疼不是病,疼起来真要命,然而,"这也是自家有病自家知的一例,如果牙齿健全的,决不会知道牙痛的人的苦楚,只见他歪着嘴角吸风,模样着实可笑"。在 1925 年 10 月 30 日写下的《从胡须说到牙齿》一文里,鲁迅用"歪着嘴角吸风"寥寥六字,就刻画出一个人牙疼发作时的经典表情,同病相怜者读了,必定"于我心有戚戚焉"。有好事之徒曾以此文为主要依据,粗线条勾勒出鲁迅一生"牙事",然而很不完备。本文主要以鲁迅日记为据,全面钩沉鲁迅牙齿在他大半生中的变迁,作为对鲁迅牙齿研究的基础史料,以飨观众。

在开始梳理前,先说一下人的牙齿的正常数目,一般在 28～32 颗,之所以不同,在于智齿的有无和多少。

由于遗传(鲁迅自己的推测),鲁迅的牙齿从小就和他捣乱不休。少年时在绍兴,用中医治疗蛀牙、破牙和牙龈出血,毫无效验。青年时在日本留学,曾于长崎看牙医,花了两块钱,去掉牙结石,从此牙龈不再出血。回国后,却频繁地痛起来。1912 年 5 月,鲁迅开始写日记,从此他(与亲人)的牙齿就频繁进入他的日记。

1. 在北京：

1912年6月16日,鲁迅前往青云阁购买牙粉等物。

1912年11月3日,鲁迅前往青云阁购买牙粉一盒。

1912年12月31日,鲁迅和许寿裳一起到观音寺街购物,其中包括一盒牙粉。当天下午和晚上,喝茶饮酒。

1913年3月29日,鲁迅前往前门内临记洋行购买牙粉等物。

1913年5月1日晚上,鲁迅牙齿大痛,彻夜不眠。

1913年5月3日,鲁迅前往王府井徐景文牙医处疗治,约定补牙4颗,并买含漱药1瓶,共计价47元。5日、10日、11日,鲁迅三次前往看牙医,补好了4颗牙齿。

1913年12月20日,鲁迅再去徐景文牙医寓所,"令修正所补三齿"。第二天修正完毕,酬金2元。

1914年5月23日,鲁迅前往青云阁购买牙粉等物。

1914年8月12日夜,鲁迅牙痛。

1914年10月7日夜,鲁迅牙痛。

1914年11月29日,鲁迅前往青云阁购买牙粉一盒,付费6角。

1915年2月28日,鲁迅前往劝业场购买牙粉等物。

1915年5月2日,鲁迅前往观音寺街购买牙粉等物。

1915年6月13日夜,鲁迅牙痛失眠。

1915年7月24日,鲁迅前往徐景文寓所治疗龋齿。26日再去,付费10元。31日再去,并往商店买牙粉、牙刷等,花费1元。

1915年8月6日,鲁迅往徐景文寓所疗齿。13日再去补牙,付费3元。

1915年8月31日,鲁迅前往临记洋行购买牙粉、牙刷等,付费1元。

1915年12月4日夜,鲁迅牙痛。

1915年12月18日夜,鲁迅牙齿大痛,失眠到天亮。

1915 年 12 月 19 日,鲁迅前往徐景文寓所疗齿,取含漱药一瓶。24、26 和 31 日,再去治疗龋齿。

1916 年 1 月 2 日,鲁迅往徐景文寓所疗齿。7 日再去。14 日再去,补牙 1 颗,付费 8 元。

1916 年 3 月 13 日夜,鲁迅自己拔掉破牙 1 颗。

1916 年 3 月 18 日,鲁迅前往徐景文寓所疗齿,付费 1 元。

1917 年 12 月 11 日晚,鲁迅牙齿"小痛"。

1917 年 12 月 29 日,鲁迅因牙痛前往陈顺龙寓所,拔掉 1 颗龋齿,付费 3 元。"归后仍未愈,盖犹有龋者。"30 日再去,又拔掉 1 颗龋齿,付费 3 元。

1919 年 4 月 1 日,鲁迅牙痛,前往陈顺龙寓所治疗。3 日、7 日、10 日再去。15 日再去,补牙完毕,付费 5 元。

1919 年 10 月 14 日夜,鲁迅牙痛。

1919 年 11 月 22 日,鲁迅前往陈顺龙寓所,拔牙 1 颗,付费 2 元。

1920 年 12 月 7 日,鲁迅"同母亲至八宝胡同伊东牙医院疗齿"。

1921 年 3 月 27 日夜,鲁迅掉落门牙 1 颗。

1923 年 1 月 19 日,鲁迅前往陈顺龙寓所,"切开上腭一痛,去其血"。

1923 年 3 月 25 日,鲁迅天不亮就去孔庙参加祭祀活动,回家时从人力车上掉下,摔落 2 颗门牙。

1923 年 6 月 16 日中午,鲁迅牙痛。19 日晚,又小痛。

1923 年 6 月 20 日,鲁迅前往伊东牙医寓所疗齿,拔牙 2 颗。22 日,又拔牙 2 颗。26 日,又拔牙 1 颗。28 日,补龋齿 1 颗。30 日,补龋齿 2 颗。

1923 年 7 月 25 日,鲁迅前往伊东牙医寓所疗齿。28 日再去。

1923 年 8 月 1 日,鲁迅前往伊东牙医寓所疗齿。8 日再去,补牙完毕,共付费50元。

1923年8月10日,鲁迅前往伊东牙医寓所,修正所补牙齿。25日再去。

1925年1月22日,鲁迅同母亲前往伊藤诊所治牙。

1926年7月3日,鲁迅前往伊东牙医寓所,拔牙3颗。10日,补牙完毕,付费15元。

2. 在广州:

1927年7月7日夜,鲁迅牙痛。

1927年8月26日,鲁迅牙痛。

3. 在上海:

1927年12月22日,鲁迅同许广平前往佐藤牙医诊所。

4. 在北京:

1929年5月23日,鲁迅前往伊东牙医寓所,拔牙1颗。27日,补牙1颗,付费5元。

5. 在上海:

1929年7月19日,鲁迅因上牙龈肿胀,前往宇都齿科医院割治,付费3元。20日再去,治疗完毕。

1929年12月1日,鲁迅牙痛。

1930年2月28日,鲁迅陪王蕴如和许广平前往日本人开设的上海齿科医院治疗,付费10元,鲁迅充当翻译。3月3日、5日、11日、24日再去。

1930年3月19日午后,鲁迅掉落1颗牙齿。

1930年3月24日,鲁迅下牙肿痛,于是请高桥医生将余下的5颗牙齿全部拔去,预付费50元。

1930年3月29日,鲁迅前往上海齿科医院,"除去齿槽骨少许"。30日、31日再去。

1930年4月7日,鲁迅前往上海齿科医院疗齿。14日再去。21日再去,"试模"(试戴假牙模型),付费50元。23日,同王蕴如、许广平和周海婴再去。24日再去"试模"。26日再去,补牙完毕。28日再去。30日,同周建人再去。

1930年5月2日,鲁迅前往上海齿科医院。3日、5日、7日、26日再去。

1930年6月29日,鲁迅上街购买牙刷等物。

1931年4月25日,鲁迅同许广平前往高桥齿科医院。

1932年4月23日上午,鲁迅前往前园齿科医院。晚上再去,"以义齿托其修理"。24日下午去取义齿,"未成",晚上再去,"仍未成"。25日再去,取回义齿,付费5元。

1932年5月9日,鲁迅同许广平前往高桥齿科医院。

1933年5月1日,鲁迅前往高桥齿科医院修正义齿。2日、4日再去,付费15元。6日再去修正。

1933年8月1日,鲁迅前往高桥齿科医院"为海婴补齿"。

1934年12月17日,鲁迅"病后大瘦,义齿已与齿龈不合,因赴高桥医师寓,请其修正之。"

1935年4月6日,鲁迅"携海婴至高桥医院治齿"。8日,前往高桥医院治疗牙龈。10日再去。

1935年12月2日,周海婴开始换牙。

1935年12月27日,鲁迅前往高桥齿科医院付治疗费6元,"三弟家十元"。

以上便是鲁迅日记中所有关于牙齿的记载,或无遗漏。当然,这只是一份初步整理的基础史料,相关研究当另撰文。以下只做一件事情,即统计鲁迅牙齿数目的变化。假定鲁迅在1912年5月之前牙齿没有脱落,而此后牙齿数目的变动全部写进了日记,那么经统计可以发现,自1912年至1930年3月24日,鲁迅一共损失了22颗真牙,包括自行拔掉1颗,自行掉落2颗,摔掉2颗,求医拔掉17颗。此后,鲁迅戴上了满口假牙,真牙荡然无存。但人的真牙不可能只有 22 颗,一般至少有 28 颗。统计似乎遇到了矛盾。细看鲁迅对治牙的记载,发现他将其分成了三类:一是拔牙,二是"疗"牙或"治"牙,三是"补"牙。仔细分析,1913 年 5 月,鲁迅补牙 4 颗,这年 12 月,他请医生"修正"其中 3 颗,可见他说的补牙其实就是镶牙,也就是佩戴假牙(义齿),那么在补牙之前一定会有拔牙。从 1913 年 5 月到 1916 年 1 月,鲁迅总共补牙 6 颗,同时也就意味着拔牙 6 颗。加上前面说的 22 颗,一共是 28 颗。这大约就是鲁迅全部真牙的准确数目了,我们并且可以推知,鲁迅并没有长智齿。

倘若上面的分析大致不错,那么可以将鲁迅成年后牙齿数目的变化列表如下:

表 1 鲁迅成年后牙齿数目变化表

时　　间	真牙数目	假牙数目	全部牙齿数目
1902 年—1913 年 4 月	28	0	28
1913 年 5 月—1915 年 7 月	24	4	28
1915 年 8 月—1915 年 12 月	23	5	28
1916 年 1 月—1916 年 2 月	22	6	28
1916 年 3 月—1917 年 11 月	21	7	28
1917 年 12 月—1919 年 3 月	19	7	26
1919 年 4 月—1919 年 10 月	19	9	28
1919 年 11 月—1921 年 2 月	18	9	27
1921 年 3 月—1923 年 2 月	17	9	26
1923 年 3 月—1923 年 5 月	15	9	24
1923 年 6 月—1926 年 6 月	10	18	28
1926 年 7 月—1929 年 4 月	7	21	28

续 表

时　　间	真牙数目	假牙数目	全部牙齿数目
1929年5月—1930年2月	6	22	28
1930年3月25日—1930年4月25日	0	0	0
1930年4月26日—1936年10月18日	0	28	28
1936年10月19日	0	0	0

以上统计,真牙数目的变动大概相对准确。至于假牙,还需要根据每一次的医疗费用,分别计算出拔牙、治牙、补牙的单位价格,以作进一步校正。

1936年10月19日凌晨,鲁迅痛苦辞世,去世时没有佩戴假牙。因此,摄影师镜头里的鲁迅遗像,双颊下陷。鲁迅和牙齿战斗了一辈子,破费了不少银子(仅日记中明确记载的就达231元,显然有一些漏记),此时终于摆脱了牙疼的痛苦,卸下了牙痛党的身份,可以安息了。

二、鲁迅受伤小史

人生在世,难免磕磕碰碰,有时还会有飞来横祸,因此受些小伤总是难免的。鲁迅亦不例外。据不完全统计,仅成年后鲁迅就多次遭遇皮肉之伤:

1. 鲁迅于南京求学期间(1898—1902),有一天夜里起来喝茶,不料茶壶嘴里躲着一条小蜈蚣,顺流而下进入鲁迅口中,把鲁迅的舌尖螫了一下。

2. 时间同上,鲁迅有一天在南京离开学堂,纵马疾驰,不料从马上跌了下来,把牙齿磕断了。

3. 1900年10月29日,雷雨大作,江南陆师学堂附设矿务铁路学堂左近火药分局为电所引,以致爆炸,被灾 30 余人,地裂深及二丈有余。学堂亦被波及,堂中震动,屋柱位移五寸许,窗上玻璃破碎,如蛱蝶乱飞,有两块碎玻璃嵌入鲁迅手掌,深至数分。

4. 鲁迅任教于浙江两级师范学堂期间(1909 年秋至 1910 年夏)。有一次化学课讲氢气,做氢气的点燃演示实验。他把装有纯氢的烧瓶等实验用品带到教室,发现忘了带火柴,于是关照学生,千万不要放空气进烧瓶,否则点火时烧瓶会爆炸。但在他去办公室取火柴的过程中,有学生将烧瓶放进了空气,鲁迅不知,回来后动手做演示实验,一点火,烧瓶立即爆炸,将他双手炸伤,鲜血淋漓,溅在点名册、讲台和自己的衣服上。鲁迅担心前排学生受伤,一扫视,发现前面两排的座位都空着,恶作剧的学生都躲到后面去了。

5. 1912 年 8 月 7 日午,鲁迅从教育部坐人力车回家途中,从车上跌落,左手右膝微伤。

6. 1919 年 12 月 24 日,鲁迅从绍兴搬家返京,夜里灯笼起火,鲁迅用手按灭之,伤指。

7. 1923 年 3 月 25 日,鲁迅天不亮就去孔庙参加祭祀活动,回家时从人力车上掉下,摔落 2 颗门牙。

8. 1923 年 11 月 25 日上午,鲁迅碎煤,伤拇指。

9. 1924 年 7 月 23 日晚,鲁迅于西安进行暑期讲学期间,和五六同人外出散步,"践破砌,失足仆地,伤右膝,遂中止,购饼饵少许而回,于伤处涂碘酒"。

10. 1926 年 10 月下旬某日,鲁迅任教厦门大学时,有一天看到一片花圃,用有刺的铁丝拦着,鲁迅尝试跳过,结果被铁丝刺伤两处,一股上,一膝旁,伤口深约一分。

11. 1927 年 2 月 4 日,鲁迅和廖立峨等同游越秀山,午后于高处跃下伤足,卧床数日。

12. 1932 年 11 月 19 日午后,鲁迅在家取书,碰到了匾额,摔了下来,伤到右脚大拇指,稍肿痛。"

鲁迅惯于沉思,但行动迅速勇敢,这就增加了受伤的可能。不过从鲁迅本人和其他人的描述看,他对于皮肉伤的耐受力是很强的,甚至曾经自己动手拔掉破牙一颗(1916 年 3 月 13 日)。鲁迅面对身体伤痛的这种体验和态度,影响到他的创作,值得进一步研究。

三、鲁迅的保人生涯

闲阅鲁迅日记,发现他某一时期经常为人作保,不无有趣,于是通检日记,得相关记录 10 余条,罗列如下:

1. 1913 年 5 月 17 日,"下午许诗荃偕童亚镇、韩寿晋来,均在大学,托为保证,并魏福绵、王镜清二人,许之,携印去。"

2. 1914 年 1 月 29 日,"为徐吉轩保应试知事者曰计万全,湖北人,他二保人为吉轩及沈商耆。"

3. 1914 年 1 月 31 日,"下午魏福绵同一许姓名叔封者来,乞作保人,应知事试,允之,为签名而去。"

4. 1914 年 4 月 5 日,"魏福绵取知事试验保结去,已为作保而忘其名。"

5. 1914 年 4 月 6 日,"汤聘之持来雨生绍介信来属为作保,以适无印章,转托沈商耆保之。"

6. 1914 年 9 月 9 日,"晨童亚镇、王式乾、徐宗伟来,各贻以《炭画》一册,又同至工业专门学校为作入学保人,计王、徐二人,又徐元一人。"

7. 1914 年 10 月 26 日,"晚陶书臣属作保人。"

8. 1915 年 9 月 8 日,"李霞卿来,同往大学为之作保。"

9. 1921 年 10 月 8 日,"下午至女高师校邀许羨苏,同至高师校为作保人。"

10. 1923 年 9 月 12 日,"午后往中校为俞芬小姐作保证。雨一陈。"

11. 1924年9月10日,"俞芳、俞藻小姐来延为入学保证人,即为书保证书讫。"

12. 1924年9月14日,"晚李庸倩来,属为其友郭尔泰、朱曜冬作入南方大学保证,即书证书讫。"

所谓作保,即是就他人行为符合要求而作出保证。通常情况下,要求作保的一般是某单位,此外涉及保证人和被保证人双方,有时在双方之间还有介绍人。被保证人一般须具有相当地位和名誉,通常还需具有固定职业。以此,鲁迅担任保人之事,都发生在他任职于教育部期间,并集中于1913—1915年、1921—1924年两个时段。1912年5月,鲁迅北上,担任教育部佥事(后兼任科长)一职,在公务员序列,这是一个不大不小的中层职位,从此开始了他的保人生涯。被保的人里,有些是他的同乡,如几位准备应试知事者,有些做过他的邻居,如俞氏三姐妹。从所保事项看,有的被保证人是要参加公务员考试,主要的是求学,请鲁迅作入学保人。

按说作保这种事,从形式看是非常郑重的,既对保人有较高要求,又要写保证书,签名之外还要盖章,这些手续缺一不可,因此当汤聘之请鲁迅作保的时候,鲁迅因为印章不在身边,便转托沈商耆为其作保。但事实上,这些有时只具有形式上的意义。按说一个人要对另一个人的行为作出保证,自然应当对对方非常熟悉,能够对其品行作出判断,但鲁迅有时在对对方一无所知的情况下,仅仅因为有人介绍,便答应为其作保,甚至"已为作保而忘其名"。从中可见,鲁迅虽然行事谨慎,有时也是颇为"世故"的,不时也做一点颇为形式主义的事情。

1926年8月鲁迅离开教育部南下之后,由于失去了长期固定工作和公务员的身份,从此似乎便不再为人作保了。他自己和亲友倒是有时候需要请人作保。譬如,1927年1月11日,时在厦门大学任教（其实已经辞职）的鲁迅遭遇了一件令他啼笑皆非的事。当天午后他去厦门市中国银行取汇款,汇单上写明的收款人为"鲁迅",而鲁迅签名"周树人",结果银行职员要求鲁迅本人来取,鲁迅说自己就是鲁迅,但对方不认可。于是发生了证明"周树人"就是"鲁迅"的"大纠葛",这却是鲁迅在北京未尝经验的。此事后"由商务印书馆作保始解"。又如1928年7月2日,"晚往内山书店托其为广平保险信作保"。1932年10月17日,"访小峰,托其为许叔和作保证"。这三次作保的事情,鲁迅扮演的是被保证人或介绍人(请托人)的角色。

关于作保,在鲁迅书信中也有一条记录。1932年8月1日,鲁迅致信许寿裳,云:"上午得七月卅日快信,俱悉种种,乔峰事蒙如此郑重保证,不胜感荷。其实此君虽颇经艰辛,而仍不更事,例如与同事谈,时作愤慨之语,而听者遂掩其本身不平之语,但掇彼语以上闻,借作取媚之资矣。顷已施以忠告,冀其一心于馁,三缄厥口,此后庶免于咎戾也。"从信的内容可以推知,这次是鲁迅托自己的亲密好友为三弟周建人作保,具体所保何事,一时难以查证。令我印象深刻的是,鲁迅在信中对自己这位熟得不能再熟的朋友非常客气,为了表示感谢,不惜数说周建人如何"仍不更事"。为了这样不懂事的弟弟请朋友作保,似不免心怀歉疚。当然,弟弟"不更事",反过来也就又可以看出鲁迅的"世故"了。

四、鲁迅一生三拟作

标题中的"拟",有两层意思。一为模仿、模拟,二为打算、想要。鲁迅一生打算要写而终于没有写成的作品有好几种,而他刻意从整体上模仿他人作品而写成的文字,"五四"之后通共不过3篇。是以本文先讲第一层。

《鲁迅全集》中,"拟"字至少出现了453次,其中有四五十处涉及的是拟作。拟作是中国古代常见的文学现象。鲁迅对这一现象非常熟悉,并且有过专门研究,在他的《中国小说史略》《汉文学史纲要》等著作中,经常讨论到一些古人拟作。鲁迅总体上对文人拟作评价不高。在《"题未定"草(六至九)》中他还谈及"不过'中流'文人,是常有拟作,例如韩愈先生,就替周文王说过'臣罪当诛兮天王圣明'",语气中显出不以为然。至于他自己,因为名气大等原因,有时也免不了被人拟作,例如1936年4月11日,他看到汉口所出《人间世》上登了一篇他的《日译本〈中国小说史略〉序》,"这原是我用日本文所写的,这里却不知道何人所译,仅止一页的短文,竟充满着错误和不通,但前面却附有一行声明道:'本篇原来是我为日译本《支那小说史》写的卷头语……'乃是模拟我的语气,冒充我自己翻译的。"[1]为此,他被迫写一小文说明真相。

　　鲁迅不爱拟作,但他在"五四"之后,自己也曾写过3篇拟作——这不包括为他所写而署名他人如周作人的一些文字。

　　第一篇是小说《幸福的家庭——拟许钦文》,1924年2月18日作,初刊3月1日上海《妇女杂志》,后收入《彷徨》。1923年9月,许钦文于《晨报副刊》发表短篇小说《理想的伴侣》,以讽刺笔调讥嘲某类男性文化人对女性自私自利而不切实际的幻想。小说中"有东方朔风的赵元元君"对理想的伴侣的要求,除了相貌美丽、身态窈窕之外,还须满足三个条件:会跳舞,会唱歌,须有钢琴之类。此外还须有钱,而"很要紧的"一点则是"结婚以后不过三年她就须死掉"。这篇小说将男性的龌龊展露无遗。鲁迅看后印象深刻,当即想到"用了他的笔法"来写一篇小说。1924年2月17日,许钦文来访鲁迅,次日上午,鲁迅前往新买的西三条屋"巡视","夜成小说一篇",即《幸福的家庭》。鲁迅特意给小说加了一个副标题"拟许钦文",以提示写作的动机、风格和主题。初看之下,鲁迅的拟作和许钦文原作在很多方面都是相似的:都关注家庭和婚恋问题;都用讽刺笔法;都写男主人公不切实际的白日梦。

但若细读,却能发现两文风格大相径庭,作家对主人公的态度也大不一样。鲁迅的拟作,不过是披着讽刺的外衣,笔端却饱含对人物的同情,所以他在《附记》中说:"只是到末后,又似乎渐渐的出了轨,因为过于沉闷些。我觉得他的作品的收束,大抵是不至于如此沉闷的。但就大体而言,也仍然不能说不是'拟'。"至于小说艺术方面,鲁迅的拟作远超学生辈许钦文的原作,尤其是对于意识流的运用自然娴熟,作品中那由六株大白菜堆叠成的"一个很大的 A 字"令人过目难忘。

第二篇是新诗《我的失恋——拟古的新打油诗》,1924 年 10 月 3 日作,初刊 12 月 8 日《语丝》周刊第四期,后收入《野草》。对于此诗的创作动机,作者后来两度说明:"因为讽刺当时盛行的失恋诗,作《我的失恋》"[2],"是看见当时'阿呀阿唷,我要死了'之类的失恋诗盛行,故意做一首用'由她去罢'收场的东西,开开玩笑的"[3]。至于其模拟的对象,乃是东汉张衡的《四愁诗》,格式和用语都有袭用,但将"所思"改为"所爱",将"美人"改为爱人"。作为"拟古的新打油诗",《我的失恋》和张衡《四愁诗》原作以及 20 世纪 20 年代文坛盛行的失恋诗形成两重互文关系。《四愁诗》中的抒情主人公和美人之间心心相印,但却因"路远莫致",求之不得,全诗以忧伤为感情基调。《我的失恋》中,"我"和"爱人"所赠信物颇为扞格,导致"爱人""从此翻脸不理我",而"我"则"不知何故",可见双方并不相知,全诗以讽刺为基调。相对于鲁迅所处时代的失恋诗中动辄要死要活的滥情,抒情主人公以貌似"无我"表达对爱情至上的讴歌,《我的失恋》却呈现出另一种爱情观:人不应在爱中失去自我,因此"我"赠给"爱人"什么样的信物,应以是否为"我"所爱为标准,而不必遵从世俗。如果"爱人"对此不理解,那么就"由她去罢"——相知应是相爱的基础。以此,这首充满"打油"意味的拟作,在这两重互文关系中方显出了它的严肃和价值。

第三篇是杂文《拟预言——一九二九年出现的琐事》,初刊

1928年1月28日《语丝》周刊第四卷第七期,后收入《而已集》。此文篇幅不长,不过1000余字,作者在1928年初预言1929年将会发生的一些"琐事",达23条之多,内容多与时事有关,语言简练而带讽刺,讽刺的对象包括国民党统治、上海文艺现状以及顾颉刚、高长虹、马寅初、吴稚晖等学者、作者与政要。篇名《拟预言》,"拟"的是谁的作品,似乎未见人谈起,有待考证。在不知原作的情形下,对于此拟作也难以深入分析。

上述3篇拟作,一拟小说,一拟新诗,一拟散文,而均作于1920年代。前两篇作于1924年,当时鲁迅因兄弟失和而被迫迁居,几乎流离失所,精神苦闷。两文内容都与婚恋家庭有关,其中或隐含了鲁迅经历人生重大打击后引发的思考与自嘲。3篇拟作均取讽刺与游戏姿态,然而鲁迅心理并不轻松。真正的"游戏笔墨"与鲁迅无缘。

五、周氏兄弟留日期间谁养活了谁?

随着对留日时期周氏兄弟了解的逐步深入,一些大大小小的问题不时浮现于脑海。其中的一个是:周氏兄弟留日时期谁养活了谁?

在有些专家眼里,这个问题是不存在的,因为周氏兄弟旅居东京时期,两个人都拿官费,收入相当,财务共享,支出统一,不存在一个养活另一个的问题。

但这显然忽略了兄弟俩的其他收入来源,譬如稿费。也就是说,如果考虑到奖学金之外的收入,那么两个人之间就会产生差异,收入较高的那个,在一定程度上就可以说曾经"养活"过另一个。

众所周知,鲁迅于1909年终止留日生涯是迫于经济压力。他先后在自传中言:"终于,因为我底母亲和几个别的人很希望我有经济上的帮助,我便回到中国来;这时我是二十九岁。"[4]"我的母亲无法生活,这才回国,在杭州师范学校作助教,……"[5]这"几个别的人",一般被认为是兄弟失和后鲁迅对周作人及其妻子羽太信子的指称。1911年,他专程前往日本督促周作人回国,也是由于经济压力。因此,对这几年周氏兄弟及其家人的经济状况作一盘点,便是很有必要的事了。虽然这方面留下的实证材料很少,但并不影响作出大致的推测。

周氏兄弟在东京同吃同住同劳动的时间是1906年8月—1909年8月,因此我的考察即以这三年为限。参考周氏三兄弟的回忆录,这三年当中,绍兴的周家是没有能力往日本汇钱的,因此周树人和周作人只能自力更生。周树人1902年赴日,在此期间发了几篇文章,出版了《月界旅行》(1903)和《中国矿产志》(1906)等几本小册子,拿到了几笔数目不详的稿费。按照他的消费习惯,在携周作人赴日后,兄弟俩花了盘缠,手头可能已经没什么盈余了。此后3年的生活,便只能依靠清政府提供的官费,以及因文字工作而获得的不定期收入。

官费的数目,鲁迅在《杂论管闲事·做学问·灰色等》一文中回忆是"每月三十六元,支付衣食学费之外,简直没有赢余"。周作人在《鲁迅的故家·鲁迅在东京》中则说:"鲁迅那时的学费是年额四百元,每月只能领到三十三元。在伍舍居住时就很感不足,须得设法来补充了。"《知堂回想录》所言相同。兄弟俩一个说三十六元,一个说三十三元,差别不大,而且两人应是同等数额,可存而不论。体现二人收入差异的是其他所谓"设法",其法有二:一是校对,二是挣稿费。

先说校对。周氏兄弟迁居伍舍是1908年4月8日,校对工作发生在这之后,所校是《支那经济全书》的一部分,由鲁迅担任,"这报酬大概不会多,但没有别的法子,总可以收入一点钱吧。"(周作人《鲁迅在东京·六 校对》)

次言挣稿费。而这涉及兄弟两人著述的工作量。先看鲁迅,在这期间写作(包括译述)发表的文章主要计有:

《人间之历史》,约5 000字;

《科学史教篇》,约7 000字;

《文化偏至论》,约8 500字;

《摩罗诗力说》,约2.35万字;

《破恶声论》,约7 000字;

《裴彖飞诗论》,约3 000字。

以上六文均刊于《河南》,而《河南》是有稿费的,并且"那编辑先生有一种怪脾气,文章要长,愈长,稿费便愈多"(《坟·题记》)。六文合计约5.5万字,稿费标准不明,大约为1 000字4元左右,因此稿酬合计约220元。这几乎就是3年期间鲁迅稿费的全部了,相当于半年官费的数额。

再看周作人,在此期间发表的文字量比鲁迅大许多。单篇文章主要包括:

《女祸传》,约3 000字;

《妇女选举权问题》及其续篇,约3 500字;

《读书杂拾》六则,约3 000字;

《中国人之爱国》,约1 000字;

《见店头监狱书所感》,约1 000字;

《防淫奇策》,约1 000字;

《论俄国革命与虚无主义之别》,约3 000字。

以上刊于《天义》,合计约1.55万字。

《论文章之意义暨其使命因及中国近时论文之失》,约2.1万字;

《哀弦篇》,约15 000字;

《庄中》,约4 000字;

《寂漠》,约1 500字;

以上刊于《河南》,合计约 4.55 万字。

《西伯利亚纪行》,约 7000 字;

《一文钱》,约 5000 字。

以上刊于《民报》,合计约 1.2 万字。

上述杂志中,《河南》是明确有稿费的,比照上文标准,周作人应得稿费约 182 元。《民报》办报经费困难,需要募捐,当无稿费。《天义》不明,可能会有稿费,则周作人应得稿酬约 62 元。加上《河南》的,总计约 244 元,比鲁迅的 220 元还多一些。就算《天义》没有稿费,周作人从《河南》所得也比鲁迅少不了多少。

然而,除了单篇文章,周作人还卖出去两部译著,稿酬标准是 1000 字 2 元,所得如下(据《知堂回想录·七七 翻译小说上》):

《红星佚史》,约 10 万字,稿酬 200 元;

《匈奴奇士录》,6 万多字,稿酬约 120 元。

此外他还译过《劲草》(10 多万字)、《炭画》(约 4 万字)、《黄蔷薇》(3 万多字),但当时都没有买卖成功。因此译著稿酬合计所得约 320 元,加上单篇文章的稿酬,共计约 564 元。

至于二人合译的两册《域外小说集》(周树人译 3 篇,周作人译 13 篇),虽则合计约有 6 万字,但连印刷费 150 元都是由人赞助的,自然说不上稿费了。

综上,这三年期间,官费之外,周树人的收入是稿酬 220 元,加上一笔数目不大的校对费用。周作人的收入是稿酬 564 元。无论是发表的文字量还是稿酬收入,周作人都是周树人的 2 倍以上。因此,认为留日期间周树人养活了周作人,显然是无稽之谈,倒不如说周作人对两人的经济生活贡献更大一些,反而更接近历史真相。尤其是考虑到两人的生活方式,周树人外出多,花钱自然多些,而且他还爱吸烟吃花生⋯⋯至于后来周作人和羽太信子结婚,开支增加,以致需要鲁迅援助一部分,那已经是鲁迅回国挣工资之后的事了;而且即便这样,也只能说鲁迅曾经帮助周作人养活过羽太信子及其娘家,但没有养活过周作人。

周氏兄弟的收入状况直接和其工作量相关。以上计算,没有考虑到鲁迅有一部分译稿如《红笑》遗失了。但即令没有遗失,鲁迅这期间的文字工作总量大约也是比不上周作人的。这并非说鲁迅不够勤奋,而是因为他经常要外出交涉办事,周作人则能在兄长的庇护下专心工作。同样,从留下的工作成绩看,周作人也是足够勤奋的。

注释

［1］鲁迅:《且介亭杂文末编·续记》,《鲁迅全集》第6卷,人民文学出版社2005年版,第514页。

［2］鲁迅:《二心集·〈野草〉英文译本序》,《鲁迅全集》第4卷,人民文学出版社2005年版,第365页。

［3］鲁迅:《三闲集·我和〈语丝〉的始终》,《鲁迅全集》第4卷,人民文学出版社2005年版,第170页。

［4］鲁迅:《集外集拾遗补编·鲁迅自传》,《鲁迅全集》第8卷,人民文学出版社2005年版,第343页。

［5］鲁迅:《集外集拾遗补编·自传》,《鲁迅全集》第8卷,人民文学出版社2005年版,第401页。

新版《鲁迅全集》注释补充三十三则

王羽　吴作桥　长春教育学院

一、关于曹艺的原名与字。《鲁迅全集》关于曹艺只有一个注,即第 4 卷第 648 页注【5】,此注无曹艺原名与字。纪维周先生在《曹艺与鲁迅轶闻二三事》一文中说:"曹艺……原名曹聚义,是知名学者曹聚仁四弟。字树艺。"[1]此信息是曹艺亲口对纪先生说的,极为可信。

二、关于章衣萍的卒年。《鲁迅全集》涉及章衣萍的卒年之注有第 7 卷第 241 页注【3】、第 11 卷第 232 页注【4】、第 12 卷第 117 页注【4】、第 17 卷第 221 页。这 4 个注章衣萍卒年均为 1946 年。顷读文祼《章衣萍在成都》一文,此文云:"1947 年,章衣萍病故,终年 47 岁。"[2]此短文还称,章衣萍之妻吴曙天去世后,章衣萍续弦户东任玉仙为妻,生一子,取名章年念天。文祼之文是据"章衣萍胞养章洪刚(章衣萍原名章鸿熙)撰写的《章衣萍简介》"。[3]此人为章衣萍家胞养之亲属,相当可信。[4]

另据支克坚编《简明鲁迅词典》亦云章衣萍卒年为 1947。[5]此可为佐证。

三、关于叶灵凤的原名。《鲁迅全集》关于叶灵凤共 7 个注,即第 4 卷第 119 页注【5】、第 311 页注【10】、第 5 卷第 608 页注【2】、第 6 卷第 153 页注【11】、第 7 卷第 206 页注【36】、第 344 页注【4】、第 13 卷第 71 页注【4】。这 7 个注均未涉及叶灵凤的原名。顾农先生在《鲁迅学笔记(六题)》中称叶"原名叶蕴璞"顾农先生学识扎实,此说可信。

四、关于陈学昭的原名。《鲁迅全集》关于陈学昭有 4 个注,即第 8 卷第 307 页注【7】、第 13 卷第 447 页注【3】、第 14 卷第 92 页注【1】、第 17 卷第 132 页。这 4 个注均未注陈学昭原名。据《中国现代百家千字文》称:陈学昭,女,原名陈淑章。[6]此信息可补入《鲁迅全集》中。

五、关于苏雪林的生年。关于苏雪林的生年,笔者写过一篇文章,发表在 2019 年《绍兴鲁迅研究》上,文题《新版〈鲁迅全集〉文本错误并注释补正二十三则》,此文第十一则就是讲这个文题的。(《鲁迅全集》第 12 卷和第 17 卷前称苏雪林生年为 1897 和 1899,前后矛盾)。笔者认为苏雪林生年为 1897 年。证据是王凯的《口水民国》和陈漱渝苏雪林文章《他希望葬在母亲墓旁——台南访苏雪林教授》,他们皆称苏雪林生年为 1897 年。

近读沈晖先生的《苏雪林年谱长篇》,书中引 1994 年 9 月 6 日苏雪林致沈晖信。苏雪林亲笔说:"他生于清光绪二十三年丁酉阴历二月二十四日,属鸡,公元一八九七年。"[7]查《中国近代史历表》,光绪二十三年阴历二月二十四日是 1897 年(丁酉年)3 月 26 日。[8]苏雪林自己说,她生于 1897 年,这信息是十分权威可信的,特在此补记之。

六、关于朱光潜的原名与字。关于朱光潜,《鲁迅全集》只有一个注,即第 6 卷第 453 页注【19】,此注无朱光潜的原名,滕征辉先生在《民国大人物·文人卷》一书中称:"朱光潜……谱名朱来润,字润林,为朱熹第二十六代孙"[9]此原名与字与中国人给后人取名字时的习惯相合,当为可信。

七、关于田汉的原名。《鲁迅全集》关于田汉共 10 个注,其中 4 个注,即第 5 卷第 590 页注【4】、第 6 卷第 222 页注【9】、第 11 卷第 414 页注【7】、第 17 卷第 39 页,均注田汉"字寿昌"。说田汉"字寿昌"是错的。"寿昌"是其原名,不是字。滕征辉先生在《民国大人物·文人卷》一书中称:"田汉原名田寿昌"[10],此书出版的55年前,即1962年,吉林大学中文系编的《中国现代文学史(下)》亦说:"田汉原名寿昌"。[11]这两个信息是可信的。只要分析一下就可明白,字都是本人据名而字且两者有一定的意思关联。如鲁迅名树人,字豫才,都有育人之意,苏雪林名梅,字雪林,梅喜欢雪。而寿昌与田汉之名无任何关联。况且,田汉后来是一个革命者,取字"寿昌"意思是希望自己长寿,这太失身份。他号召别人"把我们的生命筑成我们新的长城",叫别人去死,他却要寿如南山,这太掉价了,这个"寿昌"只能是他家的长辈给他起的本名,意思是希望孩子长寿,这是人之常情,是可以理解的。

八、关于田汉之死。《鲁迅全集》有关田汉共10个注,即第5卷第590页注【4】、第6卷第222页注【9】、第377页注【20】、第563页注【25】、第11卷第414页注【7】、第13卷第309页注【1】、第376页注【6】、第527页注【8】、第14卷第4页注【6】、第17卷第39页,这10个注均未涉及田汉之死。不涉及,意思是田汉正常死亡。可事实不是如此。《中国文学家辞典》云:"田汉是'文化大革命'中,被肆意摧残,百般凌辱,病死于狱中。"[12]有内部材料说,田汉是自杀。

九、关于钱玄同的卒年。《鲁迅全集》关于钱玄同共19个注,其中第1卷第131页注【4】、第4卷第17页注【9】、第6卷第110页注【3】、第7卷第383页注【2】、第8卷第127页注【2】、第11卷第48页注【7】、第364页注【1】、第17卷第194页,皆称钱玄同卒年为1939年。《民国大人物》称钱玄同死于1938年1月17日。[13]此信息具体至月日,当是可信的。宜据此正之。

十、关于徐调孚的原名。关于上海开明书店编辑徐调孚,《鲁迅全集》只有2个注,即第14卷第140页注【2】、第161页注【1】,其中第一个注云徐调孚"名骥,字调孚"。任何人看了这5个字都会认为徐调孚原名徐骥,可在《文学研究会会员录》上,徐亲笔写的原名却是徐名骥。[14]看来,此注为误注。此注编写者将名骥中之"名"解为名字。这是一时疏忽所致,应予订正。

十一、关于傅东华的原名、号、笔名。关于我国著名翻译家、文字学家、教授傅东华,《鲁迅全集》有 8 个注,即第 4 卷第 562 页注【2】、第 6 卷第 541 页注【4】、第 564 页注【34】、第 12 卷第 31 页注【2】、第 13 卷第 30 页注【4】、第 14 卷第 87 页注【2】、第 160 页注【1】、第 17 卷第 233 页。这 8 个注均未注其原名、号、笔名。舒乙先生在《文学研究会和它的会员》一文中附录《文学研究会会员录》其表一有傅东华填表的文本:傅东华,号冻蕻("花"之古字),登记号 29。[15]此文本为傅先生亲笔,信息绝对可信。另据《中国文学家辞典》云:傅东华"原名傅则黄","曾用签名伍实、郭定一、黄约斋、约斋"。[16]据《中国文学家辞典》第二分册"凡例"云,此书信息经入编者本人或其亲属提供或审阅,可信度较高。

十二、关于耿济之的原名、字与笔名。关于文学研究会发起人之一著名翻译家耿济之,《鲁迅全集》共 5 个注,即第 10 卷第 314 页注【9】、第 12 卷第 188 页注【3】、第 13 卷第 538 页注【4】、第 566 页注【3】、第 14 卷第 160 页注【1】。这 5 个注均无耿济之的原名字与笔名。顷见舒乙先生之《文学研究会和它的会员》一文,文中称耿济之原名为耿匡。[17]《中国文学家辞典》第 3 册称耿济之"字孟邕,笔名耿济之"。[18]

十三、关于苏曼殊的原名。关于苏曼殊,《鲁迅全集》共 4 个注,即第 1 卷第 240 页注【5】、第 4 卷第 76 页注【3】、第 6 卷第 265 页注【3】,这 4 个注均称苏曼殊原名元瑛,字子谷,曼殊是出家后的法号。这 4 个注不确。王长元先生在《苏曼殊全传》中称,苏曼殊原名苏戬(jian,同"剪")这是他父亲在他小时候查《康熙字典》给他取的。[19]"玄瑛"是后改名。

十四、关于沈从文的民族。《鲁迅全集》涉及沈从文共 6 个注,即第 4 卷第 218 页注【11】、第 5 卷第 454 页注【2】、第 6 卷第

420 页注【4】、第 11 卷第 505 页注【2】、第 511 页注【1】、第 511 页注【2】。这 6 个注均未涉及沈从文的民族。《中国大百科全书》云：沈从文"苗族"。[20]少数民族作家应注明民族，不注，便容易误解是汉族。

十五、关于朱自清的号。关于朱自清，《全集》只有 2 个注，即第 12 卷第 397 页注【2】、第 17 卷第 50 页。此二注均未注朱自清的号。宫玺先生编之《中国现代百家千字文》云：朱自清"号秋实"。[21]

十六、关于陈晶清的民族。关于鲁迅的学生，许广平的女师大同学陆晶清，《鲁迅全集》有 3 个注，即第 11 卷第 57 页注【8】、第 293 页注【2】、第 17 卷第 126 页。这 3 个注均未注陆晶清的民族。如是汉族自然可以不注，但陆晶清是白族，应予以注明。卓光平先生有一文《白族作家陆晶清、陆万美姐弟与鲁迅的交往考》[22]此题可证陆晶清女士是白族人。

十七、关于刘师培的死因与号，《鲁迅全集》关于刘师培共 4 个注，即第 3 卷第 541 页注【10】、第 11 卷第 364 页注【5】、第 365 页注【6】、第 12 卷第 104 页注【1】，这 4 个注均未涉及刘师培之死因与号。刘师培 1884 年生，1919 年死，死时年仅 35 岁。其死因有注明之必要。滕征辉先生在《民国大人物》一书中称：1919 年 11 月 20 日刘师培"死于肺结核"。[23]

十八、关于冯雪峰的原名。《鲁迅全集》有关冯雪峰共 6 个注，即第 6 卷第 611 页注【5】、第 7 卷第 206 页注【42】、第 10 卷第 336 页注【31】、第 370 页注【11】、第 12 卷第 271 页注【2】、第 17 卷第 44 页。这 6 个注均未注冯雪峰原名，让人以为冯雪峰就是他的原名。其实冯雪峰"原名冯福春"。[24]此信息十分珍贵，《鲁迅全集》此 6 个注应补入。

十九、关于陈子展的原名。关于陈子展，《鲁迅全集》只有一个注，即第 5 卷第 329 页注【2】，此注无陈子展原名。宫玺先生称陈子展"原名陈炳堃"。[25]

二十、关于李长之的原名。《鲁迅全集》关于李长之共5个注,即第13卷第26页注【1】、第485页注【1】、第510页注【1】、第545页注【4】、第17卷第94页。这5个注均无李长之原名。《中国现代百家千字文》云:"李长之……原名李长治,长植。"[26]此信息可供《鲁迅全集》编注者参考。

二十一、关于唐弢的原名。关于唐弢,《鲁迅全集》共4个注,即第5卷第228页注【2】、第13卷第184页注【1】、第246页注【2】、第17卷第205页。这4个注均未涉及唐弢的原名。宫玺先生说:"唐弢……原名唐端毅。"[27]《中国文学家辞典》亦云:"原名唐端毅"。[28]

二十二、关于瞿秋白的原名与学名。《鲁迅全集》关于瞿秋白共21个注,只有最末一个注,即17卷第258页注云,瞿氏"又名瞿霜",其余20个注均未涉及瞿氏之原名、学名。宫玺先生称,瞿氏"原名瞿双"。[29]《中国文学家辞典》亦称瞿氏"原名双,乳名阿双,正式名懋森"可以认定瞿氏原名瞿双,学名瞿懋森。[30]

二十三、关于梁实秋的原名。关于梁实秋,《鲁迅全集》共10个注,即3卷第579页注【4】、第4卷第93页注【2】、第217页注【4】、第296页注【2】、第429页注【3】、第5卷193页注【9】、第590页注【6】、第6卷第285页注【4】、第450页注【3】、第13卷第547页注【4】。这10个注均未注梁实秋原名。《中国现代百家千字文》云,梁实秋"原名梁治华。"[31]

二十四、关于辜鸿铭的出生地与死因。关于辜鸿铭《鲁迅全集》只有一个注,即第8卷第432页注【2】,此注称辜鸿铭为"福建惠安人",未涉及其死因。滕征辉先生在《民国大人物·文人卷》中称,辜鸿铭"1857年7月18日生于马拉西亚槟榔屿。"[32]1928年4月30日"死于肺病"。[33]此二信息是可信的,因为文中连其生死年月日都有。

二十五、关于江亢虎的原名与死因。关于汪伪政权的考试院院长、大汉奸江亢虎,《鲁迅全集》有两个注,即第 6 卷第 377 页注【5】、第 14 卷第 388 页注【1】,这两个注均未涉及江之原名与死因。《民国人物传》云,江原名绍铨[34],1954 年江死于上海提篮桥监狱。[35]

二十六、关于中野重治的生地、别名。中野重治是日本现代著名的小说家、诗人、评论家。《鲁迅全集》关于他只有一个注,即第 4 卷第 261 页注【1】,此注无其生地与别名,《日本文学词典》云,中野重治生于日本福井县,别名日下部铁。[36]

二十七、关于菊池宽的笔名与生地。菊池宽是日本近代著名作家。《鲁迅全集》关于菊池宽只有一个注,即第 10 卷第 246 页注【27】,此注无他的笔名与生地。《日本文学词典》云:菊池宽笔名是菊池比吕士、菊田杜太郎,生于日本香川县。[37]

二十八、关于武者小路实笃的笔名与生地。武者小路实笃是日本近代著名文学评论家。《鲁迅全集》关于他有 3 个注,即第 10 卷第 207 页注【5】、第 11 卷第 425 页注【1】、第 17 卷第 138 页。这 3 个注均未涉及他的笔名与生地。《日本文学词典》云,他的笔名是无车、不倒翁,生于东京。[38]

二十九、关于国木田独步的原名、生地。国木田独步是日本近代著名作家。《鲁迅全集》关于他有 2 个注,即第 7 卷第 433 页注【3】、第 14 卷第 271 页注【3】,此二注均无其原名与生地。《日本文学词典》称其原名哲光,生于日本千叶县。[39]

三十、关于德富芦花的原名。德富芦花,日本近代作家,长篇小说《不如归》的作者。《鲁迅全集》关于德富芦花有二个注,即第 10 卷第 275 页注【24】,第 12 卷第 495 页注【4】,前者称,德富芦花"即德富使次郎",后者称他"原名健次郎,笔名芦花",《鲁迅全集》之注又撞车了。有可能"使"字为"健"字之误,手民之误。《日本文学词典》云:德富芦花"原名健次郎"德富氏原名应是德富健次郎,德富芦花是笔名。[40]《世界文学家大辞典》亦云:他"原名健次郎"。[41]

三十一、关于森鸥外的原名。日本近代著名作家森鸥外,鲁迅译有他的小说《游戏》《沉默之塔》。关于森鸥外,《全集》共三个注,即第4卷第528页注【3】、第10卷第245页注【13】、第11卷第425页注【2】,这3个注均未涉及森鸥外原名,他的原名是森林太郎,鸥外或森鸥外是号,也用为笔名。[42]

三十二、关于井原西鹤的原名。有关日本江户时代(1603—1867)著名作家,《好色一代男》作者井原西鹤,《鲁迅全集》只一个注,即第12卷第107页注【1】,此注无井原西鹤的原名。其实,井原西鹤是号,原名是平山藤五,号随母姓。[43]

三十三、关于"兰陵"。《鲁迅全集》关于"兰陵"有3个注,即第6卷第361页注【5】、第9卷第193页注【1】、第10卷第160页注【7】,此3个注,只第2个注称"兰陵在今山东峄县"。其余2注均称兰陵即今山东枣庄。《鲁迅全集》之注有异文了。第2个注为陈旧。1957年版《鲁迅全集》第8卷,全卷无注。《辞海》云:"峄县"1960年撤销,改名"枣庄市"。[44]《鲁迅全集》旧版的45年前峄县就正式撤销,改称枣庄市。仍用旧称,不是有些不合适吗?《鲁迅全集》此注在与其余2注同文,均称兰陵即今山东枣庄。

注释

[1]《纪事》,大象出版社2015年版,第110页。
[2]《文凤》,1992年第2期。
[3]《绩溪文史书》第二期。
[4]支克坚:《简明鲁迅词典》,第163页。
[5]《绍兴鲁迅研究2021》,第163页。
[6]《中国现代百家千字文》,上海文艺出版社1990年版,第218页。
[7]《苏雪林年谱长编》,安徽文艺出版社2017年版,第1页。

[8]《中国近代史历表》,三联书店1953年版,第68页。
[9]《民国大人物·文人卷》,台海出版社2017年版,第38页。
[10]《民国大人物·文人卷》,台海出版社2017年版,第325页。
[11]吉林大学中文系编:《中国现代文学史》下册,吉林大学出版社1967年版,第173页。
[12]《中国文学家辞典》第二分册,四川人民出版社1982年版,第178页。
[13]《民国大人物·文人卷》,第63页。
[14]《现代文学作家社刊》1992年第2期,第43页。
[15]《中国历代文学作家社刊》1952年第2期,第42页。
[16]《中国文学家辞典》第二分册,四川人民出版社1982年版,第932页。
[17]《文学研究会和它的会员》1992年第2期。
[18]《中国文学家辞典》第3分册,四川文艺出版社1985年版,第512页。
[19]《沉沦的菩提苏曼殊全传》,长春出版社1995年版,第9页。
[20]《中国大百科全书·中国文学》,中国大百科全书出版社1986年版,第715页。
[21]《中国现代百家千字文》,上海文艺出版社1990年版,第80页。
[22]见《上海鲁迅研究》总第82期。
[23]《民国大人物·文人笔》,台海出版社2017年版,第4页。
[24]《中国现代百家千字文》,上海文艺出版社1994年版,第154页。
[25]《中国现代百家千字文》,上海文艺出版社1990年版,第85页。
[26]《中国现代百家千字文》,上海文艺出版社1990年版,第243页。
[27]《中国现代百家千字文》,上海文艺出版社1990年版,第284页。
[28]《中国文学家辞典》第一分册,四川人民出版社1979年版,第477页。
[29]《中国现代百家千字文》,上海文艺出版社1990年版,第98页。
[30]《中国文学家辞典》第二分段,四川人民出版社1982年版,第1004页。
[31]《中国现代百家千字文》,上海文艺出版社1990年版,第1601页。
[32]《民国大人物·文人卷》第53页。
[33]《民国大人物》第56页。
[34]《民国大人物》第391页。
[35]《民国大人物》第397页。
[36]《日本文学词典》,上海辞书出版社1994年版,第465页。

[37] [39]《日本文学词典》,上海辞书出版社 1994 年版。
[38]《日本文学词典》,上海辞书出版社 1994 年版,第 349 页。
[40]《日本文学辞典》,上海辞书出版社 1994 年版,第 286 页。
[41]《世界文学家大辞典》,人民出版社 1988 年版,第 397 页。
[42]《日本文学词典》,上海辞书出版社 1994 年版,第 268 页。
[43]《日本文学辞典》,上海辞书出版社 1994 年版,第 194 页。
[44]《辞海》,上海辞书出版社 1984 年版,第 990 页。

40 年前的海滨盛会
——1982 年暑期烟台"全国鲁迅研究讲习班"日记摘录

谷兴云　阜阳师范大学文学院

说明：40 年前，即 1982 年 7、8 月间，因应新形势下深入开展鲁迅研究，培养和壮大研究队伍的需要，中国鲁迅研究学会和山东烟台师专中文系，在美丽的海滨城市烟台，联合举办了一期鲁迅研究讲习班。约请李何林、王瑶、唐弢等著名鲁迅研究学者，以及戈宝权、陈涌等多位专家和教授，向来自全国各地的近 200 名学员作了为期 4 周的讲学和培训，取得圆满成功。在鲁学史上，这是一次绝无仅有的全国性培训盛会，值得回顾与纪念。这里提供的是一份当时的私人日记（整理稿），或可由此了解讲习班的若干情况。

7 月 25 日—8 月 21 日在烟台参加"全国鲁迅研究讲习班"。讲习班期间，得会李何林、戈宝权、王士菁（第 1 次见面）、郭预衡、陈瘦竹、唐弢、王瑶等前辈，和多次通信但未曾见面的文友相聚。（提要）

7 月 24 日（六月初四）　星期六。晴间多云。

（上略）从青岛乘 12 点 40 分青岛—济南快车（302 次），1 小时 10 分钟后到蓝村。等了一个多小时，换乘北京—烟台的快车去烟台，晚 7 点 20 分左右抵烟台。

烟台师专有汽车接站,满满坐了一车学员。不一会,至下榻的北海饭店,被分配到208号房间。同房间已先有绍兴师专的陈祖楠同志住下,尚缺二位未到。

见到浙江平湖师范的方伯荣(通信多次),欢谈不止。又一同去330号房间,看望了李何林先生,听他谈文艺界的一些情况,坐了一个多小时。

22点多就寝。

7月25日(六月初五)　星期日。
阴,下午6点左右开始下雨。

鲁迅研究讲习班今天开课。上午8点左右举行开幕式,到会有李何林、王士菁、孙昌熙、钱谷融等专家教授和烟台地委、烟台师专的负责同志,学员有来自全国27个省、市、自治区(缺宁夏、西藏、台湾、香港、澳门)的中青年同志。李、王、孙三位都讲了话。开幕式后即开始上课,钱谷融先生讲"鲁迅杂文的艺术特色"。

下午2点开始,孙昌熙先生讲"鲁迅与《聊斋志异》",只讲了两个小时,第一讲到此结束。

吃饭、听报告都和方伯荣同志在一起,下午又一同到街上转转,去了书店、百货大楼,冒雨跑回旅社吃晚饭。早饭和午饭都是吃的零餐,晚上用买到的餐券组桌吃饭。吃的是1元5角一天的伙食(另一种是1元8角的)。

上午见到了通信几次的陈子善同志,晚上见到烟台师专《语文教学》的主编曲树程同志,另有安徽师大的杨芝明同志,几个人在隔壁(209号)闲谈了一个晚上。10点多才分开,回房间休息。

烟台不热,下了雨更凉爽。

7月26日(六月初六)　星期一。多云间晴。

起床(5点)后没出去跑步,只在门前站一站。

上午听钱谷融先生讲"艺术的魅力"。

下午听王士菁先生讲"鲁迅研究应当成为科学"。结束较早,距吃饭还有两个小时,和同室陈祖楠、隔壁方伯荣以及陈子善等同志到海滨码头、新华书店等处玩。在书店(地区书店)买了一部《鲁迅生平自述辑要》,还在街上买了两斤多苹果。

晚上和方伯荣一起,两次去看王士菁先生,都没能如愿,王先生不在房间。回自己房间看书,但老是有睡意,没有看好。

收到汉元(按,即王得后)来信,烟台师专转来。

7月27日(六月初七)　星期二。晴。

早起(5点10分左右)到外边跑步,爬一座山,直到山顶,眺望城市,再回来。时间紧,跑步、赶路急,较累。

上午孙昌熙先生讲"鲁迅与《聊斋志异》"的第二讲,结束时10点钟,没再出去。

下午听钱谷融先生讲"谈文艺批评"。5点结束,到李何林老师住房坐了一个多小时,谈明天讲课和别的一些事。汉元兄昨天的信,谈及到鲁博进修事可以和李先生面谈。下午谈了,没有答应,说没有计划。颇为失望。

晚饭后,与同室陈祖楠老师(绍兴师专中文科副主任、副校长,南京大学1957年毕业)一同外出散步,到了毓璜顶公园。回房间后,先后有陈子善、方伯荣和杭州大学新报到的一位同志来谈天。

7月28日(六月初八)　星期三。晴。

早起后到毓璜顶公园,一路跑步来回。昨天没到顶上,这次到了顶上,但山上建筑群闭着门,没能进去。

上午听李何林先生讲"《野草》讲解(1)"。下午听孙昌熙先生讲"鲁迅与《聊斋志异》"第三讲,是三次的最后一次。上下午的讲课都只讲了两个多小时。

事先约好,晚上安徽来的几位同志(安徽师大、安庆师院、铜陵师专、阜阳师院各一位,加上我)去看望李何林先生。李先生以西瓜招待,一面吃,一面谈文艺界斗争的情况和鲁迅研究、现代文学教学的一些问题。从7点半谈到9点稍过。

从李先生住处(330房间)出来,即去看望王士菁先生(125房间),谈了约一个半小时。从阮久荪的信,谈到有关鲁迅研究的一些问题。王先生态度平易近人,毫无架子。

明天老先生和第1组的学员去蓬莱阁,其余学员自学。

7月29日(六月初九) 星期四。晴。

上午去烟台山,再去海滨浴场,同行9人。在烟台山照了几张相,我和方伯荣合影一张,在海滨浴场9人合影一张。然后涉海水,捡石子、贝壳,赶在11:30回到饭店。

有些累,午睡至3点。再同方伯荣、陈子善,抄近路去毓璜顶公园,到建筑物里面玩,"观海""听涛"(建筑物上的题字),别有风味。

晚上去李何林先生住房,拿来他的三件衣服代他洗洗。约他和安徽同志合影,明后天找一个时间和地点。

7月30日(六月初十) 星期五。晴。

上午听李何林先生讲"《野草》讲解(2)"。下午听王士菁先生讲"鲁迅与瞿秋白"。王先生讲的内容很丰富,可惜听不清,听不懂,等于白坐几个小时。

下午5点半在北海饭店门前和楼后花坛里,和李何林、孙昌熙、王士菁三位先生合影,安徽的5位同志外加方伯荣同志。

晚上,房间里浙江同志闲谈,即到王士菁先生那里坐了一会儿,听他谈《鲁迅传》的写作、出版经过等。

7月31日（六月十一） 星期六。晴。中午热了一点。

第1周最后一天上课，上午李先生讲《野草》难讲的篇什中的最后10篇。从7点半讲到11点。下午钱谷融先生讲"曹禺戏剧语言艺术成就"。

晚6点多，王、孙二先生去火车站或轮船码头，在饭店门前送别了他们。李先生要同去的，但没能等到他来。大连有一个"现代文学讲习班"，李、王二先生坐轮船去，孙先生回济南。

晚饭后，和方伯荣、安庆师院与扬州师院的各一位同志，到工人文化宫玩。想买电影票看电影，没买到票。看了一会儿球赛，打得不好，看一下就走掉了。

8月1日（六月十二） 星期日。晴。又热了一点。

全天休息。据讲习班会务组的同志说，以后两周的星期日也休息。因为讲课完毕的教师刚走，新的刚来或要来，不能安排上课。

早饭后，和翁俊德（铜陵师专）、方伯荣、王锡荣（上海鲁迅纪念馆）、周桂荣（安庆师院）共5人，到毓璜顶公园拍照，然后去照相馆冲胶卷，到新华书店看书。接着，同翁俊德去博物馆（即福建会馆）看展览，其实主要看建筑，具体说是看山门、戏台的梁、柱的雕刻和彩绘。午饭没有回去吃，和翁、方以及路上遇到的张映波（扬州师院）到饭馆吃午饭。

午睡至3点多，随便翻书看，给汉元和王世家各写了一封信。

晚饭也没在北海饭店吃，被方伯荣邀至外面，吃馄饨、烤饼。散步至工人文化宫。闲谈中，他提议二人合写关于讲读教学的东西，说天津人民出版社约他搞这样一部书。

据说讲课教师还没有到，明天上午可能上不了课。

8月2日(六月十三)　星期一。晴。

早起后,跑步至工人文化宫,看画廊里展览的图片,至7点半购得晚场电影票二张。这样,就在外面吃了早饭。

讲课教师坐夜班车6点多钟到达烟台,讲课推迟至9点开始。讲课人是林志浩,内容是分析鲁迅小说《祝福》。林是中国人民大学的教师(副教授),50多岁,福建口音,对小说分析较为深刻,大家反映较好。上午讲了两个小时稍多。

下午3点,南京大学教授陈瘦竹先生讲"鲁迅与戏剧"(上)。老先生没有讲稿,记忆力非常好。因要看5点10分的电影,4点半就离开了。同方伯荣同去看新放映影片《R4之谜》。影片表现公安人员的破案加爱情故事,系编造而成,毫不感人。

8月3日(六月十四)　星期二。晴。

本周讲课的另二位教师王瑶、唐弢还没来,先就要靠已来的二位讲了。上午林志浩讲鲁迅小说《离婚》和《狂人日记》。下午陈瘦竹讲"鲁迅与戏剧"(下),集中讲喜剧问题(昨天讲悲剧问题)。

晚饭后,同几人至人民公园散步、聊天,至山腰建筑物处停下休息,眺望市容,至街灯灭,天黑下来才返回。

8月4日(六月十五)　星期三。晴,白天燥热,尤其中午,晚上还是凉爽的。

上午听林志浩同志分析鲁迅小说《药》和《孔乙己》。下午陈瘦竹先生讲"曹禺与外国剧作",即曹禺所受外国影响。

明天不讲课,第4组的学员和讲课教师去蓬莱旅游。

晚饭后和方伯荣去烟台山,看海,听涛,待了近一小时。

8月5日(六月十六) 星期四。多云间阴，下过几阵急雨。燥热，闷人。

整天无集体活动，自由支配。

早起之后，慢跑到人民公园，坐在亭子的横栏上看书，把浙江文学学会出的内部丛刊《文学年刊》(第1辑)有关现代文学的几篇翻看一遍。重点看梅进写的《论鲁迅早期思想中的个性主义》，梅进系杭州大学77届毕业生，分在浙江农业大学，这次也来讲习班学习了。

8点多从公园所在的半山腰下来，到街上吃的午饭。

下午写了一封家信，4点多投送邮局。到书店买了八九元的书，去大光明电影院看南斯拉夫电影《临时工》，并随便在街上吃碗面条，然后回北海饭店。

8月6日(六月十七) 星期五。多云间阴，下过一两阵急雨。

唐弢先生前天来到，昨天去蓬莱游览，今天上午讲课，介绍他参加的欧洲汉学会议的情况，讲了两三个小时。

下午陈瘦竹先生讲"怎样分析剧本"。

晚饭后，和杨芝明、翁俊德、周桂荣、方伯荣一同散步，到行署附近的桥上乘凉。

8月7日(六月十八) 星期六。多云，有阵雨。

上午唐弢先生讲"有关杂文的两个问题"，约2小时。

下午林志浩先生讲鲁迅小说《故乡》和孙犁小说《荷花淀》，并就二人风格作了比较。讲了3小时，记笔记很紧张，是来讲习班以来听课、记笔记最累的半天。

早晨起床后，跑步到火车站看看街景，然后坐车回北海饭店。

晚饭到外面吃的,之后散步回来。

明天休息,不讲课,部分学员坐船去崆峒岛玩。

8月8日(六月十九)　星期日。阴,上午下了一阵雨,下午下得较大较长。

7点,2、3组学员步行到码头,坐包租的船(来回90元)到崆峒岛。船行二小时(来回),在岛上只停留一小时。唐弢、王瑶、陈瘦竹几位老先生偕夫人同游。在海边,几个人(陈子善、王锡荣、翁俊德和我)和三位老先生合影,还有别人与他们合影。捡了一些石子儿、贝壳。

11点半回到烟台,没回旅馆吃饭,到第3处书店(以前去过两处)看书,买了几本。随便买点东西吃。在烟台山下坐车回旅馆,时已13时多。

下午3点,参加林志浩主持的座谈会,听他就写作《鲁迅传》体会等回答问题。在小会议室开的,只有二三十人参加。开了约近两小时。

8月9日(六月二十)　星期一。晴。

上午唐弢先生讲"鲁迅杂文(2)",约两小时稍多。

下午彭定安先生讲《论鲁迅小说中的狂人家族》,近3小时。

看一份关于《阿Q正传》争论意见的综合材料,打印,署刘福友,据说系南开大学的同志。综合较全面,颇有参考价值,是从同室一同志处借看的。

晚上有和唐弢、王瑶的座谈会,因有任务没参加。根据本组召集人(陈子善)的吩咐,为《讲习班简报(第2期)》写一份林志浩讲课的内容要点。和方伯荣分工,我写《祝福》《离婚》《狂人日记》三篇(两次讲课)的。

8月10日(六月二十一)　星期二。晴。

早上起床后和午睡后,继续写林志浩讲课内容的要点,看一遍,交了出去。

上午唐弢先生讲"现代文学史中的难点和要点",两小时稍多。

下午听王瑶先生讲"鲁迅清醒的现实主义",约两个半小时。王先生山西口音重,普遍反映不好懂。

晚和方伯荣、毛逸、陈祖楠去工人文化宫看7点50分的电影《梅岭星火》。影片反映陈毅坚持敌后游击斗争的事迹,颇动人。

8月11日(六月二十二)　星期三。晴,热了。

早起后跑步至大海洋市场,再到火车站,然后坐公共汽车回饭店。

上午听王瑶先生"谈鲁迅的《故事新编》",下午听彭定安先生讲"中国现代文学的兴起和对于研究格局的设想"。讲的时间都较长。

晚饭后,同陈祖南至人民公园散步。天黑,眺望烟台市区夜景,然后回饭店。去看望郭预衡老师,谈至9点半以后。

8月12日(六月二十三)　星期四。晴,热。

讲习班组织第3组和第2组(大部分)去蓬莱旅游,讲课的老师王瑶、郭预衡、彭定安、陈漱渝同去。

7点半集合,乘车两小时稍多,至蓬莱县。自由活动一个多小时,和同室、隔壁几同志去看戚继光牌坊,随即去饭店(东风饭店)吃午饭。

11点半过后,乘车至蓬莱阁,先自由活动,和几同志到海边涉水、捡石子儿,在阁里走动看风景,在蓬莱阁匾额下,和杨芝明、周桂荣,王锡荣合影。

1点半,导游员领着参观游览,转了一圈,在蓬莱阁楼上远望大海,听讲八仙过海的故事和"蓬莱十景"。导游员是一位年轻的女同志,讲的内容生动有趣,态度和蔼亲切、笑容满面,很吸引人,导游完已3点钟。

买了两帧手迹照片,一是铁宝所写蓬莱阁匾额,一是苏东坡的字,作为纪念。还买了4小袋紫菜。

3点15分乘车返回烟台。

收到二弟和王世家的信,晚上给二弟复一信。

8月13日(六月二十四) 星期五。晴。

上午听郭预衡先生讲"鲁迅与古典文学"。下午听陈漱渝同志讲"港台鲁迅研究状况"。

方伯荣同志昨天因丹毒住烟台地区人民医院,今天晚饭后去看他。回来后,参加师范院校现代文学教学座谈会。

8月14日(六月二十五) 星期六。
多云,上午和下午有小雨。

因会场被外单位占用,今天我们讲习班休息,明天(星期日)讲课。

因雨,上午没出去。看王世家同志寄来(今天收到)的《鲁迅学刊》第3期和《东北现代文学史料》第4期。

下午先去医院看方伯荣,后去书店、照相馆,又去新中国电影院买晚场票,之后在匆忙中又到烟台山看海浪。因台风影响,海浪很大,冲击海岸,溅起的浪花高过房顶,很是惊人,真可谓巨浪排空。坐公共汽车赶回北海饭店吃晚饭。

8月15日(六月二十六) 星期日。晴。

上午郭预衡先生讲"鲁迅与古典文学",讲"鲁迅自学方法"。

下午陈漱渝同志继续讲"港台鲁迅研究状况"。

给李何林老师和王德厚（按，即王得后）同志各写一信，讲课休息时交陈漱渝同志，请他带去，并分别捎去照片二帧（和李先生在这里的合影）和软笔两支（安徽出品，送德厚试用）。

一些同志近几日陆续提前回去，同室和隔壁的浙江同志都走完了，只有方伯荣在住院。

8月16日（六月二十七）　星期一。晴，热。

讲习班进入最后一周，但讲课人没准时来到。今天的课仍由原有的继续讲。上午是陈漱渝接讲"鲁迅研究工作中的资料问题"，下午彭定安讲"鲁迅和他的家族"。

收到大孩子的来信，是12日写的，谈高考志愿填报了安徽大学化学系为第一志愿。

晚饭后走两批人，来一批人。第1批走的有陈漱渝和陈子善，下楼送行时，正好汽车开走，没能握别。时间约为6点3刻。再去郭预衡老师房间，为他送行，从近8点坐至8点半，送他上车。

新来讲课教师4位，有戈宝权、陈涌、林非、孔罗荪。送走郭先生即去看望戈老。戈老很健康，也很健谈，还记得我。他谈了《鲁迅诗歌研究》的编辑，颇有赞词。谈及已将下册连同别的书，寄赠日本学者高田淳，尚未接到回信，不知寄到没有。他表示了对烟台可游之地的极大兴趣，我回房间把所买烟台交通图、《蓬莱阁》和山东版图书数种送给他看。

8月17日（六月二十八）　星期二。晴，白天热。夜里有风，较凉。

不讲课，旅游。早饭后照相。在地委礼堂门前，第4周讲课的4位老师（昨晚新到，另还有孔罗荪的夫人）和上周未走的彭定安，坐在前排中间，坚持留下听课的一百二三十位学员分列后面，或蹲在前面(女同志)。连照了两次,7点20分以前人就到齐了,8点15分才照完。

照完相,去旅游的(前三次未去蓬莱的20多位学员,陪新到的4位老师)即乘车去蓬莱。其余学员自由活动。

午睡后上街。先去书店(跃进路)和齐鲁书社门市部,后去新中国电影院附近的书店,是为买《鲁迅诗解》而去,两处都没有。在逛书店前,路过展览馆,看了崔子范画展,对其大写意画,颇不能欣赏。晚饭后没到哪里,太劳累,躺在床上翻书。

8月18日(六月二十九) 星期三。晴,夜里有风,下了雨,但时间不长。

上午和下午,都是听戈宝权先生讲"鲁迅在世界文学中的地位",各讲了两个小时左右,各讲了两个问题。

上午听完以后,去医院看望方伯荣同志,他已好转,尚在滴注药水,争取痊愈出院。

午睡一个多小时,然后到附近的百货店,给爱人买了一双塑料凉鞋,然后赶回饭店,参加听课(3点开始)。

下午听完课,陪戈老(他到房间来找)从僻街到齐鲁书社门市部看书、买书,匆忙到博物馆(原为福建会馆)转了一圈,看福建式建筑。返回路上,又进儿童公园看了看,顺大街回来。

晚7点半参加座谈会,听戈老、陈涌、林非解答学员提出的一些有关鲁研的问题。

和戈老约好了,明早起床后(5点20分)陪他去公园看看。

8月19日(七月初一) 星期四。晴。

早起按约定去喊戈老,一同到人民公园散步,登上半山腰,观赏建筑物,远眺海湾,但因雾气大,看不到海,只俯瞰市容。

上午听孔罗荪讲"关于文艺评论、文艺创作的一些问题",下午听陈涌讲"《阿Q正传》研究中的问题"。下午讲到5点稍过,约戈老和他夫人梁佩兰(昨晚从徐州来到)同游毓璜顶公园,从附近小路去,小路回,省不少时间。可惜顶上的"毓璜顶"就要闭门,没能进去,只在半山腰的"小蓬莱"和大门处看看,在上面眺望了海湾。

晚7点半参加座谈会,其实就是听讲课,不过是在较小的会议室。由林非讲"写《鲁迅传》的体会"。

8月20日(七月初二)　星期五。晴,凉爽。

上午听林非讲"怎样自学",其实就是讲怎样搞研究,内容一般化。

下午听陈涌接着讲"《阿Q正传》研究中的问题",接续昨天的内容,讲一个问题,时间一小时稍多。

把在青岛、烟台买的书包成一包,送邮局寄出。每件限重5公斤,超重4斤多,多余的只好取出自带。

晚上讲习班搞会餐,一桌10或9瓶啤酒,8样菜。像平常一样自由组桌,我和辽宁的几位同志坐在一起。同桌碰杯,会务组和讲课的老先生先后来敬酒。气氛相当融洽,欢快。

8月21日(七月初三)　星期六。晴。

上午先听孔罗荪先生讲"关于研究鲁迅的问题",约两小时。

10点举行闭幕式,林非做总结,戈宝权和学员代表等讲话,时间不长。

午睡后收拾东西,忙了一个多小时,至6点20分,没来得及向戈宝权先生辞行,即乘会务组包的大客车到火车站。不走的人,多在饭店门前送行。

所乘是晚7点18分烟台至济南的快车,乘客非常多,挤满了走道和空隙。我们虽有座位,也挤得难受。

8月22日(七月初四)　星期日。晴。

在火车上坐了一夜,8点多到终点站济南。购得返回徐州的车票后,即去山东师大第一宿舍,看望薛绥之先生,坐约一小时,11点左右告辞。和薛先生通信多次,见面是第一次,听他谈工作和研究情况,送了我一本《鲁迅杂文中的人物》和两本聊城师院学报。他正在编一套"鲁迅作品研究资料丛书",其中鲁迅诗歌一本,约文学所的一位同志负责。他表示要写信介绍一下,或由我参与二人合作,或供给文稿资料。告辞时,要留我吃饭,婉谢了,因要去火车站等车。(下略)

《人民日报》中的许广平简编(下)

张学义　西安翻译学院
张爱荣　王泉珍　渭南职业技术学院

1962 年

1月1日　下午,由日本社会党顾问铃木茂三郎率领的日本社会党访华代表团一行,由广州乘机抵京。许广平到机场欢迎。(1962年1月2日)

1月2日　晚,张奚若设宴,欢迎铃木茂三郎率领的日本社会党访华代表团。许广平出席。(1962年1月3日)

1月4日　下午,首都各界集会,欢迎日本禁止原子弹氢弹协议会理事长安井郁。许广平出席。(1962年1月5日)

同日　晚,安井郁举行酒会,招待中国各方人士。许广平出席。(1962年1月5日)

1月6日　综合性外文月刊《中国建设》杂志举办庆祝创刊10周年展览会。许广平参加。(1962年1月7日)

1月12日　晚,周恩来设宴欢迎铃木茂三郎率领的日本社会党访华代表团。许广平出席。(1962年1月13日)

1月13日　晚,中国6个人民团体设宴,欢送以铃木茂三郎为首的日本社会党访华代表团。许广平出席。(1962年1月14日)

1月18日　首都文艺界人士举行集会,严厉谴责美国政府迫

害美国共产党和进步人士的新暴行。许广平出席并发言。(1962年1月19日)

1月20日 上午,全国妇联负责人和首都各界妇女举行抗议美国肯尼迪政府反共暴行的集会。许广平出席并发言。(1962年1月21日)

3月7日 下午,在北京的人大女代表、政协全国委员会女委员、各民主党派女委员和首都各方面妇女代表集会,欢庆"三八"国际劳动妇女节。政协全国委员会妇女组组长、全国妇联副主席许广平在会上讲话。(1962年3月8日)

3月8日 下午,首都各界妇女同在北京的27个国家的妇女朋友举行联欢,庆祝"三八"国际劳动妇女节。许广平出席。(1962年3月9日)

3月22日 下午,第二届全国人民代表大会第三次会议在人民大会堂举行预备会议。

在预备会议上,选出了第二届全国人民代表大会第三次会议的主席团和秘书长,通过了这次会议的议程,通过了这次会议的提案审查委员会主任委员和委员名单。许广平为主席团成员。(1962年3月23日)

3月26日 晚,中国捷克斯洛伐克友好协会(以下简称"中捷友好协会")举行电影招待会,庆祝中捷友好合作条约签订5周年。中捷友好协会会长夏衍、副会长许广平出席。(1962年3月27日)

4月17日 下午,全国妇联第三届执行委员会举行第三次会议。许广平出席。(1962年4月19日)

5月3日 全国妇联举行宴会,欢迎以阿乌阿·凯塔夫人为首的马里妇女代表团。许广平讲话。(1962年5月4日)

5月23日 晚,首都文艺界举行联欢会,纪念《在延安文艺座谈会上的讲话》发表20周年。许广平出席。(1962年5月24日)

5月28日　许广平在《人民日报》发表5月21日回复杨玉印的信,回答鲁迅笔名等问题。(1962年5月28日)

6月16日　上午,首都各界人士举行公祭,追悼中央气象局局长涂长望。许广平参加。(1962年6月17日)

7月10日　下午,首都各界集会,庆祝中朝友好合作互助条约签订1周年。许广平出席。(1962年7月11日)

7月19日　下午,首都各界集会,向正在进行反对美帝国主义武装侵略南越、争取越南和平统一斗争的越南人民,再一次表示最坚定的支持。许广平出席。(1962年7月20日)

7月28日　晚,廖承志、刘宁一设宴欢迎古巴保卫和平和各国人民主权运动全国委员会委员梅耳巴·埃尔南德斯夫人。许广平出席。(1962年7月29日)

7月30日　全国妇联举行茶会,欢迎梅耳巴。许广平出席。(1962年7月31日)

8月14日　晚,首都各界集会,庆祝朝鲜"八一五"解放17周年。许广平出席。(1962年8月15日)

8月20日　下午,全国妇联举行茶会欢迎英属圭亚那人民进步党总书记简奈特·贾根夫人。许广平出席。(1962年8月21日)

8月27日　下午,首都各界集会,庆贺第八届禁止原子弹氢弹和阻止核战争世界大会的胜利召开。许广平出席。(1962年8月28日)

9月3日　晚,中国拉丁美洲友好协会和中国人民外交学会举行酒会,欢送英属圭亚那人民进步党总书记简奈特·贾根夫人。许广平参加。(1962年9月4日)

9月13日　晚,各党派负责人和首都各界人士欢度中秋佳节。许广平参加。(1962年9月14日)

9月14日　下午,日本自由民主党顾问、众议院议员松村谦三到达北京。许广平到机场欢迎。(1962年9月15日)

9月15日 晚,周恩来、陈毅举行宴会,欢迎松村谦三。许广平出席。(1962年9月16日)

9月19日 晚,松村谦三在京举行宴会,向中国各方面的人士辞行。许广平出席。(1962年9月20日)

9月20日 上午,松村谦三及随行人员乘机离京,前往上海等地参观访问。许广平到机场送行。(1962年9月21日)

9月23日 晚,刘少奇和夫人王光美举行宴会,欢迎印度尼西亚总统苏加诺夫人哈蒂妮·苏加诺。许广平出席。(1962年9月24日)

9月24日 上午,首都文艺界举行追悼会,公祭欧阳予倩。许广平陪祭。(1962年9月25日)

同日 保卫和平委员会和亚非团结委员会举行宴会,欢迎以阮文孝为首的越南南方民族解放阵线代表团。许广平出席。(1962年9月25日)

9月26日 首都各界集会,欢迎越南南方民族解放阵线代表团。许广平出席。(1962年9月27日)

9月29日 应越南民主共和国国会常务委员会主席长征邀请,以彭真为首的中华人民共和国全国人民代表大会代表团乘专机离开北京,前往越南民主共和国进行友好访问。许广平为访问团成员。(1962年9月30日)

9月30日 下午,越南劳动党中央委员会主席、越南民主共和国主席胡志明,接见了中国全国人民代表大会代表团团长彭真,副团长赛福鼎,团员陈望道、蒋光鼐、王震、张苏、荣毅仁、许广平,秘书长姚溱。(1962年10月1日)

10月3日 下午,以彭真为首的中国全国人民代表大会代表团,同长征为首的越南国会常务委员会举行座谈,交流中国全国人民代表大会和越南国会的工作情况。许广平参加。(1962年10月4日)

10月9日 晚,中华人民共和国全国人民代表大会代表团团长彭真,举行盛大宴会,招待越南党政领导人和各界人士。许广平出席。(1962年10月10日)

10月11日 上午,由彭真率领的中华人民共和国全国人民代表大会代表团,结束对越南民主共和国的友好访问,由河内乘专机回到昆明。(1962年10月12日)

10月29日 晚,周恩来、陈毅举行宴会,欢迎日本前通商产业大臣、自由民主党国会议员高碕达之助。许广平出席。(1962年10月30日)

11月6日 晚,首都各界集会庆祝十月社会主义革命45周年。许广平出席。(1962年11月7日)

同日 下午,首都各人民团体、各民主党派的负责人前往古巴大使馆,表示坚决支持古巴人民的正义斗争。许广平出席。(1962年11月7日)

11月9日 晚,廖承志和高碕达之助在北京签订了一项备忘录。这项备忘录是根据1962年9月周恩来总理和松村谦三先生关于扩大中日贸易的会谈的宗旨,在平等互利的基础上,采取渐进的、积累的方式,为进一步发展两国的民间贸易而签订的。周恩来、陈毅参加了签字仪式。许广平出席。(1962年11月10日)

11月27日 晚,首都各界集会,庆祝阿尔巴尼亚独立50周年和解放18周年。许广平出席。(1962年11月28日)

12月27日 下午,中国国际贸易促进委员会和日中贸易促进会、日本国际贸易促进协会、日本国际贸易促进协会关西本部,在北京签订了一项有关中日贸易的议定书。许广平参加。(1962年12月28日)

1963年

1月20日 中午,全国政协设宴招待部分在京的已故政协全

国委员会委员、全国人大代表和民主人士的夫人。许广平出席。(1963年1月21日)

2月13日 中苏友好协会总会和北京市中苏友好协会举行晚会,庆祝中苏友好同盟互助条约签订13周年。许广平出席。(1963年2月14日)

3月8日 下午,全国妇联举行庆祝"三八"国际劳动妇女节的联欢茶会。许广平出席并祝酒。(1963年3月9日)

3月16日 下午,首都各界举行"支持津巴布韦日"集会,声援非洲南罗得西亚人民反对帝国主义和新老殖民主义、争取民族独立的正义斗争。许广平出席。(1963年3月17日)

3月19日 下午,首都各界集会,欢迎阿尔及利亚民族女英雄贾米拉·布伊海德和《非洲革命》周刊社长雅克·弗吉斯。许广平参加。(1963年3月20日)

3月20日 下午,布隆迪王国德雷丝·卡尼昂加王后乘机抵京。许广平到机场迎接。(1963年3月21日)

3月21日 晚,全国妇联、中国人民外交学会举行宴会,欢迎德雷丝王后。许广平出席并讲话。(1963年3月22日)

3月24日 晚,首都各界聚会,欢送阿尔及利亚《非洲革命》周刊社长雅克·弗吉斯和阿尔及利亚民族女英雄贾米拉·布伊海德。许广平参加。(1963年3月25日)

3月25日 下午,刘少奇接见布隆迪王国德雷丝·卡尼昂加王后。许广平在座。(1963年3月26日)

同日 晚,陈毅副总理和夫人设宴招待德雷丝王后陛下和随行的贵宾。许广平在座。(1963年3月26日)

4月12日 下午,中国非洲人民友好协会举行理事会议。许广平出席。(1963年4月13日)

4月21日 晚,全国妇联举行宴会,欢迎以几内亚共和国社会事务国务秘书、卫生部副部长、几内亚民主党政治局委员卡马

拉·洛福夫人为首的几内亚妇女代表团。许广平出席并讲话。(1963年4月21日)

4月30日　下午,周恩来接见以凯塔·恩法马拉为首的几内亚政府经济代表团,以卡马拉·洛福夫人为首的几内亚妇女代表团。许广平在座。(1963年5月1日)

5月21日　全国文联三届全国委员会二次扩大会议在京召开。许广平出席。(1963年5月22日)

6月11日　沈钧儒治丧委员会成立,许广平为成员。(1963年6月13日)

6月29日　中午,廖承志设宴欢迎前来我国参加支持"南非自由日"活动的南非非洲人国民大会全国执行委员会主席约翰·马克斯。许广平出席。(1963年6月30日)

7月1日　晚,许广平设宴欢迎日本中央大学教授桦俊雄和夫人桦光子。(1963年7月2日)

7月9日　晚,全国妇联副主席邓颖超举行宴会,欢迎以越南妇女联合会副主席何桂为首的越南妇女代表团。许广平出席。(1963年7月10日)

7月13日　下午,周恩来、陈毅接见来我国访问的亚非拉各国妇女代表团代表。许广平在座。(1963年7月14日)

7月14日　下午,首都各界集会,欢迎参加世界妇女大会后前来我国访问的亚非拉各国妇女代表团。许广平在座。(1963年7月15日)

7月15日　晚,中非友协等团体举行酒会,欢迎前来我国访问的亚非拉妇女代表团和代表。许广平参加。(1963年7月16日)

7月18日　下午,首都各界集会,欢迎参加世界妇女大会后归来的中国妇女代表团。许广平参加。(1963年7月19日)

7月21日　下午,参加中国共产党和苏联共产党会谈的中国共产党代表团,由团长邓小平和副团长彭真率领,乘专机由莫斯科回到北京。毛泽东等党和国家领导人以及首都各界人士,到机场欢迎。许广平参加。(1963年7月22日)

7月28日　晚,许广平设宴招待出席世界妇女大会后来我国访问的巴西妇女代表。(1963年7月30日)

8月6日　下午,全国妇联举行茶会,招待哥伦比亚议员代表团一行。茶会由许广平主持。(1963年8月6日)

8月30日　日本妇女活动家桦光子结束在我国的参观访问,乘火车离开北京取道天津回国。许广平到车站送行。(1963年9月1日)

8月31日　下午,许广平会见由谷正子率领的日中友协妇女代表团。晚,许广平设宴招待日本朋友。(1963年9月1日)

9月1日　晚,首都各界集会,庆祝越南民主共和国成立18周年。许广平出席。(1963年9月2日)

9月2日　上午,应邀来我国访问的秘鲁民族解放阵线代表加夫列拉·克萨达夫人,乘飞机到达北京。许广平到机场迎接。(1963年9月3日)

9月3日　晚,中国人民保卫世界和平委员会和中国亚非团结委员会举行宴会,欢送以阮氏萍为首的越南南方民族解放阵线代表团。许广平出席。(1963年9月4日)

9月4日　上午,朱德接见肯尼亚非洲民族联盟代表团。许广平在座。(1963年9月5日)

9月5日　周恩来接见肯尼亚下院议员、下院执政党议会党团首席督导约翰·戴维·卡利,和由他率领的肯尼亚非洲民族联盟代表团成员,许广平在座。(1963年9月6日)

9月6日　彭真举行午宴,欢送以肯尼亚下院议员、下院执政党议会党团首席督导约翰·戴维·卡利为首的肯尼亚非洲民族联盟代表团。许广平出席。(1963年9月7日)

9月8日　首都各界人民集会,庆祝朝鲜民主主义人民共和国成立15周年。许广平出席。(1963年9月9日)

9月17日　下午,首都各界集会,庆祝日本"松川事件"斗争的伟大胜利。许广平出席。(1963年9月18日)

9月30日　中午,陈毅设宴,欢迎由阿尔及利亚国务部长阿马尔·乌兹加尼率领的阿尔及利亚政府代表团。许广平出席。(1963年10月1日)

同日　下午,首都各界集会,欢迎阿尔及利亚民主人民共和国政府代表团。许广平出席。(1963年10月1日)

10月3日　晚,刘长胜举行酒会,欢迎来中国访问的非洲14个国家和地区的朋友。许广平出席。(1963年10月4日)

10月4日　上午,中国日本友好协会在北京成立,我国各人民团体举行大会祝贺。许广平参加。(1963年10月5日)

同日　晚,南汉宸举行招待会,庆祝日本工业展览会即将在北京开幕。许广平出席。(1963年10月5日)

10月5日　《人民日报》发布中日友协名誉会长、会长、副会长等名单。许广平为理事。(1963年10月5日)

10月6日　石桥湛山举行招待会庆祝工业展览会开幕,许广平出席。(1963年10月6日)

10月7日　日本蕨座民族歌舞团在首都剧场举行访华的第4场演出。许广平出席并接见演员。(1963年10月8日)

10月10日　晚,南汉宸和夫人举行招待会,欢送日本工业展览会总裁石桥湛山和夫人。许广平出席。(1963年10月10日)

11月16日　上午,第二届全国人民代表大会第四次会议,在人民大会堂举行预备会议。许广平为主席团成员。(1963年11月17日)

11月下旬　全国妇联第三届执行委员会第四次会议在北京举行。许广平出席。(1963年12月5日)

12月6日 下午,彭真接见以外山勘兵卫为首的日本工业展览会友好访华参观团第四批人员。许广平在座。(1963年12月7日)

12月20日 下午,首都各界举行集会,向战斗在反对美帝国主义斗争最前线的越南南方工人和人民表示最崇高的敬意和最坚决的支持。许广平参加。(1963年12月21日)

12月25日 中午,中华全国总工会、政协全国委员会等8个单位联合举行宴会,欢送以陈文成为首的越南南方民族解放阵线、越南南方劳动解放协会代表团。许广平出席。(1963年12月26日)

12月27日 晚,以古斯塔沃·马索拉为首的古巴友好代表团应邀到全国人民代表大会常务委员会副委员长郭沫若的家中做客。许广平在座。(1963年12月28日)

1964年

1月13日 下午,首都各界举行集会。强烈抗议和严厉谴责美帝国主义屠杀巴拿马人民的血腥罪行,坚决支持巴拿马人民反对美帝国主义侵略、维护国家主权的爱国正义斗争。许广平出席。(1964年1月14日)

1月15日 许广平等走上街头,参加首都人民示威游行的行列,强烈抗议美帝国主义屠杀巴拿马人民的滔天罪行。(1964年1月16日)

2月5日 晚,南汉宸举行宴会,欢迎以斋藤卯助为首的日本地方议员促进国际贸易联盟代表团。许广平出席。(1964年2月6日)

2月8日 中央各部门负责人和中国人民解放军首都部队官兵,吊唁甘泗淇同志。许广平参加。(1964年2月9日)

2月11日 晚,全国政协举行便宴,招待部分在京的已故政

协全国委员会委员、全国人大代表和民主人士的夫人。许广平出席。(1964年2月12日)

2月13日 晚,首都科学技术工作者及家属在人民大会堂欢度新春佳节。许广平出席。(1964年2月14日)

3月8日 下午,全国妇联举行茶会,邀请正在北京的各国妇女朋友一起庆祝"三八"国际劳动妇女节。许广平出席。(1964年3月9日)

5月29日 上午,首都各界人士举行公祭,追悼卫生部副部长、政协全国委员会委员苏井观。许广平参加。(1964年5月30日)

9月1日 下午,首都各界举行集会,庆祝越南民主共和国成立19周年。许广平出席。(1964年9月2日)

9月18日 晚,许广平设宴招待印度尼西亚电影检查委员会主席乌塔米·苏里亚达马夫人。(1964年9月19日)

9月21日 上午,由锡兰众议院议长休·费尔南多率领的锡兰议会代表团,乘专机由沈阳抵京。许广平到机场欢迎。(1964年9月22日)

9月23日 上午,由团长、墨西哥自治大学医学院微生物学讲师、前墨中友协主席埃斯特·查帕夫人率领的墨西哥妇女代表团一行三人乘飞机到达北京。许广平到机场欢迎。(1964年9月24日)

同日 晚,首都各界知名人士100多人,同越南南方民族解放阵线常驻我国代表团成员在人民大会堂热情会见。许广平出席。(1964年9月24日)

9月24日 印度尼西亚妇女代表团团长、印度尼西亚妇女大会主席之一苏卡哈尔夫人和团员苏哈尔蒂·苏万托夫人、玛里安·甘塔·苏姆佩诺夫人、阿里·达兰·纳苏蒂安夫人一行四人,在访问朝鲜后乘飞机到达北京。许广平到机场欢迎。(1964

年9月25日）

9月25日 晚,越南民主共和国驻中国大使陈子平,为欢迎以陈文成为首的越南南方民族解放阵线常驻中国代表团,在大使馆举行招待会。许广平出席。（1964年9月26日）

10月2日 全国政协举行宴会,欢迎由老挝爱国战线党副主席西吞·库马丹、老挝爱国战线党中央委员奔·西巴色将军和老挝和平中立党代理主席马哈古·苏万纳密蒂率领的老挝爱国战线党和中立派联合友好代表团。许广平出席作陪。（1964年10月3日）

同日 上午,中国日本友好协会举行酒会,庆祝中国日本友好协会成立1周年,并欢迎前来我国参加国庆活动的日本朋友。许广平出席。（1964年10月3日）

10月4日 下午,宋庆龄、周恩来、陈毅,接见前来参加我国成立15周年庆祝典礼和进行友好访问的各国女贵宾和妇女代表团。许广平陪同接见。（1964年10月5日）

10月5日 下午,全国妇联举行茶会,欢迎回国观光的华侨妇女和港澳女同胞。许广平出席。（1964年10月6日）

10月8日 晚,中国人民对外文化协会和日中文化交流协会,在北京签署了一项关于中日两国人民之间文化交流的共同声明。许广平出席。（1964年10月9日）

10月9日 晚,中国日本友好协会和日本中国友好协会庆祝中华人民共和国成立15周年代表团,在北京签署了一项关于进一步加强中日两国人民友谊的共同声明。许广平参加签字仪式。（1964年10月10日）

10月12日 首都各界集会纪念浅沼稻次郎先生逝世四周年。许广平出席。（1964年10月13日）

11月27日 下午,首都各界举行集会,庆祝阿尔巴尼亚解放20周年。许广平出席。（1964年11月28日）

12月13日　《人民日报》刊发中华人民共和国第三届全国人民代表大会代表名单。许广平为代表成员，属广东省。(1964年12月13日)

12月18日　下午，中国人民外交学会举行第四次会员大会，庆祝外交学会成立15周年。许广平出席。(1964年12月19日)

12月19日　晚，越南南方民族解放阵线常驻中国代表团代理团长阮明芳，举行招待会，庆祝越南南方民族解放阵线成立四周年。许广平出席。(1964年12月20日)

12月21日　《人民日报》刊发第三届全国人民代表大会第一次会议主席团和秘书长名单。许广平为主席团成员。(1964年12月21日)

12月31日　第三届全国人大第一次会议进入全体会议讨论的第五天。许广平参加会议，为执行主席。(1965年1月1日)

1965年

1月4日　全国人大公告第六号公布第三届全国人民代表大会第一次会议于1965年1月3日选出第三届全国人民代表大会常务委员会委员。许广平为常务委员。(1965年1月5日)

2月10日　首都群众举行集会和示威游行，愤怒声讨美帝国主义武装侵犯越南民主共和国的滔天罪行，欢呼越南人民反美斗争的伟大胜利，许广平参加。(1965年2月11日)

3月4日　下午，阿尤布·汗总统的女儿奥兰泽布夫人和巴基斯坦外交部部长布托的夫人，在全国妇联举行的茶会上，受到了首都各界妇女代表的热烈欢迎。许广平出席。(1965年3月5日)

3月8日　全国妇联举行晚会。演出大型音乐舞蹈史诗《东方红》。开幕前，全国妇联主席蔡畅，副主席邓颖超、许广平等走上舞台，向参加晚会的首都各族各界妇女热烈祝贺节日，并向演

出《东方红》的全体演员和工作人员致意。(1965年3月9日)

3月21日 下午,首都各界集会,欢迎由巴勒斯坦解放组织主席艾哈迈德·舒凯里率领的巴勒斯坦解放组织代表团。许广平参加。(1965年3月22日)

4月22日 下午,肯尼亚妇女代表团,在肯尼亚非洲民族联盟尼安萨省支部妇女书记凯瑟琳娜·阿库姆·阿扬果夫人率领下,乘机抵京。许广平到机场欢迎。(1965年4月23日)

4月23日 全国妇联举行宴会,欢迎罗马尼亚妇女代表团。许广平出席。(1965年4月24日)

4月30日 上午,几内亚总统塞古·杜尔的夫人及其随行人员,由朝鲜外务省副相金永南陪同,乘专机离开北京前往朝鲜访问。许广平到机场欢送。(1965年5月1日)

5月2日 上午,朱德接见由凯瑟琳娜·阿库姆·阿扬果夫人率领的肯尼亚妇女代表团和由卢西拉·内图小姐率领的安哥拉妇女代表团。许广平在座。(1965年5月3日)

5月9日 下午,首都各界集会,庆祝反法西斯战争胜利20周年,庆祝德国人民和捷克斯洛伐克人民解放二十周年。许广平出席。(1965年5月10日)

5月11日 晚,朱德观看日本话剧团演出的近代剧《大年夜》。许广平参加。(1965年5月12日)

5月13日 首都人民举行示威游行和集会,强烈谴责美国强盗的侵略罪行,表示坚决支持多米尼加人民的抗美爱国斗争。许广平参加游行。(1965年5月14日)

6月6日 上午,由彭真率领的中国共产党代表团和全国人大代表团,应邀参加印度尼西亚共产党成立四十五周年庆祝活动,并且在印度尼西亚进行友好访问以后,从昆明乘专机回到北京。许广平到机场欢迎。(1965年6月7日)

6月17日 晚,全国妇联举行宴会,欢迎刚果(利)民族英雄

卢蒙巴的夫人。(1965年6月18日)

6月18日　晚,由新日本妇女会代表委员带刀贞代率领的日本妇女代表团,应全国妇联邀请前来我国进行友好访问。许广平到机场欢迎。(1965年6月19日)

6月22日　晚,中国非洲人民友好协会举行酒会,欢迎刚果(利)民族英雄卢蒙巴夫人。许广平出席。(1965年6月23日)

6月23日　下午,应全国妇联邀请,由坦桑尼亚第二副总统卡瓦瓦的夫人率领的坦桑尼亚妇女代表团,乘机抵京。许广平到机场欢迎。(1965年6月24日)

6月24日　晚,全国妇联举行宴会,欢迎坦桑尼亚妇女代表团。许广平出席。(1965年6月25日)

6月26日　下午,首都各界妇女举行集会,欢迎坦桑尼亚妇女代表团。许广平出席。(1965年6月27日)

6月27日　坦桑尼亚妇女代表团应邀观看了中国京剧院演出的京剧现代戏《红灯记》。许广平陪同。(1965年6月28日)

6月28日　下午,刘宁一接见由新日本妇女会代表委员带刀贞代率领的日本妇女代表团。许广平在座。(1965年6月30日)

7月1日　(1965年7月1日)《人民日报》刊登中国人民保卫世界和平委员会领导成员名单,许广平为常务委员,委员。

同日　《人民日报》刊登中国亚非团结委员会领导成员名单,许广平为委员。(1965年7月1日)

8月11日　下午,各民主党派和全国工商联负责人联合举行茶会,欢迎李宗仁先生和他的夫人郭德洁女士,以及陪同李宗仁先生回来的程思远先生。许广平出席。(1965年8月12日)

8月21日　下午,11个全国性人民团体联合举行茶会,欢迎出席第十一届禁止原子弹氢弹世界大会后来到中国的各国朋友。许广平参加。(1965年8月22日)

8月26日　晚,彭真设宴欢迎参加中日青年友好大联欢的日

本各青年代表团。许广平出席。(1965年8月27日)

9月3日 下午,首都各界集会,庆祝抗日战争胜利20周年。许广平出席。(1965年9月4日)

9月4日 晚,杨秀峰举行招待会,欢送由陈辉燎率领的越中友协代表团。许广平出席。(1965年9月5日)

10月2日 上午,陆定一、林枫接见来我国参加国庆观礼并进行友好访问的国家和地区的朋友。接见后,对外文委等单位联合举行招待会。许广平在场并出席。(1965年10月3日)

10月5日 上午,全国妇联举行茶会,热烈欢迎参加国庆观礼的女劳动模范、海外女华侨、港澳女同胞、各地来京的少数民族参观团和少数民族青年学习参观团中的女团员。许广平出席。(1965年10月6日)

10月9日 晚,政法学会会长吴德峰和夫人戚元德举行宴会,招待日本和平委员会会长、日本国际法律家联络协会副会长平野义太郎和夫人平野嘉智子。许广平出席。(1965年10月10日)

10月19日 下午,全国妇联举行茶会,热烈欢迎阿联副总统阿里·萨布里的夫人。许广平致词。(1965年10月20日)

10月22日 晚,刚果(布)马桑巴—代巴总统夫人在北京举行告别宴会。许广平出席。(1965年10月23日)

10月25日 《人民日报》刊登孙中山诞辰百周年纪念筹备委员会委员名单。许广平为委员。(1965年10月25日)

同日 下午,首都各界集会,纪念中国人民志愿军赴朝作战15周年。许广平参加。(1965年10月26日)

10月31日 下午,孙中山先生诞辰100周年纪念筹备委员会,举行第一次会议。许广平出席。(1965年11月1日)

11月5日 晚,首都各界举行集会,庆祝十月革命48周年。许广平参加。(1965年11月6日)

同日 董必武陈毅等党和国家领导人接见苏中友协代表团等苏联客人。许广平参加。(1965年11月6日)

11月19日 下午,首都各界举行集会,强烈反对"日韩条约"。许广平出席。(1965年11月20日)

11月21日 晚,对外文委和中非友协举行酒会,欢送刚果(布)国民教育、文化艺术部长乔治·芒蒂萨率领的刚果(布)文化代表团。中非友协副会长许广平出席并讲话。(1965年11月22日)

11月25日 晚,全国妇联宴请日本妇联访华代表团,许广平出席并讲话。(1965年11月26日)

1966年

3月8日 全国妇联举行茶会,庆祝"三八"国际劳动妇女节。许广平在茶会上讲话。(1966年3月9日)

3月19日 晚,全国妇联举行酒会,招待由菲律宾自由党参议员玛丽亚·卡劳·卡蒂瓦克夫人率领的菲律宾考察代表团。许广平出席。(1966年3月20日)

3月18日 下午,首都各界和在京外国友人,举行纪念越南全国反美斗争日16周年和"声援越南人民周"大会。许广平出席。(1966年3月19日)

4月1日 晚,许广平设宴招待由杉田日出子率领的日中友协青年妇女代表团。(1966年4月2日)

4月25日 下午,刘宁一接见由新日本妇女会东京都千代田区分会副会长杉田日出子率领的日中友协青年妇女代表团。许广平在座。(1966年4月26日)

6月7日 全国妇联举行茶会,欢迎坦桑尼亚经济事务和发展计划部长保罗·博马尼的夫人和坦桑尼亚全国妇联执委库纳比夫人。许广平在茶会上致词。(1966年6月8日)

6月27日 上午,陈毅、林枫、刘宁一,接见出席亚非作家紧急会议的47个国家和地区的代表团团长、副团长,和国际组织的首席观察员以及特邀来宾。许广平参与接见。(1966年6月28日)

6月29日 晚,又一批参加亚非作家紧急会议的外国代表和国际组织的观察员乘飞机到达北京。到此为止,参加亚非作家紧急会议的已有52个国家和地区以及4个国际组织的代表和观察员。许广平到机场欢迎。(1966年6月30日)

7月17日 毛泽东接见出席亚非作家紧急会议的代表以及国际组织的观察员,并同他们一起合影留念。接见时在场的有:出席亚非作家紧急会议的中国代表团团长郭沫若,副团长许广平、巴金、刘白羽等。(1966年7月18日)

7月24日 下午,我国各民主党派的负责人和无党派民主人士举行集会,表示坚决支持越南民主共和国主席胡志明的《告全国同胞书》。许广平出席。(1966年7月25日)

8月2日 晚,上海各界集会,欢送出席亚非作家紧急会议的各个国家和地区的朋友重返战斗岗位,热烈欢呼亚非人民团结反帝事业的伟大胜利。中国代表团副团长许广平、巴金、刘白羽,以及代表团部分团员出席欢送大会。(1966年8月3日)

8月7日 晚,朱德设宴欢迎巴基斯坦议会访华代表团。许广平出席。(1966年8月8日)

8月9日 下午,中国巴基斯坦友好协会举行酒会,欢迎巴基斯坦国民议会议长阿卜杜勒·贾巴尔·汗和夫人,以及由他率领的巴基斯坦议会访华代表团。许广平出席。(1966年8月10日)

8月12日 晚,巴基斯坦国民议会议长阿卜杜勒·贾巴尔·汗和夫人,在北京举行宴会,招待我国领导人。许广平出席。(1966年8月13日)

8月18日 毛泽东主席同北京和来自全国各地的百万群众

一起在天安门广场举行庆祝无产阶级"文化大革命"的大会。许广平参加。(1966年8月19日)

  9月20日 《人民日报》上刊登许广平的《不许周扬攻击和污蔑鲁迅》一文。(1966年9月20日)(原载《红旗》1966年第12期)

  10月1日 首都和来自全国各地的群众,在天安门广场举行集会游行,庆祝中华人民共和国成立17周年。许广平参加。(1966年10月2日)

  10月3日 下午,中日友好协会在人民大会堂举行招待会,庆祝中日友好协会成立3周年。陈毅、郭沫若以及有关方面负责人廖承志、张奚若、楚图南、许广平等出席招待会。(1966年10月4日)

  10月5日 我国各界人士和人民团体负责人发表声明,支持日本各界32位知名人士9月26日发表的呼吁促进日中友好的声明。许广平署名。(1966年10月6日)

  10月12日 中日友协代表团和日中友协代表团在京签署共同声明,大力推进中日友好运动。中国方面参加签字仪式的,有张奚若、楚图南、许广平等。(1966年10月13日)

  10月31日 下午,首都和来自全国各地的红卫兵、工农兵和文艺工作者代表举行集会纪念鲁迅。许广平出席并讲话,题为《毛泽东思想的阳光照耀着鲁迅》。(1966年11月1日)

  11月12日 下午,首都群众和红卫兵举行集会,纪念孙中山诞生100周年。许广平参加。(1966年11月13日)

  11月28日 晚,首都和来自全国各地的革命文艺战士,在人民大会堂举行文艺界"无产阶级文化大革命"大会。许广平出席。(1966年12月4日)

1967年

  2月24日 在北京的亚非作家、记者和反帝战士,同中国文艺界人士和无产阶级革命派代表举行茶会,欢迎亚非作家常设局友好代表团访问亚非各国胜利归来,欢呼亚非革命作家高举毛泽东思想伟大红旗,在反帝、反修斗争中取得了巨大胜利。中国文联副主任许广平出席。(1967年2月25日)

3月31日　应全国妇联邀请来中国访问的日中友好协会(正统)总部妇女访华代表团,由中岛千代率领乘机抵京。全国妇联副主任许广平、主席团委员沈兹九等到机场欢迎。(1967年4月1日)

5月23日　首都文化艺术界和工农兵、革命师生、革命干部代表集会,纪念《在延安文艺座谈会上的讲话》发表25周年。许广平参加。(1967年5月24日)

10月19日　《人民日报》转载许广平原载《文学战线》1967年第3期的文章——《"我们的痈疽,是他们的宝贝"——怒斥中国赫鲁晓夫一伙包庇汉奸文人、攻击鲁迅的罪行》一文。(1967年10月19日)

11月6日　下午,首都人民举行大会纪念十月革命50周年。许广平出席。(1967年11月7日)

12月22日　周总理接见亚非作家协会外宾,陪同接见的有郭沫若、许广平、郝德清。(1967年12月23日)

1968年

2月23日　在北京的各国朋友在亚非作家常设局举行的纪念会,重温毛主席对杜波依斯的评价,纪念杜波依斯博士诞生100周年。参加今天纪念会的,有国务院副总理陈毅,人大常委会副委员长郭沫若以及张奚若、许广平、楚图南、丁西林等。(1968年2月24日)

3月4日　《人民日报》发布消息:全国人民代表大会常务委员会委员许广平同志,因病于3日在北京逝世。中央和中央文革

负责同志周恩来、陈伯达、康生、江青、姚文元,3日晚前往许广平同志家中,向她的家属表示深切的悼念。(1968年3月4日)

3月6日 越南民主共和国主席胡志明致电周恩来,悼念许广平逝世。电文内容如下:"获悉许广平同志逝世,我极为沉痛。谨向你和许同志家属表示我深切的悼念。"(1968年3月7日)

说明

一、本《简编》以《人民日报》中有关许广平的记载文字为主要内容。

二、本《简编》以1946年—1968年《人民日报》中有关许广平的资料为据。

三、每一条文末括号内的日期均为《人民日报》所刊登的日期。

四、为叙述方便,本《简编》在文字表述上做了适当技术处理。

五、为节省篇幅,本《简编》删略了较多辅助性材料。

六、本《简编》为渭南职业技术学院2019年校级科研项目研究成果。项目编号为WZYZ201905。

革命的情谊
——宋庆龄致鲁迅书信考辨

陈孜颖　绍兴市鲁迅研究会

1936年10月19日,我国伟大的革命斗士文学家鲁迅在上海去世。在这之前的6月5日,宋庆龄给鲁迅写过一封感人至深的信。现在这封信有两个版本,笔者就依据这两个版本做一下考辨分析。

这两封信件,一封是竖排书写;另一封是横排书写的。笔者从两个方面对他们进行辨析:一是书信的内容;二是书信的表现形式。

为了直观体现两封书信内容,以下引用均保留繁体字。竖排书信内容如下:

周同志:

　　方才得到你病得很厲害的消息,十二分的躭心你的病狀!我恨不能立刻來看看你,但我割治盲腸的傷口,至今尚未復原,仍不能夠起床行走,迫得寫這封信給你!

　　我懇求你立刻入醫院醫治!因為你延遲一天,便是说你的生命增加了一天的危險!!你的生命並不是你個人的,而是屬於中國和中國革命的!!!為着中國和革命的前途,你有保存、珍重你身體的必要。因為中國需要你,革命需要你!!!

　　一個病人,往往是不自知自己的病狀的,當我得盲腸炎的時候，因我厭惡入病院，竟拖延了數月之久，直至不能不割治之時，才迫着入院了，然而這已是很危險的時期，而且因此，還多住了六个星期的時間，假如我是早進去了，兩星期，便可以全癒出院的。因此，我万分盼望你接受為你就憂着，感覺着極度不安的朋友们的懇求，馬上入医院医治，假如你是怕在院内得不着消息，周太太可以住院陪你，不斷的供給你外面的消息等等……

我希望你不会漠視愛你的朋友们的憂慮而拒絕我们的懇求！！！

祝你痊安

宋慶齡　六月五日

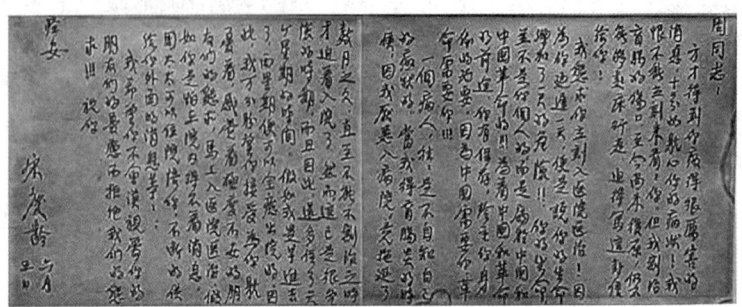

图 1　书信 1

横排书信内容如下：

周同志：

方才得到消息你病得很厲害，我十二分就心你的病狀！我恨不得立刻去看看你，但我割治盲腸的傷口至今尚未復复，仍舊不能起床行走，迫不得已才给你寫這封信。

我懇求你立即進医院去医治！因為你遲延一天，你的生命便增加一天的危險！你的生命並不是你個人的，而是屬於中國和中國革命的!!為了中國和中國革命的前途,你有保存、珍重你身體的必要,因為中國需要你,革命需要你!

一個病人往往是自己不知道自己的病狀。當我得盲腸炎的時候,因為厭惡進醫院,拖延了數月之久,直到不能不割治的時候,才被迫進了醫院,然而這已是很危險的時期了,因此多在醫院住了六個星期,假如我早進醫院,兩個星期便可痊癒了。我萬分盼望你接受,為你擔憂,為你感覺極度不安的朋友們的懇求,馬上進醫院去醫治。假如你怕在醫院聽不到消息,周太太可以住院陪你,不斷的供給你外面的消息。

我希望你不會漠視愛你的朋友們的憂慮而拒絕我們的懇求!!

祝你早日

痊癒!

宋慶齡　1936年6月5日

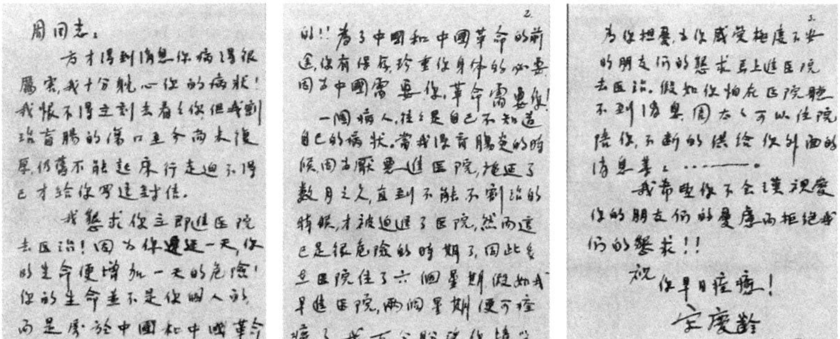

图2　书信2

一、书信内容辨析

(一) 遣词造句辨析

竖排信件:"方才得到你病得很厉害的消息,十二分的担心你的病状!"横排信件:"方才得到消息你病得很厉害,我十二分担心你的病状!"一个把病提起做状语,一个放在句子后面做补语,两者的关于病的强调程度立下可见,宋庆龄和鲁迅是深厚的革命战友、同志,她听到鲁迅生病的消息,一定会在信中表达出急切之感。这二句没有第一句表达的感情强烈,显然第一句应该是宋庆龄真情实感的表达。

竖排信件:"我恨不能立刻来看看你,但我割治盲肠的伤口,至今尚未复原,仍不能够起床行走,迫得写这封信给你!"横排信件:"我恨不得立刻去看看你,但我割治盲肠的伤口至今尚未复原,仍旧不能起床行走,迫不得已才给你写这封信。"这两句话中,一个是"来",一个是"去"。"来"是我们心贴心在一起,"去"就是有距离感,宋庆龄和鲁迅出生入死,他们是心灵相通的,用"来"就像宋庆龄陪在鲁迅身边一样,用"来"更好,也更符合两者的革命感情。"迫得"和"迫不得已"是不同的意思,"迫得"表示急切和无奈,"迫不得已"就表示被动、心不甘情不愿。宋庆龄一定是想早日看望鲁迅,又碍于身体有病,不能够亲自过去,显得十分焦急,用"迫得"更体现她此时的心情。

竖排信件:"我恳求你立刻入医院医治!"横排信件:"我恳求你立即进医院去医治!""立刻入医院医治!"和"立即进医院去医治",前者言简意赅,符合民国书面语的特征;后者显得啰唆,不符合宋庆龄干脆利落的语言特点。

竖排书信:"因为你延迟一天,便是说你的生命增加了一天的危险!!"横排信件:"因为你迟延一天,你的生命便增加一天的危险!""延迟"和"迟延"前者有被动意味,后者有责怪的意思,宋庆龄是关心而不是责怪,用"延迟"更好。前一句"便是说"语助词提前,就像是宋庆龄面对面的叮嘱,而后一句的"便"就显得平铺直叙了。末尾前一句用了两个感叹号,感情更浓烈。

竖排信件:"一个病人,往往是不自知自己的病状的"横排信件:"一个病人往往是自己不知道自己的病状。"这后面一句话同样犯了啰唆的毛病,按照当时的语境,书信内容应该偏半文言的性质,第一句更符合时代背景。

竖排信件:"因我厌恶入病院,竟拖延了数月之久,直至不能不割治之时,才迫着入了院。"横排信件:"因为厌恶进医院,拖延了数月之久,直到不能不割治的时候,才被迫进了医院"。一个"入",一个"进"。"入"是文言词,"进"是现代化,"入"是那时的官方书面语,用"入"更有时代特征。真正全面推行白话是1949年之后才开始实施的。"竟"是强调的语气,这里宋庆龄是劝说鲁迅以她为鉴,及时入院治疗。"直到"语,不符合宋庆龄所处的年代。

竖排信件:"因此,我万分盼望你接受为你担忧着,感觉着极度不安的朋友们的恳求,马上入医院医治,假如你是怕在院内得不着消息";横排信件:"我万分盼望你接受,为你担忧,为你感觉极度不安的朋友们的恳求,马上进医院去医治。假如你怕在医院听不到消息"。"为你担忧着,感觉着……"是一句话中的连贯意思,而"为你担忧,为你感觉……"用逗号分开的,是两句话,意思的紧凑性就没有前者好。也不符合宋庆龄的语言习惯。一个"得",一个"听","得"是主动,"听"被动,"得"是书面语,也是民国书信的常用语,"听"是口头语,中华人民共和国成立后才慢慢在文章书信中盛行开来。

结束语。竖排信件:"祝你痊安";横排信件:"祝你早日痊愈"。"祝你痊安"是民国书信中固定用语,而"祝你早日痊愈"是现代语,由此可知,前者才是宋庆龄的真迹。

竖排信件多处用3个感叹号或者感叹号,横排信件没有用3个感叹号,这也是民国时期的符号,从这里也可以看出信件真伪,竖排是真,横排是伪。

(二) 繁体与简体比较辨析

竖排信件全文采用繁体字的书写方式,也是符合当时的文字特征的,因为只有到 1956 年,官方才开始大力推行简化字。竖排信件多处出现简化字,明显与时代特征不符。比如:竖排信件中用"為",而横排信件中多处用"为";竖排信件中用"狀",而横排信件中有用"状"的现象;竖排信件中用"兩",而横排信件中用"两";竖排信件中用"屬",而横排信件中用"属";竖排信件中用"數",而横排信件中用"数";竖排信件中用"躭",而横排信件中有用"担"的现象;竖排信件中"覺",而横排信件用"觉";竖排信件用"視",而横排信件中用"视"。当时民间有用简化字的现象,当官方书信一直以繁体字为主,故竖排书信全部用繁体字书写,是真品。竖排信件中"假如我是早进去了兩星期,便可以全癒出院的"这里的"全"和"痊"是通假字,这间接证明了这信件的书写年代是在 1949 年之前。

横排书信中多处出现矛盾的现象,有简体字和繁体字混用的情况。比如:"因为你遲延一天"和"為你担憂"中的"为"与"為";"我十二分躭心你得病狀"和"一個病人往往是自己不知道自己的病狀"中的"狀"与"状";"我十二分躭心你的病狀"和"為你担憂"中的"躭"与"担";这种不伦不类的用字情况,更充足地证明了有东施效颦之嫌,但东施就是东施,成为不了西施。

二、书法形式辨析

(一) 书信年代辨析

这两封信件,一封是横排书写,一封竖排书写。回到 1936 年,当时是民国时期,按当时的规定和文化传统,报纸、公文、书信都采用竖排书写的方式,信件应该由右到左、由上到下来书写。书信横排书写在 1955 年之后才开始全面推广。在民国时代不可能有横着写的现象。民国时代书信日期落款应为汉字，不能为阿拉伯数字。竖排信件从纸张来看年头更久，而横排信件就没有那么有年代感。从这个角度来说，横排信件是赝品。《简化字方案》是在 1956 年才开始逐步推广的，1964 年才正式定型面向全国推广。这横排书信简化字与繁体字混用，可以推测这封书信可能是在 1955 年到 1964 年誊写的手抄件。

（二）书法形式辨析

从书法艺术的角度来说，竖排信件字体遒劲、刚正、雄浑、大气，她的硬笔书法无论是点画安排，还是点画之间的关系处理上，都体现出一种娴熟的技艺和水平，前后照应、彼此关照、相互揖让，字里行间透出一种巾帼之气，这样的书法很符合宋庆龄的气度。这封书信里的字随性随意不随便，轻松自由，写出了新高度。宋庆龄从小就受到良好的教育，在书法上的表现不俗，而且功夫深厚，正是又有传统文化功底深厚，书法基础扎实，在钢笔字上的表现，就非常从容淡定，给人一种既有洒脱愉悦之感，又不失轻松洒脱，相信谁看到她的钢笔字都会倍感惊艳的。再看第二封横排信件，字体的间架结构显得没有章法，字与字之间的处理也显得比较芜杂。字体给人的观感就是平均用力，没有艺术感，整体给人的感觉就是没有神韵，有些市井之气，缺少磅礴之概。

鲁迅去世的时候，宋庆龄亲自为他扶棺，可见他们的情谊之厚重。在这两份书信中，一份中有朋友之间的惺惺相惜和焦切感，一份就显得比较平淡，就像一般朋友的问题，而没有上升到革命战斗友谊的高度。无论是书信内容还是书法形式两者都有明显的区别，一封是民国时代的确定无疑，一封具体书写年代存疑。

鲁迅传播研究

"神同"与"形似"的兼顾
——论电影《伤逝》的"誊写式"改编

苏 冉 河南大学文学院

电影是大众传播的一种媒介,随着电影产业的兴起,电影的表现范围也不断扩大,改编逐渐成为电影创作的一种有效手段。电影改编的对象十分广泛,可以是小说、戏剧、散文,也可以是诗歌或者神话传说……其中,文学经典作品常常受到改编者们的青睐——首先,一部作品之所以能够成为经典,在主题意蕴、情节结构等方面必有其过人之处。其次,文学经典作品有着广泛的接受群体,其知名度成为影片绝好的前期宣传。随着影视媒体的发展,越来越多的文学经典被搬上银幕与大家见面。从夏衍改编茅盾的小说《春蚕》与电影艺术结合并收获广泛好评后,大量小说被改编成为电影,鲁迅的作品自然也不例外。自1950年代开始,鲁迅多部经典作品相继被改编成为影视剧作品并深受观众的喜爱,电影《伤逝》便是其中的代表。电影《伤逝》是为纪念鲁迅诞辰100周年改编而成的同名电影,电影一经上映就斩获多项大奖,是文学文本从文字到银幕的经典之作。通过对电影《伤逝》的改编方法进行研究,有助于我们认识原著与电影间的关系,同时也帮助我们思考经典文学作品应如何改编,如何传承的问题。

一、神形兼备:电影《伤逝》的改编特色

电影改编作为一种媒介向另一种媒介转换的桥梁,改编后的

作品势必无法与原著完全相同。因此,根据改编作品改编的程度(亦可说是忠实于原著的程度),我们可以将其分为三类:一类是将两篇或两篇以上、个人风格相似的作品按照一定的逻辑组合、嫁接在一起使之成为一部新作品的"复合式"改编,此类改编偏重于作品间的组合;另一类是将原著作素材,从人物、情节、思想等方面选取部分作为主体进行重新加工创作的"取材式"改编,此类改编与原著风貌相差最大,争议最多;还有一类是"保留原著中绝大部分故事元素,只删除或增加很少部分元素,改动幅度很小"[1]的改编方式——"誊写式"改编。毫无疑问,电影《伤逝》属于最后者,它一方面继承并发扬了原著的思想内涵,力求与原著"神同";另一方面则试图在言说方式上"形似",基本保留了原著中的叙述方式和言说风格,以涓生的内心独白贯穿了影片始末。

　　由于是名人名作,特别是鲁迅的名作,导演水华及《伤逝》摄制组在拍摄时十分注意对原著原貌的展现,无论是原著的精神内涵、叙述方式还是原著的每一个细节、每句话都试图能在电影中体现。在思想主题方面,水华导演认为:"鲁迅是通过他们在反封建礼教上是一致的,在对封建社会其他方面的觉悟程度上有差别的一对知识分子的恋爱悲剧,反映一个时代的侧影。"[2]他认为,爱情并不是《伤逝》的主题,"只是那个年代知识分子在反封建斗争中,往往具体体现在爱情问题上"。[3]因此,导演着重突出影片的反封建思想,对扼杀青年美好爱情的封建社会进行了批判。

　　在艺术表现方面,影片也力图与小说浓郁的主观抒情笔调相一致,文本中对涓生细腻的心理刻画在电影《伤逝》中都得以保留。影片大量运用独白和旁白的形式,让男主人公自己诉说那些曾经的回忆,并对自我内心进行剖析,以涓生的手记这样的人物情绪展开,以求用这种方式表现原著的感情与艺术性。除此之外,导演水华也十分欣赏鲁迅《伤逝》含蓄、凝练的语言魅力,为了在影片中营造出原著的意境,他强调"用诗情画意、音乐做背景,做衬托"[4],同时他还在电影《伤逝》中有意识地虚写,以此来保留原著的文学语言与风格。正如学者桑逢康所说的那样:"它比较深刻、比较完美地体现了鲁迅的思想,在艺术风格上也和原作和谐一致,具有强烈的艺术感染力。"[5]

二、"神相同":对原著思想的继承与升华

众所周知,鲁迅的作品以其思想的深刻而著称。原著《伤逝》通过子君与涓生两人的婚姻爱情悲剧,批判了当时黑暗的社会现实,矛头直指根深蒂固的封建思想,同时也反映出青年知识分子自身耽于幻想的软弱性,批评了涓生与子君脱离社会盲目追求个人幸福的做法。从思想主题上看,电影《伤逝》保持了原著中的思想内容并通过添加相关情节进一步升华了原著的主题。

电影《伤逝》为了保持并突出原著的思想内涵,在保留原著情节的基础上,又别具新意地增加了两场戏。第一场是看话剧。原著只是简单地提到子君与涓生在会馆:"谈伊孛生,谈泰戈尔,谈雪莱……"[6],没有展开易卜生笔下的娜拉对子君的影响。而在电影《伤逝》中,导演专门设计了一场子君与涓生去看话剧的戏,通过子君看话剧看得出神不愿离去这一镜头,表明娜拉的出走给她带来的震撼,为子君喊出"我是我自己的,他们谁也没有干涉我的权利"[7]做铺垫,同时也暗示了子君与旧式家庭的诀别。

第二场在原著中一笔带过的逛庙会的情节,在电影中也得到了展示。小说中只是提到子君与涓生曾去过庙会并买来了阿随,但是没有做其他描写,而电影为此专门增加了一场完整的戏,可谓别有深意。首先,小狗阿随是原著中推动故事情节发展的关键角色。它是子君与涓生矛盾冲突的催化剂,而它的结局也预示着子君最终也会被丢弃的悲苦命运。因而在电影《伤逝》中,导演着

重还原了阿随的出场,同时又通过涓生看书买花,子君买狗这一细节刻画二人不同的性格,加强了人物典型性格的塑造。其次,这一场景也描绘出了封建社会下层人们丰富的生活图景:卖吃食的小贩、耍把戏的艺人、卖唱的姑娘、讨饭的乞丐……展现了子君与涓生爱情悲剧的社会背景。最后,庙会上还出现了"搽雪花膏的小东西"和"局长儿子",他们和其他普通民众一起对子君与涓生的生活"指指点点"。这个别有深意的镜头一方面表现出二人结合处境之艰难,为后面涓生被局里辞退,难以承受生活的重压相呼应;另一方面也契合了原著——"我觉得在路上时时遇到探索,讥笑,猥亵和轻蔑的眼光,一不小心,便使我的全身有些瑟缩,只得即刻提起我的骄傲和反抗来支持。她却是大无畏的,对于这些全不关心,只是镇静地缓缓前行,坦然如入无人之境。"[6]塑造了一个勇敢无畏的子君形象。不仅如此,庙会上最后一个镜头:飞走的鸟儿又被主人抓回来关在笼子里,也预示了子君仍会回到旧笼子的悲惨命运。

正如水华导演在对《伤逝》评价的访谈录中所说的那样:"从文学形象变成视觉形象,也有些困难,就是有些地方写得太虚,没有提供很多可以运用的电影素材。拍成电影,就需要补充很多具体的细节。"[9]正是通过增加这些细节的刻画,丰富了影片的内涵,更加准确地表达出原作的主题。

三、"形相似":对原著艺术的模拟与融合

除了在电影思想主题方面"誊写",电影《伤逝》在情感渲染及表现方式上也力求向原著靠拢。

在叙述方式方面,鲁迅在《伤逝》原著中抛弃了传统"全知全能"的第三人称叙述视角,以涓生第一人称"我"的叙述展开,以手记的方式呈现涓生对于往事的悔恨,涓生大量的内心独白,奠定了原著小说伤怀、抒情的情感基调。而在电影《伤逝》中,水华导

演基本保留了原著中的叙述方式和言说风格,以涓生的内心独白贯穿了影片始末,保持了原作中悔恨阴暗的基调。

电影《伤逝》保留了原著第一人称"自叙传"式的叙述方式,以大量涓生的内心独白和旁白交代剧情,推动故事情节的发展。这种言说方式不仅展示了小说中涓生丰富的内心世界,同时又将原著《伤逝》中精彩的警句与片段完整地呈现给了观众,做到了叙述上的"原汁原味"。电影的开场就是在涓生悔恨的独白下展开的:"这间会馆里,被遗忘的偏僻里的破屋,是的,一年前,我曾在这儿住过,今天重来时,又偏偏只有这间空着,依旧是这样的破窗……"涓生哀怨悱恻的内心独白奠定了电影忧郁、哀伤的情感基调。在涓生说出:"如果我能够,我要写下我的悔恨与悲哀,为子君,为自己"后,电影正式开始。原著以涓生回忆自己等待子君的回忆进入故事,电影也通过独白使得涓生陷入对往昔的回忆"一年前,这小院的寂静并不是这样,它常常含着期待,期待着子君的到来……"这些内心独白有的是涓生回忆往事时的自责和追恨;有的是与子君热恋时的兴奋与喜悦;有的是对婚后琐事的不满;有的是自己对生活的认知;还有的是对故事情节的交代……"据粗略统计,这些内心独白约有三千五百多字,是原著字数的四分之一。"[10]电影《伤逝》采用主人公内心独白或旁白的方式贯穿了影片的主要场景,一方面符合原著第一人称"自叙传"式的叙述方式;另一方面也真实还原了鲁迅笔下涓生丰富的内心世界。可以说,电影《伤逝》"在电影语言方面进行的探索是相当成功的,它完全按照原著的时空顺序,即非现实生活的时空逻辑,依照人物的心理逻辑来结构影片"[11],是《伤逝》文本"誊写式"改编方式的一次有益探索。

在艺术风格方面,原著《伤逝》一反鲁迅惯用的冷峻锋利的笔法,它更像是一篇抒情诗,饱含浓郁而真挚的情感。电影《伤逝》则利用大量空镜头将小说中文字的多意性通过声光画面加以表现,再现了原著小说含蓄、阴郁的抒情风格。

水华导演自己曾说:"文学语言的境界在银幕上用电影语言体现出来,是很难的。但是,艺术应该追求这样的境界,捕捉这种精粹的东西"[12]。因此,为了营造小说中浓郁的抒情意味,电影《伤逝》充分利用"以景写情,情景交融"的艺术手法,通过空镜头的使用来展现原著的古典美学风格。空镜头,就是画面中没有人的镜头,在影片的一开头就是一系列空镜头的使用:空中成群的飞鸟、满树盛开的桃花、垂在屋外紫白的藤花……导演用春天明媚的景色来表现子君与涓生恋爱萌芽时的甜蜜。在子君与涓生同居的初期,两人的生活更是幸福,为了表现原著"唉唉,那是怎样的宁静而幸福的夜呵"[13],电影采用了多组空镜头:月光下树影摇曳、池塘里金鱼戏水、空中飘满纷飞的柳絮,通过对环境的渲染,烘托主人公内心喜悦的情感。可以说,空镜头对景物的描写正是王国维"一切景语皆情语"在电影中的巧妙运用。在涓生与子君的爱情即将走向终点时,影片出现了漫天的飞雪,地上、屋檐上到处是白茫茫的。这个空镜头的使用很好地与原著"天气的冷和神情的冷,逼迫我不能在家庭中安身……冷风究竟也刺得人皮肤欲裂"[14]相呼应。通过这样一组空镜头将严冬的寒冷展现在观众眼前,同时也表现与天气一样凛冽的涓生的心境——在生活的重压下,他最终要抛弃子君了。在涓生告诉子君自己已经不再爱她的那场戏中,有一个别具匠心的雨中残荷的空镜头,残荷,在中国古典诗词中一直是凋零、破败、愁苦的象征,唐代诗人卢照邻就曾写过"浮香绕曲岸,圆影覆华池。常恐秋风早,飘零君不知"这样的诗句,这里的残荷是对子君的死亡结局的暗示,也是对涓生愁苦心境的渲染,增加了影片抒情、感伤的气息。

总之,电影《伤逝》采用"誊写式"改编的电影改编手法,一方面继承并发扬了原著的思想内涵,力求与原著"神同",另一方面则试图在言说方式上"形似",以涓生的独白贯穿电影始终,基本保留了原著中的叙述方式和言说风格,无论从思想内涵还是艺术表现形式方面都努力还原了原著,是一部优秀的鲁迅作品电影改编作品。

电影改编是对文学作品的一种重塑,对于经典名著的改编,电影很难达到原著的高度,这是因为对经典作品文本本身的熟悉使得观众对此类电影抱有更高的期待,审美也更为严苛。鲁迅作品作为现当代文学的经典,其文本的复杂性与多义性决定了改编鲁迅作品的困难性。对于鲁迅经典作品的电影改编,首先要注意对原著的尊重,这是改编得以进行的前提和基础。其次是发挥电影手段对原著的升华与再创造。经典文本的电影改编不是对文本的照搬照抄,而是恰当地使用现代电影手法(如声画配合、蒙太奇等)将文学文本转换成为电影语言。除此之外,电影改编者们也需要考虑观众的审美期待,创造出符合受众审美的电影。鲁迅经典文学作品改编之路任重而道远,正如有学者评价的那样"鲁迅作品的电影改编已成为一种独特的文化现象,同时也是重新品读体味鲁迅经典作品的一种有效的方式。"[15] 如何更好地改编鲁迅经典作品,需要我们长期的探索与实践。

注释

[1] 孙淑芳:《鲁迅小说的戏剧改编方法研究》,《华中学术》2017年第1期。

[2][3] 罗艺军,徐虹:《水华访谈录——影片〈伤逝〉的创作及其他》,《电影创作》1996年第4期。

[4][9][12] 罗艺军,徐虹:《水华访谈录(续)——影片〈伤逝〉的创作及其他》,《电影创作》1996年第4期。

[5] 桑逢康:《电影〈伤逝〉评析》,《电影艺术》1981年第9期。

[6][7][8][13][14] 鲁迅:《彷徨·伤逝》,《鲁迅全集》第2卷,人民文学出版社2005年版,第114页、第115页、第117页、第118页、第124页。

[10] 傅燕南:《谈电影〈伤逝〉的结构》,《广西大学学报》1982年第1期。

[11]《忠于原著,有所创造——鲁迅作品电影改编座谈会纪实》《电影艺术》1981年第10期。

[15] 张辉:《论大众传播过程中鲁迅文学经典的电影改编——以〈伤逝〉为中心的探讨》,《电影评介》2018年第5期。

真学问　真性情
——评孔庆东《地狱彷徨：解读鲁迅〈彷徨〉》

靳新来　南通大学文学院

　　多年来,孔庆东周围似乎一直没有断了是是非非的争议,他的一些观点你也许不以为然或不尽赞同,但是你却不能不承认他是一位性情中人。在人人戴着面具汲汲于名利的世俗社会里,真性情难免惹是生非,自寻烦恼,但是对读书做学问来说,却是不能不说是一件幸事。俗话说,有真性情才有真学问。对生活和学问发自内心的热爱,而不是出于世俗功利,不隐恶、不虚美、不矫饰、不讳言、实事求是、秉笔直书,这样写成的文字才货真价实,直抵人心。孔庆东的近作《地狱彷徨：解读鲁迅〈彷徨〉》(北京大学出版社 2021 年版)就是这样一部著作,激情飞扬,妙语连珠,于真性情中包蕴着真见识,沉淀着真学问。

　　《地狱彷徨》是孔庆东先生对鲁迅《彷徨》11 篇小说逐篇、逐句的解读,共十六讲,除了第一讲关于《祝福》的解读是央视《百家讲坛》的讲稿(作者由讲解此篇来总览整部《彷徨》,在全书中有提纲挈领之效),其余都是北京大学课堂授课实录,讲课追求的是深入浅出,生动活泼,这就注定本书与规矩森严的学术论著有了分野。全书确实没有义理的旁征博引,也没有考据的叠床架屋,更不见论证的云山雾罩,但是这并不意味着学术性的缺失。比如作者对鲁迅小说个性的总结为四点："陌生的熟悉""无事的悲剧""黯淡的辉煌""绝望的新生",4 个悖论式短语的概括多么巧妙,切中肯綮,充满智慧！这绝不是对鲁迅泛泛而读所能得到的,即使精读深研,没有个三年五载也提炼不出来这样的结论;而即使这样的结论摆在那里了,也不是每个人都能理解的。为什么？因为其中蕴含着"学术"。学术并不意味着一定是全新发现,学术首先讲究的是传承,否则就成了自说自话。在传承中增加点自己的看法,哪怕是给出一点新阐释,这就是学术了,这就是创新了。你中有我,我中有你,所谓"学术创新"即在其中。既为学术,则有根有据,又有所创新,所以总能够给人启悟,催生出学术的新枝绿叶。以上四点总结,其悖论式的表达,绝不是文字游戏,而是在极富张力的概括中隐含着文学艺术的奥秘,揭示了鲁迅小说的真谛,无论哪一点都大有文章可做,深入挖掘下去都会获得丰富的宝藏,正所谓"有心人随时随地皆是学问"[1]。像这样的警策之论、点睛之笔,绝不仅限于总结专论,而是在全书中时有所见,贯穿作品解读的全过程。仅以包含以上四点概括的这一讲为例,这是关于《高老夫子》的第三讲,也是最后一讲。孔先生一开始就提出了"历史感""地理感"问题,这恐怕是人文学科常谈常新的话题,接着拈出"高老夫子"命名问题,这是"历史感"问题的延伸,也涉及"名"与"实"关系,这其实是历史转型时期极富意味的文化问题。具体分析小说关于高老夫子讲课的描写,则一直对叙事视角给予足够关注,相信熟悉叙事学的读者少不了意会和心得。至于点出"鲁迅对光非常敏感",看似不经意,实则触及鲁迅的精神和艺术特质。记得有研究者曾经对此作过专论,一直追溯到鲁迅出生房间的阴暗少光。[2]这个论题很有意思也很重要,对此研究远没有展开和深入……这些在轻舟直下讲授中的种种提按之处,其实都是孔先生心有所念,学术论道,也就是他所谓的"忘记了具体套路的学问",在这些关节处他也并不做特别标记和强调,只待有心人入于耳,藏于心,在耳濡目染中领略学术之三昧。所以,本书具有相当丰厚的学术底蕴,有别于坊间流行的文学鉴赏读物。

本书是课堂授课实录,很好地保留了孔庆东先生讲课风格的原生态,时时处处都有真性情的自然流露。孔庆东热爱鲁迅,研究鲁迅,也了解鲁迅,讲课中分析到鲁迅小说的精彩处,就忍不住击节赞叹,拍案叫绝,不吝赞誉之辞。就说对《肥皂》的解读吧,兴之所至,激动情绪往往按捺不住,喷薄而出。小说主人公四铭出场,鲁迅对此描写的长句暗含着讽刺,孔先生在与钱锺书对比中称道鲁迅讽刺艺术的高妙:"鲁迅这种'坏'更'坏',他更蔫儿……"接下来是四铭夫妻见面的对话,他又在与老舍等作家的对比中一再称赞鲁迅写得"传神"。随后论及鲁迅对人物幽暗心理的揭示,他禁不住赞叹"鲁迅观察生活的眼光确实很'坏'"。讲到小说最有名的一句话"咯吱咯吱",他又感慨"鲁迅的眼睛很厉害"。小说中写到笼子里"唧唧足足"的鸡叫声,看似闲笔,可在孔先生看来是对郭沫若的暗讽,他解释完后没忘记奉上颂词:"鲁迅要打击人,那是绝妙"。小说的精彩桥段是写四铭一家人吃晚饭,孔先生注意到"一筷黄菜叶"的细节,评论说:"这又是《肥皂》这篇小说里经典的神来之笔"。这样分析下来,他终于忍不住进行总体性的评价了:"这个小说的水平是非常高的,拿到任何时代、任何国家都是一流的小说。"这种评价实在够极端的了。但是,对鲁迅的赞美至此还没有结束,讲到小说结尾,他称赞鲁迅写得"尖锐":"鲁迅很善于在小说的结尾再起一个小高峰。"解读《肥皂》这一讲在全书中篇幅是数得着的短,竟然有那么多赞誉之辞,非真性情不可为也。文学本来是浸润情感、富有美感的,但是,如今学院派、职业化的文学研究和批评,面对研究对象往往不动声色,全然抽离了审美感受,更多是寻找时髦理论的嫁接,按照一定的套路搭建起一个台架,将其摆放在上面进行机械的零割碎切,直把文学研究搞成了屠夫宰杀牲畜、医生操刀手术。长此以往,大批学者、教授们的审美力磨损殆尽。这种现象已引起了业内人士的关注,青年学者李松睿就指出:"有时候,年轻人带着对文学的无限热爱考入中文系,却在习得了那些复杂、专业的分析文学的手段之后,忘记了当初的那份热情。在一些极端的情况下,经历了高度专业化训练的文学研究者在习得了学术表达的语言后,阅读文学逐渐成了职场生存的手段,而不再成为爱好,这多少让人感到有些遗憾。"[3]研读文学本就是获得美的愉悦和感动,如今我们早已忘却了初心。而孔先生立身士林,浸淫于文学多年,难得还葆有对文学的那份初心、对美的那份敏感。当然,孔先生对鲁迅小说的激赏不是夸大其词的溢美,而是有根有据的阐释;不是盲目的崇拜,而是理性的分析。自始至终他都没有失却一位学者的理性。所以,他也能够发现鲁迅小说的瑕疵并且直言不讳,这又是真性情的表现。在解读《长明灯》时,孔先生判断鲁迅在这篇小说中写的是一个北方的空间,却发现人物语言有问题:"可是一写到人物语言,你就会发现鲁迅不会写北方人,鲁迅是不熟悉北方人的,他一写还是南方话……"后面分析灰五婶的话,他又指出:"鲁迅这篇小说在语言上有问题,语言上不统一,北方人绝不会讲'莫胡说了',这不是北方话。前面一句是北方话,后一句又回到他熟悉的南方话上去了,鲁迅这一篇小说的人物语言不太成功。"这里的评论是相当直接和尖锐的,没有因为是自己热爱的鲁迅而有所避讳,指出问题后也没有用哪怕是一句话来为鲁迅进行开脱,比如说写惯了南方的鲁迅尝试写北方,这是挑战自我,出现失误在所难免;比如说瑕不掩瑜,小说思想和艺术成就还是不可小觑等。这种闪烁其词的温吞、婆婆妈妈的油腻,断不符合孔先生的性格。他是快人快语、好处说好、坏处说坏、斩钉截铁、干净利索,这就是一种真性情。而孔先生讲课遇到疑难问题,就老老实实承认,而不是装腔作势、不懂装懂。讲到《孤独者》结尾,他就坦白:"我也不能完全理解这篇小说,我只是由此知道,我离鲁迅很远。"面对学生晚辈,为了维护自己的尊严和虚荣,做老师的遇到说不清的完全可以遮掩过去,最多不过是轻描淡写一提,想来孔先生也不乏这种智慧,但是他没有这样做,说到底还是性情使然。孔先生纵横江湖多年,历经磨砺而不失赤子之心,殊为难得。

经典常读常新,关键在于用心。孔庆东具备鲁迅所推崇的"诚"和"爱",与鲁迅心灵高度契合,这部《地狱彷徨》正是他与鲁迅的一次心灵对话。因为用心,所以新见迭出,这奠定了本书的学术价值;因为用心,所以见性见情,这形成了本书最为鲜明的特色。真性情中蕴含真学问,这是一部雅俗共赏的好书。

注释

[1] 陈平原:《为人但有真性情——怀念王瑶师》,《鲁迅研究月刊》1990年第1期。

[2] 参见沈刚:《鲁迅黑暗意象的发生学解释:1~18岁居住空间对鲁迅视觉图像的影响》,《复旦学报》2008年第1期。

[3] 李松睿:《寻找突然感动的瞬间:新媒介环境下的文学经典教育之我见》,《广州大学学报》(社科版)2021年第5期。

为一个伟大年份立传
——读《吾国吾民 1919：时代风云与人物画像》

王小惠　西南大学文学院

黄乔生的《吾国吾民 1919：时代风云与人物画像》（以下简称《吾国吾民 1919》）延续了其专著《八道湾十一号》（生活·读书·新知三联书店 2015 年版）以一个空间讲述历史的微观叙事笔法，以一个年份讲述时代、社会和人物。《八道湾十一号》是为一所院落著书立传，将研究的对象聚焦在周氏兄弟共同居住过的"八道湾十一号"，通过一座"小"的宅院折射出"大"的时代波澜；《吾国吾民 1919》则立足 1919 年，为一个特定的年份做传，并从"国·民""五四""觉悟"等 3 个专题具体切入，探视出"1919 年"之于中国文化、思想、政治、社会、文学等方面的价值与意义。

传统的宏观历史学聚焦于宏大历史事件，而《吾国吾民 1919》依据微观史学的思路，对"1919 年"历史的叙述将权力的"中心"移向到了"边缘"，重点关注"沉默的大多数"，将"国"与"民"皆视为历史的主体，并没有用"国"去淹没"民"的声音，而是在"国"角度下全面写"民"，写出了"民"的倔强、觉醒、反抗、挣扎、不屈。作者在书中着力让"民"发声，却也未因此有意抑制"国"的话语，而是写出了"国"与"民"在 1919 年中的共同成长，既通过"国"窥见出"民"，也通过"民"感受到"国"。按作者的说法，"在这一年里，无论是政府，还是普通民众，都经受了重大事件的考验，获得了丰富的经验。"作者对"国"与"民"共同觉悟和相互成长的书写，使得

"1919年"具有了"血肉感",让读者既能捕捉潜藏于历史中的个人,亦可体会到一个宏观的历史语境。

此书对1919年的微观书写,捕捉到了一些被宏观历史叙述淡化和遗忘的信息,因此让1919年的多元性、复杂性得以呈现,展示了这一年学界、政界、商界间的交错杂糅,既揭示了"政府内部派系斗争,一定程度上有助于学生运动的开展",又呈现了"国民党本来不赞成新文化运动,但看到学生运动有资利用,转而从政治的角度大力开展新文化运动",更显示了"学生运动越广泛和激烈,师长们心情也就越矛盾"。这种对学生运动发生和发展的多角度展示,传达出历史背后的幽微隐秘景象,让读者知道1919年的学生运动之所以能够壮大发展,是与当时的军阀的权力斗争、政党的力量借用等息息相关的,由此表明学生运动并非只是文化现象,也体现出政治力量的博弈。

为更微观地展示"1919年",《吾国吾民1919》大量使用珍贵文物的图片,将博物馆中的"文物"带到社会,让读者通过文物细节去感受"1919年"。如陈独秀请胡适将自己撰写的《北京市民宣言》译为英文,中文版本用的是"市民",而英文版则翻译为 citizen("国民",今译"公民")。"公民"是指自由、平等的人。"市民"是指社会生活中的一般居民。为何陈独秀用"市民",而非"公民",是不是他对现实中的民众仍抱有怀疑的态度?而胡适用 citizen(公民),而非 bourgeois(市民),这之间的历史信息,如果仅仅用文字呈现的话很难给人切实的感受,而图片的使用可直观地传达出陈独秀与胡适当时既充满期待而又忐忑不安的复杂情感。

在为"1919年"立传时,作者理性地审视这场运动,让"读者更客观地看待历史事件,更公平地倾听各方面的声音",而非去实践某种带有权威性的"解释"。书中对"火烧赵家楼"的评价就与现今的一些历史解释有所不同,作者在肯定这一历史事件进行时,也反省了其中的暴力行为和"激烈情绪"。在作者看来,"火烧赵家楼"对社会法治精神有所破坏,民众的举动中有胡乱的不管不顾的"暴力"行为,甚至还有"我们所做的都是正确的,那么犯法也是可以的"想法,这种只顾自己"正确"而不顾他人的思维,本质上就是令人栗栗危惧的"专制",可是"理智的声音总是微弱的,激烈情绪则往往占主导地位。在中国五四运动的一片声援学生声浪中,只有少数人对学生的暴力行动予以反思和谴责",而这些"少数人"的反思甚少引人注意,甚至还会遭到世俗的"反感"与"冷嘲热讽"。而本书则多次重点书写这些在历史中遭受冷遇的"历史声音",使同一历史事件得以拥有不同的"历史解释"。

作者理性地还原历史真相,把读者从固有单一的想象中"解放"出来,公允地评价因为"这样那样的原因被遮蔽甚至被丑化"的历史人物。譬如因"火烧赵家楼",曹汝霖被钉入了"耻辱柱"中,沦为历史的"罪人",而梅思平却成为了"五四"时代"英雄"。因某一件事就对某人进行终极的审判,本就失去了历史的公平,这是历史叙述中的典型的"偷懒"表现。《吾国吾民 1919》破除了这种"偷懒"思维,指出"五四运动后,曹汝霖退出政界,经营银行,有时利用银行赢余做一些慈善事业",并"始终不加入日本人操纵的组织",可梅思平在抗日战争期间"投靠日本,一路高升,坐到汪伪证中央组织部长的高位。昔日的爱国英雄,竟成了叛国者。"本书中对曹汝霖与梅思平的书写让很多阅读此书的大学生惊讶和诧异。本人在教学中建议学生阅读此书,他们所撰写的读书札记皆提及了这一细节,认为这与他们熟知的"事实"完全不同,改变了他们此前的单一维度的历史认识,走进了复杂多元的 1919 年。

学术研究不仅要惠泽学林,也需启蒙大众。民众的历史记忆不应是单一的,应在客观而丰富的历史阅读指引下去观照现实生活。《吾国吾民 1919》采用微观叙事法,让实物说话,对"1919 年"进行了长时段、全方位的书写,字里行间蕴涵着作者理性的思考和人文的温情,能让学生深入理解被文学历史教材所忽略的历史事件和人物,也能让"五四"精神真正深入人心。故而在当下中国的高等教育中,高校学生非常需要《吾国吾民 1919》这类历史著作。

"回心"与主体性获得
——论"伊藤鲁迅"的生成与价值

彭颖斐　刘春勇　中国传媒大学人文学院

由于地缘政治与历史渊源等各种因素,日本学界对中国现代文学的研究是根植于面向本国的"内在体验"而非仅仅是外部观察,大都融入了强烈的情感共鸣,鲁迅研究表现尤为明显也成就最高。伊藤虎丸是日本鲁迅研究在二十世纪六七十年代的代表性人物,有着基督教文化背景的伊藤继承了竹内好开创的以"回心"(抵抗、赎罪)为关键词的鲁迅研究并深入发展。《鲁迅与终末论》是其代表性论文的结集,"终末论"将"回心"的内涵进行丰满,使之具有更完备的体系性和更科学的境界。在伊藤看来,"鲁迅研究"是一个极具现实性和未来性的课题,本文试图在"伊藤鲁迅"中浓烈情感脉搏与现实冲动中探寻鲁迅研究对当下时代的启示意义。

一、"伊藤鲁迅"的生成与继承关系

伊藤声称"从来不曾正面把鲁迅作为研究对象",其研究鲁迅的起点在哪里,这一原点性的问题是进入伊藤鲁迅的关键性问题。译者李冬木指出:"作者的着眼点始终是日本战后社会的现实问题和思想问题。"[1]怎样以中国作为参照,如何看待中国从艰难开端到抗战胜利甚至看上去前景一片光明,从战败开始反观自身是战后日本鲁迅研究的一个重要的思想动机。

伊藤的鲁迅研究首先与其个人的精神状态以及现实性当下性的困惑有着直接而紧密的关系。伊藤在序言中就着重强调其关于鲁迅的文章是对"战后民主主义"的失败以及"大学斗争"进行反思的产物。所谓"战后民主主义"是"二战"战败后美国占领日本并以"根绝日本的战争能力与军国主义""通过民主化使日本成为世界国家中的一员"为目标的改革政策,以此进行间接统治。日本掀起了民主化的热潮,左翼力量借此得到恢复,大正时代的政党政治、议会民主得到重建,希望重现40年前的革命理想。左翼力量的抬头与美方势力产生冲突,在美方的控制和打压下此次民主革命再次宣告失败。这就是伊藤所处的时代,在这种革命的梦的破碎中伊藤与鲁迅身处的大正时代迎头相撞。鲁迅留日的1902—1909年,日本正处于左翼力量主导的社会主义运动风潮当中。柄谷行人曾指出日俄战争(1904)象征着大正时代的到来,并将大正时期的种种文化事件看作是不自觉地对明治激进现代性的一种潜在反动。伴随着日俄战争,脱亚入欧的目标在表面上基本完成,日本的帝国主义野心迅速膨胀,现代民族国家建立起来。但这样一种急速现代化进程是一种自上而下的"揠苗助长"。在精神的控制与压抑之下,思想界必然兴起广泛的民主主义、自由民权的革命呼声。1910年大逆事件的发生标志着革命的失败,民主派的呼声被军国主义野心所吞没,直到战败后即伊藤所处的20世纪50年代再次复苏。同盟会的建立与辛亥革命也正是在大正前期开始酝酿,鲁迅思想的底蕴也正是在这一时期形成,但很快1912年辛亥革命的失败结束了鲁迅浩歌狂热的青春时代,鲁迅进入了漫长的失败虚无的黑暗状态。因此,伊藤虎丸正是处于这种相同的黑暗状态,两者的青春与梦的破碎如此相似,伊藤借此从鲁迅的精神源头中寻找出路。

那么伊藤在20世纪60年代这一特殊时间节点到底是如何将鲁迅作为精神资源进行征用,并借之实现怎样的自省与批判?日本民众对美国的入侵整体上采取温和的接受态度,而非激烈抗拒,几乎毫无保留地接受了西方的"殖民"。正是基于对这样的日本国民性的反思,伊藤全盘接受了前辈竹内好鲁迅论的关键命题,即"回心"。竹内好认为日本是转向性文化,中国是回心性文化。所谓"回心"就是对内在性自我的保持,抵达回心的方式就是抵抗,而鲁迅的意义正在于其对于一切外在事物的抵抗性接受。竹内好的"鲁迅"是方法论性质的东西,因为其鲁迅精神的核心是一个"动作",或者说一个状态——即抵抗。抵抗的核心就是"否定",在否定与自我否定之间,生成了主体性的东西。但这个东西是什么,即竹内好心目中的"主体"内涵,他并没有明确指出。而这一模糊不清的主体像,正是竹内鲁迅的特点:竹内好把这种对外对内的双重否定看作鲁迅生命哲学的核心并将这种强烈的否定性姿态称为"无",正是在一片"无"之上,鲁迅质疑一切的精神得以凸显。同时,竹内好的局限之处正在于这种内容的空洞,也是这种空洞才使得竹内好的鲁迅被日本官方话语所收编,为侵华战争提供了支持/成为工具。但这也成为竹内鲁迅的强生长点,后续的日本鲁迅研究无不接续竹内鲁迅这一"抵抗"本色的精神内核去挖掘否定的具体内涵。

"竹内鲁迅"与伊藤所面临的现实问题有着极为融洽的接点。战后民主主义的出现是"日本从近代天皇制和军国主义体制中断绝出来的精神解放"[2]与日本民族性格相作用的产物。天皇制的改革以及战后民主运动使得人们作为"个体"的价值重新显现,"臣民"变成"国民",人们不再为天皇或国家而是为自己而活。"大脱嵌"[3]之后,自我摆脱了家国政治的共同体框架而成为独立的个人,刚刚脱离但尚未完成再嵌化的游离原子式个体在本国与外族、传统与现代之间很难建立起真正的自觉意识和主体认知。刘伟就曾指出"对近代问题的反思,根本上是对主体性的思考。

主体性问题既是他们思想的起点又是最终归宿"[4]。伊藤鲁迅的关键正在于此：他认为'战后民主主义'失败的原因正是来自人的主体性的扼杀，这也是现代社会的普遍问题。

二、两次"回心"——伊藤鲁迅的核心命题

正是在"个的自觉"这一意义上，伊藤对"战后民主主义"危机的反思也就显示出与"竹内鲁迅"的继承关系和一以贯之的批判思路，并将相对模糊的竹内鲁迅像进行丰富和延伸。以否定性姿态所呈现出的"个的自觉"作为一种坚韧的主体性，正是鲁迅思想的基底。伊藤虎丸的鲁迅论最核心的部分是通过论述鲁迅作为作家诞生的两个阶段，阐述鲁迅如何实现主体意识的获得即"个的自觉"。

伊藤认为，在鲁迅成为作家的第一阶段中，首先是对传统进行了极为彻底的否定。在对异质性的西方近代文明的整体参照下，鲁迅发现了中国民族性的重大缺陷，即"内面性"的主观能动精神之缺失。他看到了儒教传统的死灭与数千年文化的根本性坍塌，这种"死"是一种根底上的终末，然而"终末"意味的恰恰是死后的"希望之生"。这种"终末"思想具有强烈的现实批判性，同时隐含着对救赎的期待和希望。因此，鲁迅对传统国民性的批判目的在于呼唤一种从根底上整体恢复的革命，即从"断裂"中拯救民族的自我更新。汪晖在《鲁迅与向下超越》一文中也曾提到"鲁迅所有的写作产生于一种自觉，即自觉到时代末日的来临，其文学方式含着宣布末日降临的'革命'意味"[5]。在否定传统的同时，鲁迅的另一重否定性价值还在于他对西方文明的接受也存在一种"抵抗性"，有一个思想本土化的过程。而这种"抵抗"过程即否定性接受，正是日本文化中所缺失的"文化上的民族主义"之精神。

此时第一阶段的鲁迅是作为"独醒者"而存在的，将自我从现实中剥离，是激烈否定现实的"领导者"；只有通过第二个阶段也

即"回心",鲁迅才获得真正的"个的自觉"与对于世界的责任意识。通过对《狂人日记》的解读,伊藤阐释了从第一阶段向第二阶段的过渡以及鲁迅的"回心"这一关键概念,狂人正代表了启蒙者"回心"的两个阶段。狂人首先意识到他人之罪,"醒来"这一动作以及"被吃"的意识自觉使得狂人获得了一种"众人皆醉我独醒"的"个的自觉",这就是狂人的第一次"回心"。但这种"独醒意识"却隐含着一种优越感,这是知识分子的典型写照:一方面有着启蒙者和拯救者的自傲;另一方面也总流于被害者的顾影自怜之中。因此第二次"回心"的意义正在于再次把自己从"独醒意识"中拉出来。当狂人惊觉"我也吃过人"这一时刻,第二次"回心"就已经完成:自我并非仅仅是"受害者"也并非"英雄",同样是"施害者",这种原罪意识的生成使得狂人从优越感中获救,重归日常性的世界当中,成为能对这个世界真正负有责任之主体。通过两次"回心"即对他者和自我的双重否定,狂人获得了真正的主体意识。

由此伊藤揭示出鲁迅"行动哲学"的起点,以及"回心"与"个的自觉"获得的原因,由此所指向的正是当时日本社会"战后科学主义的空洞化"等一系列具体的现实困惑。抵抗性的个体意识的缺乏,使得日本对"科学"的接受不具备主体性,即无否定、无反思的"空洞化"状态,无论是战前的"文学主义"还是战后的"科学主义",都在这片空洞之下流于浮泛。鲁迅之"回心"精神和"个的自觉"的价值也就得以凸显。

三、"伊藤鲁迅"的现实性价值

伊藤在序言中就明确指出研究鲁迅的目的是"以一九四五年战败为契机来反省日本近代"。伊藤始终关注的是鲁迅文学实践中具有的现实感,他的理论始终伴随着深刻的现实诉求。伊藤虎丸在书中说道,他与丸山升的鲁迅研究都同样处于"竹内鲁迅"的巨大镜像之下。相较于丸山升出于对文学神秘化和原点主义的不信任感而形成的论争特色,伊藤则是"以一个基督徒的生命体验式的宗教感进入鲁迅"[6],深入鲁迅思想"原点"的核心命题,带有巨大的精神认同。作为日本战后鲁迅研究的扛鼎人物,伊藤虎丸的成就正在于完善了随性的带有"印象主义"弊病"竹内鲁迅"并赋予新的内涵,以"终末论"的框架使之明晰化与学理化,以此重新对日本战后政治现实进行发问。

在竹内好的基础上,面对大学改革运动中的具体问题,伊藤以反省日本近代为指向进入鲁迅,思考战后民主主义空洞化的根源。"战后民主主义"本身作为整体就是"进化论"式的,缺乏抵抗性与"终末论"式的关键向度,人们无法由此获得"个"的自觉,所以注定失败。伊藤之所以走向鲁迅那里,正是来自真实而迫切的现实体验和纠缠不断的个人精神危机。同样,国内当下的现实情况在某种意义上可以说是伊藤所处日本战后现实的翻版,"文学与科学的分离""学术总体性的丧失"等问题也是学术系统中亟待解决的问题。伊藤的思考方式或许恰恰给目前的社会困境提供了某种途径,使得我们从具体的现实考量出发,展开别种想象自身的方式。

日本鲁迅研究的学者与鲁迅最深切的共鸣或许正是在于:无论我们是否承认,我们已身处其中,在其中形成了独特的否定性力量。鲁迅跳出了启蒙者的高姿态,伊藤也跳出了目的论与历史之外的超越性视角,深切地意识到自己身处现代性问题当中,把自己也当成需要反思忏悔的众生当中的一个,鲁迅在当下时代乃至每个时代的意义正在于此:"我"是桥梁,是过客,不是目的。"伊藤鲁迅"的价值也正在于此。

注释

[1][日]伊藤虎丸著,李冬木译:《鲁迅与终末论》,生活·读书·新知三联书店2008年版,第396页。

［2］纪廷许:《社会思潮界说与日本的社会思潮》,《日本学刊》1999 年第 3 期。

［3］许纪霖:《现代中国的家国天下与自我认同》,《复旦学报》2015 年第 5 期。

［4］刘伟:《"日本视角"与中国现代文学研究:以竹内好、伊藤虎丸、木山英雄为中心》,人民出版社 2011 年版,第 202 页。

［5］汪晖:《鲁迅与向下超越——〈反抗绝望〉跋》,《中国文化》2008 年第 1 期。

［6］谭桂林:《伊藤虎丸的鲁迅论及其对当下鲁迅研究的启示意义》,《首都师范大学学报》2014 年第 5 期。

即物与实力
——读木山英雄《文学复古与文学革命》

张小英　刘春勇　中国传媒大学人文学院

文学复古浪潮是清季思想革命中的重要一环,践行着"以复古为革新"的文化主张,重构中国文化之活力与生机。而时隔十几年后的"文学革命"同样也是"五四"新文化运动当中举重若轻的存在。"文学革命"中对白话口语体的提倡,对吃人的封建礼教的猛烈抨击以及对个人人道主义的大力张扬等都彰显了"五四"新文化运动的行动方向、启蒙诉求。然而文学革命的生发,乃至"五四"新文化运动的兴起都并非一蹴而就的。在很大程度而言,这是晚清革命、文学改良运动发展变奏的结果。也许没有清季思想革命的支撑、文学复古思想的积淀,就没有"五四"新文化运动的兴起和文学革命的巨大影响力。文学复古与文学革命两者的关系并非独立并行而是一脉相承,两者既有相似之处,也存在着差异。例如文学革命中对言文一致的推崇以及对独尊孔教的否定都曾在清季古学复兴运动中被广泛提及。正如木山英雄所言,"文学复古潮流可谓是文学革命前史的一个侧面,但是就内容而言却是无法以文学革命的逻辑加以穷尽。"[1]而连接起这两场运动的关键人物之一则是被鲁迅誉为"著书不忘兵革之事"的国学大师章太炎。章太炎不仅是晚清革命中的中流砥柱,同时其思想主张也被作为一项重要的思想资源传承到"五四"新文化语境当中,影响着周氏兄弟、钱玄同、胡适等诸多新文学健将。

一、"亡天下"的危机：章太炎"文学复古"生成的历史语境

章太炎作为晚清复古浪潮中的扛旗者，其复古思想涉及的角度多、范围广，难以一言以蔽之。其中较为突出的方面包括根植于利民、平等思想的制度典章化的主张；在对宋明理学批判与汉学演化的内在逻辑之下对诸子学资源的最大限度调动，尤其是对荀子、庄子哲学思想的推崇；开展对传统文化的批判，倡导六经皆史；在建立宗教自救的思维逻辑下，批判儒学，转而对佛学予以诸多关注，以期达到通过佛教提升国民道德的期待。可以说，章太炎的复古并非单纯的复古，而是以复古为方法，借复古批判审视传统文化，重构现代中国学术思想脉络。这与此后梁启超在《清代学术概论》中所主张的"以复古为革新"的思想态度是如出一辙的。而木山英雄在文章中将讨论的重点置于"文"这一层面，考察文学复古与文学革命之间密不可分的联系。"文学复古"这一概念是章太炎在欧洲文艺复兴（即文学复古）的启发下提出的，借用了其古与复兴之意。[2]文学复古的讨论是基于广义的"文"的概念，将文的自律性视为种族革命的文化基质与国家民族的独立基础来看待的。而在进入文学复古的具体主张之前，我们需要厘清章太炎提出这一概念的历史语境与目的所在。木山英雄对此在文章中所做出的解释，其核心要义应当归结于章太炎"亡天下"危机意识主导下的产物。

而"亡天下"的危机感部分来自应对外来文化冲击的现实压力。晚清以来，西方列强的坚船利炮叩开了中国的大门，士大夫们所高扬的"天朝上国"的美梦被外来夷族一一击碎，迎来了近三千年来未有之大变局。而在危局之下开展的自救运动也逐一宣告破产。以中学为体、西学为用的洋务运动在甲午战争的惨败中落下帷幕。以言技上升到改政的维新变法运动的昙花一现也证明在中国效法马丁·路德式的宗教改革，重建孔教以达到政治变

革的目的是难以实现的。[3]虽然一系列变革相继以失败告终,但是在急迫的国之衰败的刺激之下士人对于西学的渴求有增无减,因而面对的西学挑战也与日俱增。在晚明,"亡天下"的危机来自异端统治,满汉之争。而到了晚清,"亡天下"的压力正逐渐转移至"天下"的外部。"即来自拥有别种强有力的文明,逼近而来的世界列强。"[4]晚清以来呈现出"崇西方、崇强权"的新时代风气。而章太炎敏锐地注意到了一味尚西将会面临着"出让固有的文化基础"的代价。在章太炎看来,在异族攘据的空前危机之下,无论是欧洲抑或是日本,其文化中都带有明显的侵略色彩。这也会导致出现因接触西学而放弃国学者极有可能造成失去汉族自觉的现实。[5]"舍国故而新是趋造就国将亡、本先颠的局面。"[6]木山英雄在文章中也列举了吴稚晖与章太炎关于推行世界语、废除汉语的论争来加以说明。来自外部的西学挑战,实际上背后暗含了日益逼近民族文化之危机,这也是章太炎反古复始的一个重要影响因子。

除却西学的挑战,章太炎也注意到了来自内部的政治性危机,即传统学术的无力化。木山英雄就章太炎所关注到的"文"的危机的命题做了一定的论述。章太炎在《文学论略》中指出:"以有文字著于竹帛,故谓之文。"在他看来,凡是以文字形式著于竹帛之上的都可以称为文,远远超出现代以来的文的范畴。显而易见,章太炎的文学观偏向于自周秦以来的宽泛的文学概念,而并非后世所普遍接受的趋于审美及个人化的狭义的文学体悟。早期的文的概念包含的范围其实不仅限于文章、文学书写本身,还包含了政治、道德等其他范畴。文以载道,文与道、法等很大程度上都是一体的。可以说,文在某种层面实际蕴含的是日常生活本身,具有很强的实用性与及物性。当下狭义文学观的形成与科举制度的出现以及自唐宋以来中国文化向内转不无联系。与此同时,近现代来,受西方文学观念的影响,中国文学也逐步走向对内面、心声的诉求,更加关注个体与作品之间的心灵互动。文的范围日趋缩小,而后期八股文的出现,程式化的创作使其所承载的生命活力也在日渐消逝。传统学术无力化逐步加重,最为突出的是小学的衰退,导致的后果则是历史文化的断裂,对民族自觉心的维持也是沉重的打击。在辛亥革命与列强入侵的压力之下,传统学术无力所带来的政治性危机虽然是隐性的,但却十分急迫。而这也为章太炎文学复古、反古复始的行为实践提供了现实的政治意义。

二、即物性文字观:本真生命力之复归

从上述提到传统学术衰弱最为突出的表现是小学的衰退,而这让我们不自觉地过渡到对章太炎文字观的考察上。章太炎曾谈到:"若是提倡小学,能够达到文学复古的时候。这爱国保种的力量,不由你不伟大。"[7]语言文字研究在章太炎处被赋予重要使命,上升到兴邦爱国的高度。在章太炎看来,文字不仅仅是传统的书写表意的工具,而是具有形而上的超越价值,是民族构成与文化传承的重要载体。放置在现代语境下,则更好理解,文字所蕴含的民族-国家认同也更为明显。本尼迪克特·安德森在《想象的共同体》一书中所阐释的就是文字的这一性能。而现代国家的形成也是最佳的例证,例如西欧"去拉丁化"运动的兴起,方言俗语流行的过程中自觉地生发出了民族认同,凝聚国家意识。又比如说日韩、越南等东亚文化圈当中的国家为了树立独立意识,增强国民情感也经历了脱离"汉字圈"的努力,创造或改造汉字以实现自我形塑。除了现代意义上的民族-国家概念,追溯中国文学的源头最终还是会复归到文字层面。章太炎在《文学总略》谈到:"故榷论文学,以文字为准。"[8]这与汉字的表意特征息息相关,造就了中国文化的文字性。[9]综上而言,对于文字承载文化血脉的重要性,章太炎是极为肯定的。

既然章太炎如此重视语言文字的社会文化功效,那么其所期盼的文字究竟又应该呈现出怎样的面貌?木山英雄将章太炎对文字的诉求归结到即物性上。他指出,一开始文字是语言的代替之物,但是一旦具有了独立的功能之后,文学便根植于文字了。这与上述谈到的汉字是象形字而使得中国文化具有文字性的原理应当是一致的。文字自身具有的原始功能就是直接指示实物的能力,也就是我们语言学通常意义上的能指,有具体之物,同时保持着最原初、最本真的状态。而后增添在文字上的附加意义,即语言学上的所指。此种关系就等同于传统意义上的文与质的关系。而在章太炎看来,脱离了实物,而后增添的附属含义在很大程度上遮蔽了文字本身所具有的实际内涵,缺乏实用性以及活力。而文字是文的载体,长此以往,文字的堕落必然导致文学的堕落。因此,章太炎文学复古中对文的期待必然落到对文字原旨的回归,剥离文字身上的表象主义,去除"假借"与"引申"的转义,重新复归到自然本真的状态,实现文之实践性。这也是为什么章太炎执着于对古文古义的探求,而对浮华文饰却保持彻底批判的态度。

由章太炎对文字原旨的复归以及对语言实用性的追求,我们可以进一步讨论晚清就曾出现言文一致运动。在声音中心主义立场下,章太炎强调口语与文学的一致性。文学与语言在初造之际应当是一致的,因为文字一开始就是语言的符号,文言一致在原初时代就已经存在了,只不过是因为后世对文字即物性的破坏,对古奥文字的改造、文字附丽色彩越来越重等原因导致了言与文的分离。在当时文言即白话,章太炎主张若对文字进行溯源,则能重归言文一致的古典时代。因而在他看来文言并非落伍之物,而只是后世未能得其真意,轻视文言与轻视白话都是不可取的。这也可以看出章太炎与刘师培、胡适等在文字观上的不同。后两者是站在进化论的史观上来看待言文一致的问题,例如刘师培把继宋儒的"语录"之后，元以降的俗语戏曲小说的发展把握为"语言文字合一之渐也"[10]。胡适也将文言的古典大幅度划入白话文学，而将白话看作素朴语。不过在木山英雄看来，这一举措在一定程度上会将当代口语的关键内涵抽离掉。而为了验证言文一致在中国文化传统中是一直存在的，白话并非凭空出现，章太炎不断考订旧有语言资源，行古音古义，切字正音。而这一举动背后其实也隐含了章太炎的文化本位主义的考量，希冀通过挖掘中国旧有文化之资源，将西方已有之概念转换为中国内在的文化结构。而章太炎对言文一致的倡导在客观上也为五四新文化运动白话文的兴盛奠定了理论基础，只不过两者在如何达成文言一致上产生了意见相左。寻找本原，在古今一贯的原则下有根底的达成是章太炎所追求的目标。[11]

三、思想传承：章太炎对周氏兄弟的影响

上述谈到了章太炎文学复古主张产生的历史语境以及其即物性文字观的具体内容。在文章的后半部分木山英雄开始推演文学复古潮流对晚清"五四"知识分子的影响，试图将章太炎作为一种思想资源把文学复古与文学革命两场运动勾连起来。章太炎作为晚清学术压阵大将，学术功底深厚，理论体系完善。丰厚的学术著作以及多次公开讲座更是使其影响力得到了进一步扩大，并非仅仅局限于晚清这一时间段。章氏学术魅力与理论价值对后学的影响也不可估量，浸润了众多知识青年。正如木山英雄在文末所言："章氏的小学由黄侃和钱玄同等嫡传弟子所继承；东方哲学的构筑则触发了熊十力、梁漱溟的儒道佛三教间各种会通的尝试；他在《民报》时期独特的思想斗争最全面的继承者则是鲁迅。"[12]除此之外，"五四"新文化主干胡适也深受章太炎的影响，盛赞太炎之学能成一家之言，其"整理国故"的主张也受到章学古学复兴思想的影响。纵观章学传承，最能深入其精神内核的接班

人当属周氏兄弟，木山英雄从即物性文字观以及不同的文体实践探讨了章学对周氏兄弟的影响。

首先来看章氏文字语言观对周氏兄弟的影响。无论是鲁迅抑或是周作人都是在章炳麟的影响下进行复古的，而章太炎即物性的文字观也被周氏兄弟所接受。木山英雄指出最明显的例子则体现在其翻译活动上。"尊重原文"的精神被他们贯彻到标点符号的层面，而对字义原典的尊重正是章太炎即物性文字观的核心要义，复归本真方能知其原貌。此种忠实地呈现原旨、古字古译的相对实验创造了独属于周氏兄弟的新的翻译文体。在这样的翻译实践活动中也形成了周氏兄弟对语言本源的探究与文字本真的敏感度，周作人更是形成了一种文字上的洁癖。同时，即物性文字观反对文饰技巧的主张也一直影响着周氏兄弟后续的创作。鲁迅的杂文创作理路就是承接的章太炎的即物性文学主张。杂文体例没有华丽的辞藻；没有扣人心弦的情节；没有精巧设计的结构；很多时候也没有宏大的思想表达。但往往用最简单的文笔揭示最日常的现实命题，在日常性中构筑生命之活力。

其次，关于章太炎与周氏兄弟对于小说文体的看法。章氏的复古文学观与重视小说的时尚潮流背道而驰。木山英雄对这种判断提出质疑，他认为在俗语小说这一块还值得商榷。这是一个有趣的话题，我们也可以顺着这一思路来探讨两者之间的关系。不可否认，章太炎重视逻辑的思维方式、即实性的学术主张与自身性格因子的确在一定程度上使其忽视了小说这一极具想象力板块，但是我们也并不能就此认为复古的文学观与重视小说的两股潮流是背道而驰的。从另一层面而言，不管是章太炎复古的文学观对诸子六经等的价值重估或者说是梁启超等启蒙知识分子对通俗小说的称赞，两者实际上都是反抗单一普遍化的结果，都是对非主流文化的再一次挖掘，形成多元的文学生态，王国维对元曲的推崇也是相类似的例子。促成这些新的文学体例被重新发现的背后是晚清知识分子对于多元性的渴求，这也是章太炎"以不齐为齐"的哲学思辨的结果。再回到章太炎对于小说的态度上，与其说章太炎不重视小说不如说章太炎是反对以功利化的态度来看待小说，小说沦为政治启蒙的工具而丧失了其本身的价值。章太炎的即物观与反功利主义也影响了周氏兄弟看待小说的态度，更加关注小说中直击人性、本真的层面，极力维护民众朴素的想象力。

最后，除却小说、语言文字，周氏兄弟的文学理解与章炳麟的复古主义思想之间关联还涉及很多层面，包括诗歌、文学概念等。而木山英雄在《文学复古与文学革命》一文中对两者的解读整体是在文学即物性这一框架中进行的。如若跳出这一框架，将章太炎作为一种思想资源来窥测文学复古与新文化运动之间的联系想必还有诸多可开拓的空间。

注释

[1][4][10][12][日]木山英雄著，赵京华编译：《文学复古与文学革命——木山英雄中国现代文学思想论集》，北京大学出版社 2004 年版，第 209 页，第 214 页，第 219 页，第 238 页。

[2] 林少阳：《鼎革以文——清季革命与章太炎"复古"的新文化运动》，上海人民出版社 2018 年版，第 81 页。

[3] 赵利栋：《古学复兴与文艺复兴：从晚清国粹派到胡适》，《安徽史学》1997 年第 2 期。

[5] 王汎森：《章太炎的思想——兼论其对儒学传统的冲击》，上海人民出版社 2014 年版，第 80 页。

[6] 章太炎：《刊行教育今语杂志之缘起》，转引自汤志钧编：《章太炎年谱长编》（上册），中华书局 2013 年版，第 322 页。

[7] 章太炎：《演说录》，《民报》1906 年第 6 号。

[8] 章太炎：《文学总略》，《国故论衡》（中卷），上海古籍出版社 2003 年版，第 50 页。

[9] 陈雪虎:《从"文字文化"到"识字的用途"》,《中国图书评论》2011年第11期。
[11] 李振声:《作为新文学思想资源的章太炎》,《书屋》2001年第7、8期合刊。

域外折枝

周树人《中国地质略论》(下)
——关于李希霍芬等煤田的言论

[日]丸尾胜

四、《中国地质略论》中关于李希霍芬煤田的言论

(四)"满洲与九省的43处煤田"

1.《高等地理清国地志》

在《中国地质略论》(以下简称《略论》)的《第五　世界第一石炭国》一节云："今据日本之地质调查者所报告,石炭田之大小位置,图际于左",其中列举出满洲7处、直隶省6处、山西省6处、四川省1处、河南省2处、江西省6处、福建省2处、安徽省1处、山东省7处、甘肃省5处共计43处煤田名[40]。周树人所说的"日本之地质调查者"不就是矢津昌永吗。根据周作人的日记记载,周树人把三本书、《科学丛书》《日本新政考》《和文汉读法》带到了本国[41]。其中《科学丛书》中有《万国地志》一书[42],这本书的作者就是矢津昌永,所以周树人不可能不知道矢津昌永。

上述《略论》中的43处煤田中,有39处煤田与矢津昌永的著作《高等地理清国地志》(1905年丸善书店,以下简称《清国地志》)中的《矿山业》所示的煤田[43]都是一致的,相似比例高达91%。例如,为了区别与对照,《略论》中的煤田名用汉语表示,《清国地志》中的煤田名用日语表示,《略论》中的"满州7处"是"芜河水、赛马

集、太子河沿岸（上流）、本溪湖、锦州府（大小凌河上流）、宁远县、中后所"[44]，《清国地志》中的"満洲の炭礦"是"蕪河水、賽馬集、太子河上流の沿岸、本溪湖、錦州府、寗遠縣、中御所（"后"误记为"御"）及び北字河、後州邊等"[45]，如此，除了后者追加"北字河、後州邊等"两处以外，包括顺序在内都一致。其次，《略论》中的"山东省 7 处"是"沂州府、新泰县、莱芜县、章丘县、临榆县、通县、博山县及淄川县"[46]，这里的"临榆县、通县"，在本文所附地图写为"临淄县、潍县"，而《清国地志》中的关于"山東省の炭礦"的说明是"重要なるものは博山縣、淄川縣、沂州府、章丘縣、濰縣にして、莱蕪縣、臨淄縣、新泰縣これに次ぐ。"[47]，上文所说《略论》中的"临榆县、通县"就是《清国地志》中的"临淄县、潍县"，如此都一致。其他省份也不加说明，都基本一致。作若干补充，《略论》中提到的福建省的"建宁府"是行政府县名，《清国地志》中则提到"煤炭，梨山是最有名的"[48]，这里的"梨山"就是煤田名。《福建省志》的《煤炭工业史》中有关于清代建瓯梨山煤矿的记载[49]，"梨山"煤田属于当时的行政府县"建宁府"，所以，《略论》中的"建宁府"相当于《清国地志》中的"梨山"。

在《略论》的 43 处煤田中，《清国地志》中没有记载的煤田有 4 处。第一处，《略论》的直隶省"石门塞（临榆县）"在李希霍芬的《中国第二卷》《第三章》中作为"Shimonntsai"介绍[50]，另外，记载于《临榆县志》《物产》中[51]。第二处是《略论》中的直隶省"保安州"，但是在《清国地志》中记载为"保定州"。在周树人、顾琅合著的《中国矿产志》（1906 年）中"保安州"与"保定州"两处都作为煤田记载，所以，《略论》中的"保安州"与《清国地志》中的"保定州"都没有错误，或者也许把"保定州"写错为"保安州"。关于第三处，福建省的"邵武县"煤田在《邵武府志》的《物产》的"煤炭矿山"这一节中写着"产无烟煤"[52]。关于第四处，四川省的"雅州府"，《清国地志》中的"雅州"是金矿还是煤田没有清楚说明。李希霍芬访问过"雅州",在《中国旅行报告书第二卷》的《四川省》中有关于"雅州府的煤田"的记载[53],所以"雅州"说这个产地的说明来源于李希霍芬的资料。就是说,关于这4处煤田,其中两处煤田的材料来源非常可能是李希霍芬的资料或以李希霍芬的资料为基础的资料,福建省的"邵武县"煤田的材料来源可能是地方杂志,关于"保安州"不明白,也许写错。

《略论》中列举的43处煤田中除了上述4处煤田以外,其他39处煤田名("建宁府"对应梨山)都和《清国地志》中所列举的完全一样,相同的比例高达91%。而且,煤炭的产地名全部列举在《清国地志》的《矿山业》只五页中,十分易于作为材料来源引用。并且,《清国地志》中的"满洲"的"太子河上流的沿岸",在《略论》就照原样引用为"太子河沿岸(上流)",其次,《清国地志》中的"山西省"下的"東南部及び西南部の炭田",在《略论》就照原样引用为"东南部炭田""西南部炭田"。《清国地志》中的煤田地域名在《略论》中被直接采用,这些都有力地证明了《略论》中的煤田名直接引用了《清国地志》中的。再举一例,《清国地志》中的"山西省"下的"大同宁民府间炭田"中把"宁武"误写为"宁民",然而《略论》中就照原样写着"大同宁民间"。但是,《略论》中周树人制作的《地图》中却正确地写着"宁武"。这也进一步说明了《略论》作为材料来源引用了《清国地志》。另外,《清国地志》的《山西省》中的两处煤田"ツムル""シーヰンツコ",在《略论》中写为"中路(译音)""西印子(译音)",李希霍芬则写为"Tumulu""Hsiyingtsze"[54]。李希霍芬用表音文字表示煤田名,在《清国地志》中用表音文字的片假名(日语)来表示,而在《略论》中则以"译音"为注解来进行译音。由此可见,《略论》中的煤田名来源于《清国地志》中的《矿山业》,而《清国地志》中的煤田名来源于李希霍芬的资料或以李希霍芬的资料为基础的资料。

并且,在《中国矿产志》的《绪言》中,《第一章　矿产和矿业》

这一节的开头就以"日本矢津昌永先生的《清国地志》"为根据说明于中国面积。而在下一个段落中将中国大陆分为北部、中部、南部，说明这些矿山的事情，这里和《清国地志》中的《矿山业》的说明完全一致。另外，《清国地志》中的《东部亚细亚山系及水系》图与《中国矿产志》的《附录》中的《中国地相图山系及水系》图完全一致，只是把日文换成了中文。因此，可以说矢津昌永的《清国地志》是《中国矿产志》的材料来源之一，而且《略论》和《清国地志》之间有密切的关系。

但是，这些《略论》中煤田的参考资料的《清国地志》（初版）是 1905 年发行的，而《略论》发表于 1903 年，按理说是无法阅览的。但是，虽然找不到这本资料，在当时，资料的部分内容与以前的资料一样，或者非常相似是常有的事，《略论》中的"满洲与九省的 43 处煤田"的绝大部分材料来源可以认为 1903 年前已出现且与《清国地志》中的《矿山业》内容相同的资料。另外，反过来说《清国地志》作为材料来源参考《略论》，是不可能有的事。

2. 李希霍芬的资料等

李希霍芬的资料或其他的资料也可能相当于《略论》的材料来源，所以笔者试着调查一下，只是这些资料等仅限于 1903 年以前发行的。

《清国地志》与《略论》虽然有 39 处煤田名都一致，剩下的 4 处煤田，上文已经提到了，两处煤田可能来源于李希霍芬的资料，或者以李希霍芬的资料为基础的资料，其他的材料来源可能是地方杂志。只是，这些材料来源地方分散着，很难寻求，采用不方便。

另外，《略论》中的煤田名与李希霍芬的资料中的煤田名相比同名的有 31 处，剩下的 12 处煤田的材料来源可能是其他资料。这些《略论》的 31 处煤田中，满洲的 7 处煤田记载于李希霍芬的

《中国第二卷》《第三章》[55],山东省的 7 处煤田记载于同书《第五章》《第六章》[56],直隶省的 6 处煤田记载于同书《第七章》《第八章》[57],山西省的 6 处煤田记载于同书《第八章》《第九章》《第十章》[58]、河南省的两处煤田记载于同书《第十一章》[59]、江西省的 6 处煤田中"乐平"记载于《中国第二卷》的《中国石炭的分析》[60]、安徽省的"宣城"作为旧时属于"宣州"的"宁国府"记载于《中国旅行报告书第二卷》的《有关浙江省与安徽省的报告书》中[61],四川省的"雅州府"的煤田记载于《中国旅行报告书第二卷》的《四川省》中[62]。

但是,李希霍芬的《第二卷》是 1882 年发行的,如果想阅览的话当然可以阅览,但是这些材料来源的地方如上述分散着,采用不方便。而《清国地志》的《矿山业》中,产地名罗列在只 5 页,作为材料来源采用非常方便。这也是以《清国地志》为材料来源的根据之一。

关于李希霍芬没有访问过的 12 处煤田,笔者调查了一下其他资料中是否有记载。在《略论》的《第二 外人的地质调查者》中,关于在中国旅行调查的人,列举了式奚尼一行、阿布佐夫、里昂商会以及日本人地质学者。在《略论》中的甘肃省的 5 处煤田,李希霍芬因回教徒的叛乱而无法访问。式奚尼一行在河西回廊上通行,而匈牙利的式奚尼伯爵 1879 年带着三位地质学家等从上海出发,巡游云南,从缅甸回国,在《略论》中写着"著纪行三册行于世。盖于利忒何芬氏探捡未详之地,尤加意焉"[63]。"三册"指《1877 年至 1880 年东亚旅行的学术成果》一书(独语)[64],甘肃省的 5 处煤田在他们一行人经过的河西回廊与青海湖的道路沿边,他们可能由于对煤田不感兴趣,并没有记载于这 5 处煤田。另一个省份是江西省的 5 处煤田,李希霍芬在第四次旅行中,勘探了"乐平"的煤田。另外,洛奇(Loczy)[65]在与式奚尼一行旅行之前,曾去过九江、鄱阳湖、南城一带。但是,两个人在 1903 年以前发行的资料中除了"乐平"以外的煤田都没有记载。福建省的"建宁府"与"邵武县"的记载,仅限于1903年前发行,在李希霍芬的资料、式奚尼一行的著作以及日本人地质学者的报告书中也找不到了。在《略论》上写着勘探中国的很多日本地质学者,在1903年以前发表的他们的报告中,找不到有关甘肃省、江西省、福建省的煤田的报告。关于阿布佉夫与里昂商会的著作怎么也不明白。

另外,矢津昌永只视察了华北的"开平"煤田等,所以,他很多煤田相关的记述都来自李希霍芬的资料,或者以李希霍芬的资料为基础的资料。矢津昌永的《清国地志》《略论》以及李希霍芬的资料有28处煤田是相同的,占65%。也就是说,《略论》的许多材料来源,也是1903年前发行的跟《清国地志》中的《矿山业》内容相同的资料,也是李希霍芬的资料或来源于李希霍芬资料的资料。

另外,《略论》中满洲与九省的43处煤田相关的说明是根据矢津昌永的资料、李希霍芬的资料以及地方志的资料等而成的。《中国地学会》的《地学杂志第一号》是1910年发行的,《略论》是7年前的1903年发表。作为中国人自己著述的许多煤田相关的资料,包括《略论》的《第三　地质之分布》与《第四　地质上的发育》在内,可以说这些是早期发表的,也可以说是着先鞭于有关煤田开发的矿山学、地质学以及地史学。

五、结语

李希霍芬在中国旅行了7次,勘探了各地的煤田。他认为,中国若要扩大交易与贸易、振兴产业,最好开采丰富有前途的煤田。但是,清政府与大部分的民间企业希望不要开采矿山,所以,只能依靠外国的投资,而且为了对本国作出一些贡献以及保全回国后的生活地位这些愿望,他向德国提议开放作为铁道网、交易、贸易的重要据点的胶州湾。德国采纳了这个建议,占领了胶州,要求清朝答应了各种要求。由此其他列国也随之提出了种种要求,而列国的侵略逐渐激化了。

周树人了解了各列国的侵略动向,知道了李希霍芬以及外国地质学家们向自己本国提供关于中国的矿山与矿业等的情报。他还了解了清朝政府无能无策、大部分中国人对侵略不抵抗、一些卖国奴背叛,人们不知道自己国家有丰富的煤炭,而且由于风水迷信不愿开采煤田。他不禁慨然兴叹了弱国中国濒于危机的事态,于是他正视并接受这样的现实,洞察今后的趋势,为了令人知道中国富有煤田,关于益于开采的矿山学、地质学、地史学说明,把现在濒于危机的事态通知给人们,对抗列国,而发表了《中国地质略论》。

周树人在《中国地质略论》中以李希霍芬的《中国第二卷》《中国旅行报告书第二卷》等作为材料来源,关于《世界第一石炭国》《占领胶州》《中国煤田》进行了说明,并以跟《清国地志》的《矿山业》相同内容的资料与李希霍芬的资料等作为主要材料来源,很早就提出了"满州与九省的43处煤田"的相关资料,以开采煤田相关的地质学以及地史学为先导,希望利用开采煤田的煤炭振兴各产业,提出了防止列国夺取煤炭的对策。这篇文章他很早就开始构思和准备,活用所学的矿山学,通过中国人自己之手明示了煤田的所在地,在矿山学、地质学以及地史学等方面成为了时代的先驱。

像这样直视严峻的现实与现状并加以接受,而且,准确地洞察,积极地对抗这些的现状是踏踏实实正确走下去的基础,这样的姿态在年轻的周树人身上就已经显现出来了,这是应该值得注目的。并且,直视现实的态度也及于周树人自己。面对逐渐衰亡、刻不容缓的现实,他抱着对救国救民的强烈愿望,而追问自己为了救国救民怎么办才好。

后来,他希望拯救病人于疾苦,怀着在战争中当军医的愿望,去了仙台医学专门学校,后从学医转向为了改变国民精神进行文艺活动,而不断发表了很多文学作品,这些都是他救国救民强烈愿望的体现。在必须抱着救国救民的思想进行战斗这一点上,《中国地质略论》的执笔对周树人来说具有重大意义。

随着侵略日益加剧,在有限的时间里,在极其繁忙的情况下,周树人大概急着发表《中国地质概论》吧,作为矿产资源只有煤炭,生产地域有限并生产地较少,虽然收集了一些学说,但也不是充分。之后,为了弥补这些不足之处,尽量更加详细地说明,与《中国地质略论》一样,为了显示对抗列国的一种途径,他加紧了完成《中国矿产志》。

注释(《本论(下)》的注释编号随《本论(上)(中)》的注释编号。)

[40][44][46][63] 周树人:《中国地质略论》,《鲁迅全集第八卷》,人民文学出版社1981年版,第12—15页、第5页。以下《中国地质略论》都据于此本。

[41] 周遐寿:《鲁迅小说里的人物》《附录一 旧日记的鲁迅 十八壬寅一(1902年)》,上海出版公司1954年版,第269页。

[42]《萬国地誌》就是矢津昌永著的《中学萬国地誌》(上中下3卷、丸善1897年)。

[43][45][47][48] 矢津昌永:《高等地理清国地誌》,丸善书店1905年,第210—214页、第211页、第213页。

[49] 福建省地方志编纂委员会编:《福建省志煤炭工业志》,方志出版社1997年版,第78页。

[50][55][56] 李希霍芬:《中国 第二卷》,Berlin D. Reimer 1882年,第118页、第75—117页、第184—210页(或者第250页)。以下《中国第二卷》都据于此本。"Tshung-hou-so-sz(中后所)"记载于《Atlas von China Vol.1 (中国地图第一卷—北中国)》(「Atlas von China: Orographische und geologische Karten」、1885年)的第9—10页。

[51]〔清〕赵允祐等修高锡畴等纂:《临榆县志》,出版社不详1878年,卷八七折(《物产土石类》)。

[52] 〔清〕王琛等修、张景祁等纂:《福建省邵武府志(原题重纂邵武府志1900年)》《卷之十物产》,无页码,《中国方志丛书73》,成文出版社(影印)1967年版。

[53] [62] 李希霍芬:《中国旅行报告书 第二卷》《四川省》,North-China Herald Office, Shanhai 1872年,1900年,1903年,1941年,第174页、第174页。

[54] "Tumulu"与"Hsiyingtsze"两处煤田名记载于李希霍芬《中国第二卷》的第354页、第381页、第730页。关于"Tumulu"的详细的说明记载于《中国第二卷》的第352页。另外,下述的注释[60]《中国煤炭的分析》表格中有"45. Tumulu"。

[57] "直隶省的六个煤田名"写在李希霍芬的《中国第二卷》《第七章》与《第八章》中。另外,下述的注释[60]《中国煤炭的分析》表中有"1Shimönn-tsai(石门寨)"、"3Fang-shan-hsiën(北京之西方·房山县附近)""37Kai-ping(开平)"、"43Yü-tshou(蔚州)""44Hsi-ning-hsiën(西宁县)"。

[58] "东南部炭田"写在李希霍芬的《中国第二卷》的《第九章》中,"西南部炭田"写在同书《第十章》中,"五台县(Wu-tai-hsiën)"写在同书《第八章》(第359页),"大同宁民("宁民"是"宁武"的误写)府间炭田(Ta-tung-fu)"写在同书第357页,或第366页,"Tumulu(中路)"写在同书第352页等中,"Hsi-ying-tszë(西印子)"写在同书第351页中。

[59] 在李希霍芬的《中国第二卷》《第十一章》(第535页)中写着"Nan-tshau-hsiën(南召县)"。在同书第399页中写着"Lu-shan-hsiën(鲁山县)"。

[60] "中国煤炭的分析"表格在李希霍芬:《中国第二卷》的第784页的下一页。其表中有"54Lo-ping-hsiën(乐平县)",李希霍芬在第七次旅行中访问其地。

[61] 李希霍芬:《中国旅行报告书第二卷》《李希霍芬男爵的浙江省与安徽省的报告书》,North-China Herald Office, Shanhai 1872年,1900年,1903年,1941年,第75页。李希霍芬访问安徽省的宁国府。

[64] 《Die Wissenschaftlichen Ergebnisse Reise Des Grafen Bela Szechenyi In Ostasien 1877 - 1880》,1893年,Wien: In Commission der Verlagsbuchhandlung Ed. Hölzei.

［65］L. Loczy,1849 年至 1920 年,生于匈牙利,地质学者。注释[64]书本的著者之一。

〔本论文是将日本佛教大学《中国言语文化研究第 20 号》(2020 年 10 月)上发表的论文缩减后翻译成中文的。(2022.3.31)〕

与鲁迅有关的人物像传

与鲁迅有关的人物像传(一)

裘士雄　绍兴市鲁迅研究会

一、百科全书式的学者丁福保

丁福保(1874—1952),字仲祜,号梅轩,别号畴隐居士,济阳破衲,江苏无锡人。人称藏书家、书目家、文字学家、佛学家、钱币家、医学家、编辑家……堪称百科全书式的学者。

出身于书香门第的丁福保聪颖且勤奋好学。光绪二十一年(1895)肄业于江阴南菁

图1　丁福保(1874—1952)

书院,翌年考中秀才。二十七年入东文学堂习医兼学日文。二十九年应张之洞之聘,入京师大学堂任译学馆教习。曾随华蘅芳攻读数学,编撰《算学书目提要》。鉴于自身多病,改随名医赵元益习医,宣统元年获内科医师证书,奉命东渡日本考察医学。归国后,创立中西医研究会,以研究中西医药学,振兴医学为宗旨;并创办丁氏医院、医学书局、《西医学报》,潜心研究医学,刊行医书,致力于中西医会通,先后编译出版了近80种国内外医学书籍,合称《丁氏医学丛书》,对西医学的传播和现代医院知识的普及贡献甚伟。

于行医济世之余,丁福保又与佛结缘,潜心研究佛学,编纂了

《佛学撮要》《心经精义》《六祖坛经笺注》《佛学大辞典》等。

图 2　丁福保(正中)与人合影

丁福保热爱传统文化,喜好藏书,其中广搜历代有关《说文解字》的撰著 182 种,罗列诸家之说,成书《说文解字诂林》,后又增编《补遗》70 卷,誉其集说文解字之大成者绝非饰词。

古钱币也是丁福保收藏的又一领域,其特点是量大珍品多。他钻研钱币学,著有《古钱大辞典》《历代古钱图说》《古钱有裨实用谭》等论著和图书。北京燕山出版社于 2022 年 4 月出版中国佛学院普陀山学院主编的《丁福保文献辑刊(1)》135 册,它作为"普陀山佛学丛书"之一种,似是丁福保编、辑、著的书最完全的一套书。

除上述医学、佛学、算学、道学、钱币学、藏书学、书目学、文字学等领域皆有较深的研究和较高的造诣外,素来雅好诗文的丁福保在文史领域亦有卓著的贡献,并为鲁迅所推崇。他著有《文选类之古》《清诗话》《汉魏六朝名家集》《全汉三国晋南北朝诗》等书。鲁迅在《而已集·魏晋风度及文章与药及酒之关系》一文中说:研究汉末魏初的文学,"已经有人做过工作""在诗一方面有丁福保辑的《晋》——丁福保是做医生的,现在还在。"这"对于我们的研究有很大的帮助,能使我们看出这时代的文学的确有点异彩"。在《开给许世瑛的书单》(《集外集拾遗补编》)中,他又将此书列入学习中国文学的参考书之一。1929年1月6日,鲁迅写给章廷谦信推荐丁书道:"倒不如花十来块钱,拾一部丁福保辑的《汉魏六朝名家集》,随便翻翻为合算。"他在纂著《汉文学史纲要》的《汉宫之梦声》《武帝时文术之盛》时,也将丁辑印的《晋》列为重要参考书。由此可见,鲁迅看过丁福保的许多著作,并对它们持有正面的评价。

二、"海上闻人"王孝籁

其传略请参阅绍兴鲁迅纪念馆所编拙著《鲁迅与他的乡人》,西泠印社出版社2014年版,第5—6页。

图3　王孝籁

三、八国联军统帅瓦德西

图4　八国联军统帅瓦德西

阿尔弗雷德·格拉夫·冯·瓦德西(Alfred·Graf·Von·Waldersee,1832—1904),德国人。早年入普鲁士边防炮队,参加过普法战争,后任德军总参谋长,晋升陆军元帅。1900年8月,任八国联军统帅,攻占北京。后又增兵,扩大对华侵略,兵犯山海关、保定、正定以至山西等地,胁迫清政府接受议和大纲。翌年6月回国。著有《庚子联军统帅瓦德西拳乱笔记》等。被叶恭绰誉为"有经天纬地之才"的浙江慈溪人柴小梵（萼）著有《梵天庐丛录》37卷。他在卷三《庚辛纪事》写道："瓦德西统帅获名妓赛金花，嬖之甚，言听计从，隐为瓦之参谋。"1936年，夏衍创作七幕话剧《赛金花》，产生较大的社会影响，有人称为"国防文学之力作"，其实毁誉参半。鲁迅在其作品中唯一谈及瓦德西是在《且介亭杂文末编·"这也是生活"……》，他嘲讽"护国名妓"说："连义和拳时代和德国统帅瓦德西睡了一些时候的赛金花，也早已封为九天护国娘娘了。"

四、"第一个师父"——龙祖

其传略请参阅拙著《鲁迅与他的乡人》，第24—26页。

五、厦门大学同事朱镜宙

"朱镜宙约在东园午餐，午前与臥士、伏园同往，坐中又有黄莫京、周醒南及其他五人，未询其名。旧历中秋也，有月。"这是1926年9月21日《鲁迅日记》

图5　龙（祖）师父

图6　朱镜宙青年时期

图7　朱镜宙晚年

的记载,也是鲁迅所有作品中唯一谈及朱镜宙的文字。

朱镜宙(1890—1985),字铎民,晚号雁荡白衣、雁荡老人,法名宽镜,法号佛显,浙江乐清瑶奥村人。著名的民国报人、南洋华侨史研究家、金融经济学家,还是著名的佛学家和居士。镜宙幼时家贫,又体弱多病,但十分聪颖。少年时代在家乡读私塾、文昌书院,后在乐清师资讲习所以第一名毕业。宣统二年(1910年),考入浙江高等巡警学堂,翌年武昌首义成功,在杭联络同学响应,撰写宣言在《全浙公报》发表,传诵一时。1912年入浙江法政专门学校,在校期间,又任杭州《自由报》《民铎报》编辑,并自办《天钟报》,谢绝汤寿潜都督赠款,以保证言论自由。二次革命失败,《天钟报》遭查封。1914年法政学校毕业后,任温州《天声报》主笔。后曾任上海《民信报》、北京《民苏报》编辑,反对袁世凯称帝。1917年8月,孙中山南下护法,朱镜宙任其军政府参议。不久,赴新加坡任《国民日报》总编,著《南洋群岛——英属之部》一书,深得徐世昌大总统赏识。1919年,少年中国学会在北京成立,朱氏即加入。经乡亲介绍被中国银行聘为经济研究室南洋经济特派员,一度重赴新加坡,不久电召回国任中国银行福建分行副行长,赴厦门任职。1923年秋,铎民公出上海,再次访谒章太炎,并陪访杭州,颇获章氏好感,以三女妻铎民。翌年3月在沪结婚后,偕赴厦门,朱除任职中国银行外,又兼任厦门大学教授,故鲁迅偕沈兼士、孙伏园欣然应其邀约共进午餐。北伐军兴,朱遂从政从军,先后任南京总司令部军需处副处长、二十六军军需处处长、上海市财政局秘书、上海市银行南市分行经理、甘肃省财政厅长兼禁烟局长、陕西省财政厅长、川康税区税务局长等职。他长期在金融财经界任职,辗转各地,曾提出甘肃"两年禁毒,六年禁烟"计划并努力实施。50岁前,他发奋求学,投身革命,涉足8年新闻编辑、记者生涯,擅长财经工作,成为业界精英。50岁后,朱氏遂潜心向佛,精研佛经。竟成大德高僧。1949年赴台,参与发起成立台湾印经处、修订《中华大藏经》，对台佛教贡献甚巨。著有《咏莪堂全集》《咏莪堂文录》《思过斋丛话》《梦痕记》(回忆录上下册)等。

顺便指正一下，2005 年版《鲁迅日记》有关朱镜宙的生年有误。据张声和《朱镜宙与〈英属马来半岛〉》一文(载 2007 年 7 月 14 日《联谊报》)称：朱镜宙，清光绪十五年十二月二十三日(1890 年 1 月 13 日)生，1985 年 10 月 25 日死于台中医院。

六、抗法抗日名将"刘大将军"

图 8　刘永福

鲁迅晚年回忆道："还记得中日战争(一八九四年)时，我在乡间也常见游手好闲的名人，每晚从茶店回来，对着女人孩子们大讲些什么刘大将军(刘永福)摆'夜壶阵'的怪话，大家都听得眉飞色舞……却好像并非自己随口乱谈，他不过将茶店里面贩来的新闻，演义了一下"。此处的"刘大将军"就是清末抗法抗日名将刘永福。

刘永福(1837—1917)，字渊亭，广东钦州(今属广西)人。著名抗法抗日将领。他早年参加天地会起义，后在桂、滇边境组织黑旗军，屡与侵越法军作战，并打败法军，被越南任命为三宣副提督，亦因战功卓著官至广东南澳镇总兵。光绪二十年(1894 年)，刘永福部进驻台湾。甲午战争清军战败后，清廷被迫签订割让台湾等地的《马关条约》。然刘永福违命坚持抗击侵台日军。当时上海等地有《刘大将军平倭百战百胜图说》等书广为流传，其中《第十四图说用夜壶阵舰尽灰飞》。粗想的话，"夜壶阵"令人费解，实际上，清道光、光绪年间，甚至抗日战争时期，都有摆布"夜壶阵"重挫敌军的战绩，林则徐就是摆"夜壶阵"的高手。鲁迅认为当年听到摆"夜壶阵"的故事人物与他认识的绍兴"游手好闲的名人"的表现相似，令人感到"悲凉"。

七、不该忘却的现代作家许啸天

其传略请参阅拙著《鲁迅与他的乡人》，第48—50页。

八、自号"印丐"的寿石工

其传略请参阅拙著《鲁迅与他的乡人》，第67—68页。在此顺告读者，其父寿福谦（镜虚）工书法，擅治印，在山西等地当过幕友，不是株守乡里的绍兴三味书屋塾师寿镜吾。

图9　许啸天（1886—1948）（右）及其夫人高剑华

图10　1949年4月16日　南社、新南社在北平稷园来今雨轩雅集并合影（宋燕琳　提供）

图 11　合影中的寿石工人照。（宋燕琳　提供）

九、视鲁迅为师友的李宗裕

其传略请参阅拙著《鲁迅与他的乡人》，第 72—75 页。

图 12　李宗裕（李建元提供）

十、清末文学家李慈铭

其传略请参阅拙著《鲁迅与他的乡人二集》,西泠印社出版社2015年版,第84—85页。

图13 李慈铭

十一、前后判若两人的汪精卫

其传略请参阅拙著《鲁迅与他的乡人二集》,第100—101页。

图14 1942年,"岛津先生"的汪精卫签名照。

十二、沈通美酱园老板沈稚香

其传略请参阅拙著《鲁迅与他的乡人》,第 100 页。

图 15　沈稚香

十三、"吾身是沐猴"的宋沅

其传略请参阅拙著《鲁迅与他的乡人》,第 101—102 页。

图 16　宋沅

十四、一生服务于教育界的宋舒

宋舒(1917—2006),又名大展,浙江绍兴宋家店村人,生于北京。鲁迅"待如家人"的宋紫佩之哲嗣。他的一生均与教育有关,不是求学,就是执教。1924—1931年,先后在北京梁家园小学、北京师大附小学习;1931—1934年,就读于天津南开初中;1934—1937年,相继在北京志诚中学、崇德中学和汇文中学求学;1938—1943年,考入昆明西南联合大学历史系,师从吴晗、郑天挺、雷海宗、姚从吾等名师。毕业后,陆续在云南江川中学、云大附中、玉溪中

图17 童年时代的宋舒

图18 成年宋舒

学、虹山师范、南菁中学、西南中学、求学中学等校任历史或英语教员。1952年,应云南省文教厅抽调支援黑龙江,遂到黑龙江师专、齐齐哈尔第一中学任历史教员。因父亲宋紫佩于1952年11月9日患脑溢血不治而逝世,母亲董玉华年老,又患有心脏病等多种疾病,身边无人照顾,又不宜接到冬季非常寒冷的齐齐哈尔同住,出于无奈,宋舒被迫辞职回京。不久由市教育局介绍到北京五十中学、龙潭中学执教,直至1984年荣休。

见诸《鲁迅日记》有 13 处关于宋舒的记载。其中看望鲁迅的有 5 次,童年时代的 4 次均由父亲宋紫佩携带,只有 1932 年 11 月 26 日他是邀约堂姐宋友英一起去的。宋舒随父与鲁迅等大人一起用餐 2 次。1923 年 7 月 27 日,宋舒第一次随父叩见鲁迅时,鲁迅曾送他"玩具二事"作为见面礼。1931 年 11 月 14 日,鲁迅还将刚刚出版的《勇敢的约翰》寄赠给小宋舒。少年宋舒给鲁迅写过 3 封信,鲁迅亦有 2 封复信给这位小友。为人低调的宋舒与其后人珍惜鲁迅给予宋家的这份情谊,常去看望鲁瑞、朱安等在北京的鲁迅亲人,帮他们做些事,还妥善保存一批与鲁迅有关的文物资料,由宋舒女儿宋燕琳代表宋家于 2021 年 12 月慨赠北京鲁迅博物馆。

十五、宋紫佩的侄女宋友英

图 19　宋友英,1936 年 5 月 26 日摄于北平图书馆。(宋燕琳　提供)

1932 年 11 月 11 日,鲁迅离沪北上探亲,13 日抵北平,30 日返沪。11 月 16 日下午,宋舒邀约堂姐宋友英同去看望鲁迅,是日《鲁迅日记》有"舒及其妹来"的记载。不过,姐却被笔误为"妹",因为宋友英出生于 1911 年 1 月 22 日,宋舒则是 1917 年才出世的。

其实,宋友英(1911—1986)并不是宋紫佩、董玉华夫妇的亲生女儿,而是宋紫佩兄弟的女儿。大概缘于宋紫佩婚后多年未添子女,难免有孤寂之感。而更重要的原因是,宋紫佩对于贫困山区老家兄弟的生活艰困十分了解,所以领养了一个侄子宋德沅,一个侄女宋友英,视同己出,将他们俩培养成才。宋友英长大成人后,也进了北平图书馆工作,后与同事胡英组建家庭。1943年,因丈夫胡英考入资源委员会中央电工器材厂任职,随夫迁居上海,在家相夫教子,至1986年8月25日去世。

十六、哲学教授宋孔显

其传略请参阅拙著《鲁迅与他的乡人》,第103—104页。

图20　宋孔显

十七、年仅二十献身革命的陈元达

其传略请参阅拙著《鲁迅与他的乡人二集》,第122页。

图21　陈元达

十八、诗人、命相家林庚白

图 22　林庚白

林庚白(1897—1941),原名学衡,字凌南、众难,自号摩登和尚、观瀑主人,福建闽侯螺洲镇(今属福州市仓山区)人。民国时期的著名诗人、命相家。林氏幼失双亲,靠其姐抚养。而他从小聪颖,有"神童"之誉。15 岁考入京师大学堂(北京大学),毕业后任中国大学和俄文专修馆法学教授。早年加入南社、同盟会,辅助孙中山召开国会特别会议,获孙氏赏识,南京国民政府成立后,出任众议院和非常国会秘书、立法委员等。可谓林氏热衷于政治,也有春风得意之感,后来,林庚白退出政坛,主要从事文学创作,特别是诗词方面。他的诗文造诣高是事实,但太狂太傲,过于张狂,自吹"论古今诗歌,当推余第一,杜甫第二!"作为"一代墨客"的林庚白,于 1929 年 12 月 24 日慕名造访鲁迅,因事先没有见知,鲁迅此时正在闭门埋头写作,让林某吃了闭门羹。26 日,"林庚白去信谩骂"泄愤,指责道:"一,鲁迅居然也会'挡驾'吗? 二,鲁迅毕竟是段政府底下的教育部佥事不是? 三,鲁迅或是新式名士? 因为名士不愿随便见人,好像成了原则似的。四,像吴稚晖遗留的鲁迅是否革命前途的障碍物:要得要不得?"又附《讽鲁迅》七言诗一首:

鲁迅文章久自雄,痴聋多么殆成翁?
婢知通谒先求刺,客待应声俨候出。
真相犹存官长气,伟大只道幕僚风。

景云里畔飘檐滴,一笑先生技未穷。

1933年5月14日丁玲在沪被捕,6月间盛传她在南京遇害,鲁迅因作《悼丁君》诗:"如磐夜气压重楼,剪柳春风导九秋。瑶瑟凝尘清怨绝,可怜无女耀高丘。"据说林庚白阅后贬称"雕虫小技"的同时,又令他折服,赞叹绝句极佳,表现出林氏的矛盾心理。是年7月,林庚白在潘公展主办的上海《晨报》连续发表《孑楼诗词话》中以评论鲁迅悼柔石为名,仍对鲁迅不怀好意地评说:"缁衣句,殆以鲁迅常御和服,纪实而云耳";"'梦里依稀慈母泪'之句,以诗论固佳,然吾侪士大夫阶级之意识与情绪,盖不自觉其流露,'布尔什维克'无是也。"鲁迅对林庚白这种人不接待,不理睬,不屑一顾,只有在1934年12月20日致杨霁云信中谈及自己的看法:"林公庚白之论,亦非知言;惟《晨报》上之一切讥嘲,则正与彼辈伎俩相合耳。"

林庚白也是民国奇人,一生从政写诗,却以命相之学名满天下,所著《人鉴·命理存验》一书,颇有影响。当年,他借看算命,浇胸中块垒,激扬民气。袁世凯倒行逆施,悍然称帝,林庚白借排八字而评判曰:"项城寿命将终,那些弹冠相庆者,徒似冰山为泰山",警告政治投机的拥袁者,用心良苦。他也推定自己的生命密码,用"一吉一凶"概据之。一吉,他会得一位才貌双全而又年轻、贤淑之妻,果然有林北丽这位女诗人、才女为伴侣;一凶,他寿短,难以活到50岁。1941年,林庚白、林北丽一家避难香港第十天,林庚白就被日本兵枪杀,横尸街头。他与杨荫榆一样,都死于日本侵略者刀枪下,现在想起来,我们对他们也应全面认识,要肯定和尊重他们的大节,这与鲁迅有过节是另外一回事。

十九、勇系笙房族弟周锡三

其传略请参阅拙著《鲁迅与他的乡人末编》,上海社会科学院出版社2021年版,第155页。

图 23　1948 年 3 月,许广平、周建人两家访问故乡时与周氏族亲在周家老台门前合影。右一为鲁迅最幼小的堂弟周锡三。

二十、法学家赵之远

其传略请参阅拙著《鲁迅与他的乡人》,第 157 页。

图 24　赵之远

二十一、汪伪政府的"文胆"胡兰成

图 25　胡兰成于抗战胜利后避居日本时留影。

其传略请参阅拙著《鲁迅与他的乡人》,第 160 页。

二十二、世界语学者钟宪民

见诸《鲁迅日记》,计有钟宪民与鲁迅于 1927 年 1 月和 1929 年 4 月的两次书信往还。

钟宪民(1910—?),又名唯明,浙江崇德石门湾(今属桐乡)人。世界语学者。1927 年,钟宪民在上海南洋中学读书期间,也在胡愈之、巴金、索菲主持的上海世界语学会学习世界语,并边学边用,为上海商务印书馆出版的《学生杂志》编过

图 26　青年钟宪民

《世界语》栏。1927年1月,钟宪民放寒假回到故乡,鲁迅15日收到他"十日石门发"的信,24日则写了回信。1929年,钟宪民在南京国民党中央宣传部国际科任职,拟将《阿Q正传》译成世界语,又同鲁迅通信接洽,鲁迅4月16日"得钟宪民信",18日"午后复钟宪民信"。钟宪民的译本于1932年2月由上海出版合作社出版,卷首有译者用世界语写的《前言》,赞扬鲁迅是中国"现代文学的先驱者","第一个对人民群众同情而又有同情感的作家","他有着关于人的生活的深刻的思想,他还具有用尖刻的光辉的嘲笑来突出社会的缺陷的天才的才能"。此后,钟宪民在国民党中央电影检查处驻沪办事处等国民党文化宣传部门任职,1949年去台湾,主要还是从事世界语翻译、介绍。他努力用世界语向外介绍中国文学,除鲁迅外,有《郭沫若先生及其文学作品》、郭沫若的《王昭君》、李辉英等人的《归来》、刘盛亚的《小母亲》等,又用世界语转译外国文学作品,介绍到中国,如尤利·巴基的《牺牲者》《波兰的故事》,罗曼·罗兰的《黎明》《清晨》等。还编有《世界语初级文法》《世界语模范文选》《世界语战时读本》《世界语汉文模范字典》等,热心于世界语运动,亦是成绩卓著的世界语学者。

二十三、秋瑾之弟秋宗章

秋宗章(1896—1955),原名宗祥,字文蔚,笔名黄华、笑我等,浙江山阴(今绍兴)人。秋瑾的同父异母之弟。1917年前后开始,一直在浙江省财政厅、浙江省田赋管理处、浙江省民政厅、浙江省战时工作人员训练团、浙江省货物税局等机关任

图27　秋宗章

文职工作。约从1931年起,在《东南日报·吴越春秋》《越风》《人间世》《国闻周报》《近代史资料》等报章杂志发表许多研究秋瑾的经典性著作。

其传略请参阅拙著《鲁迅与他的乡人二集》,第182—184页。

二十四、翻译家费明君

费明君(1911—1973),曾用名陶荻亚,笔名雷白文、清子等,浙江宁波人。翻译家。1931年,费明君参与筹备宁波世界语学会(Nin-Po Esperanto Asocio)(该会设在宁波江东民强中学)。1936年,赴日本留学,在早稻田大学攻读日文。1938年回国,曾在日伪大陆新报、中华电影公司工作,部分参与电影的制作和翻译。后又任汉口《平报》、南京《新京日报》文艺副刊编辑和大专院校教师。中华人民共和国成立后,任华东师范大学中文系副教授。

图28　费明君

1955年6月,因"胡风集团骨干分子"而被捕,被押送青海某农场劳改,1965年6月刑满留场劳动,1973年2月11日因病去世。

说费明君是翻译家并不过誉。他精通日、俄、英多种文字,其翻译作品较多,如莱蒙脱的《农民》,显克微支的《你往何处去?》,马克斯原著、阪本胜编剧的《戏剧资本论》《唯物史观中国史》,高尔基的《浦雷曹夫》《三天》《监狱》《华莎·席列兹诺娃》,车尔尼舍夫斯基的《做什么?》,托尔斯泰的《加林的双曲线体》,伊里夫、彼得罗夫的《十二把椅子》等。

1936年在日留学期间,费明君给鲁迅写过信。10月9日《鲁迅日记》载"晚得费明君信,即复。"复信曰:"明君先生:《珂氏选集》早已无余……歉甚。但近日文化生活出版社已在缩印……不至于不佳,大约年内总可出版,请先生自与接洽为幸。该社地址,是福州路四三六号。专此布复,并颂秋安。鲁迅十月九日"。此处的"《珂氏选集》"指《凯绥·珂勒惠支版画选集》。费明君也是最早编印《鲁迅先生语录》的人(1937年10月自印)。不过,有人说他是"一八艺社成员",似误。《文汇读书周报》第940期刊出黄可来信订正,说"雷白文没有参加木刻讲习所和一八艺社",并详尽列出鲁迅与参加木刻讲习会合影中13位学员的名单,说一八艺社也无雷白文此人。

2005年版《鲁迅日记》关于费明君的生卒年注释有误,据费明君遗属的介绍和所持的《刑满就业人员死亡通知单》,费明君生于1911年8月,卒于1973年2月11日(详见祝淳翔:《曾化名陶荻亚的译者费明君》一文)。

二十五、恒济当老板夏槐青

图29　夏槐青

其传略请参阅拙著《鲁迅与他的乡人二集》,第 191—192 页。

二十六、江南陆师学堂创办者和首任总办钱德培

图30 钱德培(德籍教习骆博凯 摄)

其传略请参阅拙著《鲁迅与他的乡人》,第 186—187 页。

二十七、视绍兴为第二故乡的美国医师高福林

图31 高福林

其传略请参阅拙著《鲁迅与他的乡人二集》,第 209—211 页。

二十八、女作家梅志

图32　梅志

梅志(1914—2004),原名屠玘华,又名屠琪(棘),笔名梅志,《鲁迅日记》作"谷非夫人""张因夫人",江苏常州人,生于江西南昌。儿童文学作家和传记作家,胡风夫人。1931 年由江西赣州第二女中转学上海培明女中就读,1932 年在上海加入"左联",从事宣传和文艺活动,年底与胡风结婚。翌年在培明女中毕业后,协助胡风写作、编辑。1934 年胡任"左联"宣传部长、行政书记后,她常去鲁迅家。鲁迅将日本志贺迺家剧团团长淡海所送的镜子转赠她。其长子满月,鲁迅曾在豫菜馆梁园宴请,同时借此让刚到上海的萧军、萧红与上海"左联"人士会面。那时,两家往还密切。1936 年 10 月鲁迅逝世后,梅志参加治丧委员会办事处工作。抗日战争全面爆发后。于 1937 年到武汉,协助胡风创办《七月》杂志。1940 年在重庆加入中华全国抗敌文协,协助胡风编辑"七月诗丛""七月文丛"。抗战胜利后返沪,又与胡风创办希望社。中华人民共和国成立后,任中国作协上海分会创作员。1953 年随胡风迁居北京。1955 年因受"胡风案"株连遭监禁审查。1961 年获释后,安排在四川省文化局资料馆、四川省博物馆工作。

梅志 1934 年发表处女作《受伤之夜》。1982 年加入中国作协。撰有《在"皇宫"里招待鲁迅先生》等回忆文章。著有《梅志童话诗集》《梅志童话》《小面人求仙记》《小红帽脱险记》《小青蛙苦斗记》《少年胡风》《胡风洗冤录》《往事如烟》《伴囚记》《胡风传》等,其中童话集《听来的童话》获优秀作品奖。

二十九、人说"九天护国娘娘"的赛金花

鲁迅在《且介亭杂文末编·"这也是生活"……》一文中以调侃的口吻写道:"连义和拳时代和德国统帅瓦德西睡了一些时候的赛金花,也早已封为九天护国娘娘了。"当时,妓女出身的赛金花出道后颇具传奇色彩,成了文人、政客和许多人创作和议论的题材、话题,时人虽毁誉不一,但她的知名度极高,而鲁迅唯一谈及赛金花的却只有这一次。

赛金花(约1872—1936),原名傅彩云(也有改赵姓的说法),

图33 赛金花

江苏盐城人。幼时居苏州,曾沦为雏妓。1887年被状元洪钧纳妾不久,洪钧任驻德、俄、荷、奥四国公使,她随之出国。1892年回国,不久洪病故,她改名曹梦兰,在上海重操旧业。后至天津,改名赛金花。1900年八国联军攻陷北京时,在京为妓的赛金花因与在德时结识的联军统帅瓦德西时相过从,招摇过市,风闻传说甚多。赛金花虽系青楼名妓,倾倒包括瓦德西在内的众多中外名流,桑榆晚景却甚为凄凉。金松岑、曾朴撰著的清末四大"谴责小说"之一的《孽海花》率先写入赛金花等,刘半农、商鸿逵亦著有《赛金花本事》,1936年夏衍创作的历史剧《赛金花》激起社会上强烈反响,褒贬不一。近人慈溪柴萼(小梵)所著《梵天庐丛录》卷三《庚辛纪事》中有"瓦德西统帅获名妓赛金花,嬖之甚,言听计从,

隐为瓦之参谋"等语,鲁迅似乎看过或听说过,故在《"这也是生活"……》一文中也有一番议论。

三十、汉奸文人樊仲云

图 34　樊仲云

其传略请参阅拙著《鲁迅与他的乡人》,第 239—241 页。

鲁迅作品教与学

中学生阅读鲁迅《野草》的现状与对策研究

崔绍怀　惠州学院文学与传媒学院
曾小玲　惠州市惠南学校

学生自进入初中起,语文教材中的《从百草园到三味书屋》一文,便拉开了他们认识鲁迅的序幕。整个初高中阶段,有 10 余篇鲁迅的作品被选入教材。对于中学生而言,鲁迅的作品相对晦涩难懂,如果要他们以自主阅读的方式去深入了解鲁迅及其作品,这是相对困难的事。要了解鲁迅及其作品,一定要语文老师有系统有计划地引导学生去阅读和分析,才有可能实现。

根据当前的学情,学生普遍接触到鲁迅的散文诗集《野草》是从七年级语文上册(人民教育出版社 2007 年版)学习了《风筝》这篇课文之后,但也仅限于对这篇课文的学习,对于《野草》中的其他篇目则仅有极少的同学阅读过。广东省部分中学的语文教学有计划地引导学生阅读鲁迅的《野草》散文诗集,并要求学生阅读后就其中最有感触的一篇散文诗写下自己的阅读体会。经过一段时间的阅读、研究后,学生写出了自己的读后感受。我们结合收集上来的学生所写的读后感进行研究,讨论其中存在的问题并提出了具体对策。

一、中学生阅读鲁迅《野草》的现状

散文诗集《野草》,共收集了鲁迅的散文诗 24 篇。在收集上来的 1603 篇读后感中,大多数同学写的读后感,主要围绕《秋夜》《希望》《雪》《风筝》《好的故事》以及《立论》这六篇文章,谈自己的思考。其中《秋夜》读后感占 12%、《希望》读后感占 22%、《雪》读后感占 7%、《风筝》读后感占 39%、《好的故事》读后感占 2%、《立论》读后感占 15%,另有 3% 的同学是横向写阅读鲁迅作品的读后感。写阅读《风筝》这篇文章的读后感占比最大,究其原因:一是这篇文章入选初中语文教材,是同学们认识《野草》的"引路人",先入为主的思维决定了它会更大程度地进入同学们的解读视野;二是《风筝》这篇文章讲述的是儿童的天性受碾压的事件,这些学生刚从儿童时期走出不久,文章引发的共鸣会激发他们的思维,把他们引向这篇文章之外进行更广阔的思考;三是高中生可以撇开这篇文章的写作背景去展开研读,他们可以就这篇文章本身引发出多角度的思考。

从读后感的内容来看,绝大部分同学写作的体例都是先简介所读作品的内容+自己感发的内容,也有少部分同学开门见山,直接写阅读体会,在行文过程中自然会流露出他的感受。无论哪种体例,他们所写的读后感,基本不外乎这两种走向,一种是走向自己的内心;另一种是走向更广阔的社会。第一种走向的同学容易从文本中找到自己的心灵共鸣。如在《风筝》的读后感中,更多的同学会从小兄弟的童真遭到碾压中延伸到自己童年时期类似的经历,从而引发对教育者该有怎样的教育方式的思考。第二种读后感更多的是由文本引发到对社会现象的思考。如在《秋夜》《希望》的读后感中,同学们大多提到的是当时社会背景下的境况,由此引发青年们应该以怎样的姿态去面对的思考。

从读后感的内涵深度看,中学生的阅读能力呈现出一定的梯度。从所收集的读后感中发现,学生解读文本的能力以及思维拓展能力已明显出现不同层级。最浅层的解读就是就事论事,一事引发一种认知;然后是一事多论,即由一事引发了多种看法展开论述;有的读后感能渗透到更广阔的社会根源,或是人性的更深处。由此看来,学生的认知能力已分出层级。

二、中学生阅读鲁迅《野草》的现状分析

(一)教师方面的现状分析

首先,除正常的教学工作之外,教师要应对的日常杂务异常繁多,导致其对于研究鲁迅并未做出周密的计划。现在的一线教师,大多数对鲁迅的文章都缺乏系统的研究,这既有客观的原因,也有主观的原因。客观方面:一是当前的共性问题,社会形势需要一线老师去做各种工作的检查、考核,这方面的事务实在太多了,老师们无法顾及常规工作以外的研究工作了。苏霍姆林斯基说:"这个问题是经常遇到的一个尖锐问题:有时候教师被一些没有必要的文牍压得透不过气来。但是也有另一种情形,就是在批评'官僚主义的文牍作风'的热潮中,某些教师得出结论说:任何计划都没有必要去写。"[1]二是一线教师较少参与研究性工作,本身对研究的方向、步骤缺乏他人的指导。主观方面:即使有些老师曾参与过研究工作,但由于本身对鲁迅作品不够熟悉,从而导致研究计划不够周密。

其次,语文教师的职业角色,要求其成为多面手,这制约着其自身对《野草》进一步研究的可能。现在的一线教师大多自身对鲁迅的《野草》都缺乏系统、深入的研究,这既有外部的原因,也有自身的原因。从客观环境看,一是当前是掌上电子信息时代,这在一定的程度上瓦解了人的专注力,让更多的人无法静心读这类书籍。从自身方面说,有些老师认为研究《野草》对当前的应试教育并没有立竿见影的效果;有些老师认为鲁迅作品的时代背景与当下时代背景相去甚远,没必要去研究不适宜当前时代的作品了;有些老师则更干脆——我的兴趣点不在这儿。当然,也许在不同的地区,不同的学校还会存在教师自身的各种原因。

最后,教师对学生的写作缺乏指导。这方面的问题也分两种

情况：一是学校没有营造阅读环境与写作环境，导致有的语文教师自身的写作能力不强，所以无从指导学生的写作；二是有些教师在主观上没有对此研究给予足够的重视。

（二）中学生读写方面的共性问题分析

首先是学生自身经历的局限。受中高考指挥棒的直接影响，这种局限一方面体现在大部分学生阅读面狭窄，本身对文字的参悟力不足，导致对文本的把握不到位。另一方面是现在的学生基本都是处于安逸的环境中成长，对生活的酸甜苦辣的觉察力不足，也导致了他们对文本理解能力的缺失。

其次，学生还未养成研究与写作的习惯。受中学生作业繁多这一因素的影响，对于绝大多数学生而言，要对一本书进行深入研究还是头一回，不仅缺乏研究素养，更缺乏研究时间。关于整本书阅读的现状，有研究者指出：阅读较为随意，缺乏长期计划；与课内教学脱节，缺乏必要联系；不符合学生个性，缺乏阅读兴趣；读书活动单一，缺乏创新意识；评价方式老套，缺乏激励作用。[2]此外，大多数学生还是停留在老师布置作业要我写作我才写的意识层面，很少同学会主动去研究思考某个问题，然后形成有条理的思路写下来。

最后是学生学习态度不够认真，后期努力不足。在收集的读后感中，写错别字，错用标点符号，语言表达不符合规范等现象比较普遍。对于高中生而言，这是不应该常犯的错误，主要还是学生学习态度上不够认真，或者存在因老师不检查而不易被发现的侥幸心理。

（三）中学生理解《野草》文本的具体问题分析

首先是理解方向有误，学生对文意的把握南辕北辙。在收上来的文章中，存在部分同学的读后感理解文意错误的现象。如在把握《秋夜》的文本内涵时，其中一位学生未能捕捉到作者鲁迅借"枣树"这个意象来表达自己决不向黑暗势力低头的战斗精神（他更多的是关注"奇怪而高的"天空，也就是说他把理解的重心放在社会背景上，忽略了人的精神）才是我们要关注的重点。另一位同学在写读《秋夜》的读后感时，引申出的话题是"得道者多助，失道者寡助"，这本身已远离文本的方向，更甚的是在后面的论述中，行文是围绕"光明"这个主题大加论述，每段行文至末尾时，扣上鲁迅这顶帽子，以此表明我是在读鲁迅的文章且有感而发。

其次是学生理解方向正确，但行文未朝那个方向走。出现此问题的同学多是写《风筝》的读后感。文章开头介绍了《风筝》的主要内容，进而揭示了文章的主题——揭露封建教育的弊端以及"我"对此事的忏悔。行文至此，有同学按理应写对此主题的看法或延伸，但是他在此之后写的内容却是表达自己童年的快乐，显然是与前面的思路不一致了。另有同学的标题是"读《野草》有感"，但行文并不是沿着读整本书的方向去写，只提到鲁迅折断小兄弟"幼稚"的风筝的事实并写了由此引发的感想。由此可见，该学生并未细思如何拟好标题以及写好读后感。文不对题的现象，反映了他对论题的失语。有人说："世纪之交，中国学术界的最大热门话题就是所谓的'失语症'。不但中国文学理论失语，而且中国哲学失语。一时间，失语症被炒得沸沸扬扬，成了经久不衰的学术前沿问题。"[3]其实，在快餐式的文化背景下，学生未能体会到漏略的细节或成分，因而导致失语。

最后是写作目标不明确，行文思路略显飘散。一篇读后感的标题是《从隐喻感受到的鲁迅的呼吸》，从该标题看，文章的写作方向很明确，但遗憾的是，行文并未沿着该思路去展开，而是随意从《野草》中找到意象展开论述。

三、中学生阅读鲁迅《野草》的有效对策

（一）提高教师的鲁迅学养

鲁迅学养，在特定的历史时期曾掀起一股热潮。当今时代，

基于前文提到教师本身缺乏对鲁迅作品的研究意识,要以此作为切入口去提升教师的鲁迅学养,那就得回到本质上去,即教师本身要提升对鲁迅作品的兴趣。可以通过以下方法去实施:一是相应的语文教研组织要有计划有步骤地引导语文教师加强对鲁迅作品的研究。二是由部分对鲁迅作品比较有研究兴趣的老师牵头组织各类型活动,以此带动大家学习鲁迅作品,从而提升鲁迅学养。有人说:"鲁迅作品教学和研究的实践表明,学术领域与教学领域彼此沟通,学与教相互推进。学是从教的根基,先教己,后教人,且教的过程需要不断学习,加深对鲁迅思想的理解。"[4]三是由特定的研究小组引领大家认识到鲁迅作品的时代诠注,认识到鲁迅作品虽然兴起于百年前,但它具有同时代共同发展的生命力。

(二)培养学生热爱鲁迅的情感

鲁迅作品确实有一定的难度。《普通高中语文课程标准(2017年版)》指出:"鉴赏文学作品。感受和体验文学作品的语言、形象和情感之美,能欣赏、鉴别和评价不同时代、不同品格的作品,具有正确的价值观、高尚的审美情趣和审美品位。"[5]中学生在校学习阶段大多还不具备集中精力研究某一个作家的能力,主要是靠老师的引导,所以,培养学生的鲁迅情感主要还是需要老师费些精力去有意识地开展相关的活动。或有计划地引导学生看鲁迅的作品,让学生由此更全面地认识鲁迅;或以专题的形式开展鲁迅作品研究,让学生更深入地了解鲁迅精神;或拓展途径让学生更广泛地结合时代背景认知鲁迅精神产生的意义。总的说来,培养学生的鲁迅情感,就要想方设法地让学生接触鲁迅的作品,情感的产生必须要有量的积累。

(三)强化学生认知与理解《野草》文本的能力

《野草》是鲁迅的散文诗集,它有特定的创作背景、历史背景。当前高中学生生活的时代与之有一定距离,再加上他们的生活条件优越,相比过去人们的水深火热生活,更让他们难以把握文本背后隐喻的深层内涵。但文本本身就承载着记录历史、传达情感的使命,所以,教师还是要引领当前的学生去领悟文本背后的意蕴。可以引导学生从以下几个方面去强化对《野草》文本的理解。

首先以特殊的字、词、句为切入点来理解文本。文字具有跨越时空的穿透力,它可以带领读者走近作者的内心,帮助读者消化文学背后的深层意蕴。因此,要帮助学生深化对《野草》文本的理解,我们可以从抓关键字词句着手。如惠州市博罗县博罗中学高二年级李秀林同学的《读鲁迅〈秋夜〉有感》一文,写了他的深刻感受:

> 鲁迅笔下秋夜的天空是"奇怪而高"的,闪闪的星星成了天空的"冷眼"。而在这奇怪的天空之下挺立着落尽了叶子的枣树。"默默地铁似的直刺着而奇怪高的天空""直刺着天空中圆满的月亮,使月亮窘得发白"。鲁迅生活的时代可以说是愚昧与理性,黑暗与光明并存的时代。知识分子睁开双眼,看清了世界,不但不被理解,还反被压迫,他们的力量太微小,最后的结局多像《狂人日记》中的狂人一样"发了狂",挣扎于光明与黑暗之中。《秋夜》中的枣树象征着的也是一个战斗中的战士。只是他更坚毅,更无畏。它没有枝叶,却如铁般直刺天空,它沉默,让天空不安,让月亮躲开。它以无言的力量抗争着,它想要冲破束缚,它是孤独的战士,它是渴望光明的战士。

李秀林同学以分析"奇怪而高的"入手来理解当时的社会背景,以分析"铁似的直刺"天空的枣树枝入手来理解"枣树"的形象,以分析"她在冷的夜气中,瑟缩地做梦,梦见春的到来"入手来理解作者在小粉红花上寄托的希望,反映了枣树对天空的苦斗,表达了鲁迅矛盾的心理。有人说:"理性与非理性、绝望与希望在鲁迅的世界里构成了一种深刻的悖论关系:他相信前者又希冀后者,而双方又各有其理论出发点并相互冲突。所以鲁迅也就只能过的是一种生活,而信仰的又是另一种生活了。《秋夜》正是以其特有的隐晦曲折与寄托幽深的艺术表达形式来传达鲁迅的这种矛盾心态的。"[6]

其次从对作品本身的解读迁移到对现实生活的理解,又以此反刍对作品的理解。博罗中学高二年级的胡慧灵同学在《希望驱萧索,不负青春时——读鲁迅〈希望〉有感》中说:

> 希望驱走萧瑟,迎来的是春暖花开。正如歌德所言:"期望是生命的灵魂、心灵的灯塔、成功的指导。"鲁迅在当时即使身处暗夜,即便为了抗拒暗夜耗尽青春,也保持了青春的热情。因为他知道希望也包含在绝望之中,最后他做到了。也正如这次疫情防控期间,新冠的猖獗,导致人心惶惶。可面对来势汹汹的新冠病毒,白衣天使们始终奋斗在一线,始终心怀希望,期待着春暖花开的那一天。希望也是精神力量的体现,它不仅能够增强人们的凝聚力,还能引领人们走向更光明的地方,带领青年走向灿烂的人生。

针对现实生活中青年的消沉,鲁迅写了《希望》。鲁迅说:"因为惊异于青年之消沉,作《希望》。"[7] 真正的意图,其实鲁迅希望青年能奋发有为。近两年,医护人员肩负着抗击新冠肺炎疫情的重担,他们当中,有太多太多的青年勇于担当,用无私的奉献和牺牲谱写着时代的华章。这里,"青年"是一个共鸣点。无论是鲁迅所处的时代还是当下,青年们的精神面貌反映了时代的风貌。可以说,《希望驱萧索,不负青春时》与鲁迅的《希望》,在精神实质方面,是一脉相承的,都注意到了青年应奋发有为,才不负韶华的关键。

博罗中学高二年级的魏芷琳同学在《读鲁迅〈风筝〉有感》一文中说：

> 我能理解作为父母希望自己的孩子能有所作为的期望，但他们更应该尊重孩子们的想法和兴趣，他们为了让自己的孩子不输在起跑线上，便给孩子报了各种各样的补习班和兴趣班。或者是采用一些过激的手段，其实这些手段不仅不能培养孩子，反而会扼杀孩子的天赋，因为孩子玩的过程也是动脑的过程。相反，如果给孩子过多的压力，可能会给孩子造成某种心理疾病，这个时候父母再醒悟过来也为时已晚，因为对孩子的伤害已经造成，孩子的童年也已经缺失了。而在我看来，一个人的童年应该是最美好的时刻。因为那个时候的孩子是最单纯、天真的。

通过对高二学生所写的读后感进行分析，发现有些同学也会把从作品中捕捉到的内涵迁移到对现实生活的理解。比如在解读《希望》这篇文章时，我们可以通过分析文本，由鲁迅所处年代的热血青年身上的精神能量，而理解了今年新冠肺炎疫情下众多白衣天使尽心怀着希望、期待春暖花开的精神力量。因为白衣天使们的行动，再一次反映了鲁迅的青年观：现在的青年最要紧的是"行"，不是"言"[8]。在解读《风筝》一文时，文中的"我"踏毁小兄弟的风筝的心态可以迁移到当今部分家长禁止孩子所有节假日的自由活动。也正因为许多高中生当初也是这么成长过来的，所以，对于"我"的那分内疚或者是小兄弟的那份不怨恨，他们就或多或少能理解作品传达的情感了。

最后，通过提升学生自身的觉悟力来强化对《野草》文本的理解。古人有"为赋新词强说愁"的说法，而当今的部分中学生大多生活安逸，无愁可言，觉知生活的酸甜苦辣的能力自然就慢慢钝化了。但博罗中学高二年级的王盈同学在《读〈雪〉有感》中说：

> 我们的国家正一步步走向繁荣富强，与鲁迅所写的《雪》的背景截然不同，但鲁迅通过写《雪》的背景传达出的愿望却会给我们带来启发。我们心怀梦想，追梦途中，困难、挫折与我们并驱而行。而要想实现梦想，则需要我们不畏困难挫折，不畏挑战，不忘初心，砥砺前行，为社会贡献出一份力量。

为了提升高中生对文学作品的感悟力，我们一方面可以在条件允许的情况下，尽量让孩子多感知生活中的挫折，由此触发的内心感受是超越任何文字描述的；另一方面可以通过多感官的刺激让学生的感受力得到提升，比如阅读教育、影视教育、生活体验、拓展教育等。如李镇西老师的《"后进生"转化手记》叙述了下面一系列"故事"："我当了一回福尔摩斯""新官未能烧到三把火""他给自己找了个帮助人""《烈火金刚》手抄本的诞生""未娶媳妇就想不认娘""我们才是你真正的哥们儿！""我替万同回绝了一封情书""再次作弊以后""语文考试得了 76 分""纠察员成了偷盗者""在集体目光的关注下""我为万同的进步而高兴""我感谢同学们对我的帮助""国旗下的讲演者"这一幕幕画面，充分展示了李镇西老师和万同之间的故事，以及万同在挫折中不断成长和进步的故事。尤其是万同同学在国旗下的讲话——《班级的爱就是祖国的爱》——给人留下了深刻的印象。在讲话的结尾，万同说："我还有许多缺点，但我会继续努力改正；我要争取让初二五班因为有了我万同而更加温暖，更加美好。我决心在老师同学们的帮助下，成为玉林中学最优秀的学生，成为祖国母亲最优秀的儿子！"[9]

综上所述，通过有计划地组织高中生阅读鲁迅的《野草》，他们在一定程度上提升了对鲁迅精神的认识。此次研究的意义不仅在于对研究对象有了进一步的了解,而且就研究本身而言,对于研究者和学生,都获得了一定的学识和研究素养。这对于一线教师的教研工作和学生的研究精神都起到了积极的促进作用。

注释

[1] [苏]B·A·苏霍姆林斯基著,杜殿坤编译:《给教师的建议》(修订版),教育科学出版社1984年版,第121页。
[2] 刘会:《初一学生整本书阅读的指导与实践》,苏州大学2017年。
[3] 邓军海:《文不对题的"失语论"》,《粤海风》2013年第6期。
[4] 邓牛顿:《鲁迅作品:从"学"到"教"》,《上海鲁迅研究》2009年第4期。
[5] 中华人民共和国教育部:《普通高中语文课程标准(2017年版)》,人民教育出版社2018年版,第6页。
[6] 绍兴鲁迅纪念馆、《语文学习》编辑部、浙江绍兴市教育教学研究院:《鲁迅作品在课堂——中学鲁迅作品教学新探精编》,上海教育出版社2008年版,第118—119页。
[7] 鲁迅:《鲁迅全集》(第4卷),人民文学出版社2005年版,第365页。
[8] 鲁迅:《鲁迅全集》(第3卷),人民文学出版社2005年版,第12页。
[9] 李镇西:《做最好的老师》,漓江出版社2008年版,第275—276页。

[基金资助:惠州学院2019年度校级教学成果培育项目("五个一"工程:高中语文"阅读说话课"的博罗实践),文件号:惠院发〔2020〕15号;惠州学院—惠州市教育局共建国家教师教育创新实验区2020年度教师教育研究专项课题重点课题"中学语文阅读说话课培养学生自学能力的实践研究"(课题编号GJ·2020ZD7)。]

鲁迅活动采撷

新展、新姿、新气象
——记鲁迅故里新近推出新常设陈列

周玉儿　绍兴鲁迅纪念馆

周家新台门为鲁迅祖上在清嘉庆年间购入。当时周氏家族正处于鼎盛时期，新台门里住进了6个房族、10多户人家。1881年，鲁迅出生在新台门西首的一处二层建筑中，在这里生活到18岁，留日归国后又在绍兴任教近2年，度过了1/3的人生。后来周家家道中落，1918年底，经新台门周家六房共议，将整座新台门连同后面的百草园，一起卖给东邻朱阆仙。后者购得周家新台门后，大兴土木，将新台门连同他自己原有的住宅一起，拆掉重新建造，以致大部分房屋面目全非。所幸，位于西首的鲁迅故居未被改建，原汁原味完好地保存下来。2003年，新台门中的朱阆仙改建部分作复原陈列。2021年，鲁迅纪念馆再次利用改建部分的闲置空房，在"墨缘堂"新开辟了常设专题展览"周建人历史资料陈列馆"并对原有专题展览"画说鲁迅——赵延年版画展"进行了改造提升。

周建人是鲁迅的胞弟，也是从这座台门里走向全国、走向世界的。2021年，我馆在鲁迅故居内开辟了周建人历史资料陈列馆，以志纪念。赵延年是鲁迅新兴木刻运动坚定的传承者，他为鲁迅作品《阿Q正传》《狂人日记》等创作的木刻版画插图堪称经典，鲁迅故居内原有一处固定展——赵延年木刻版画展，但展陈形式亟须升级换代，为此，我馆延聘专业团队，对这处展览进行全新改版。2022年,周建人历史资料陈列馆与"画说鲁迅——赵延年版画展"落成开放,成为参观鲁迅故居的必经之路上的两处文化驿站。

"周建人历史资料陈列馆"位于周家新台门墨缘堂,展厅及后花园面积约222平方米,以时间为序,全面反映周建人一生的思想发展轨迹,介绍周建人在传播科学、关心教育、支持革命、服务人民等方面的贡献。鲁迅胞弟周建人(1888—1984),本名松寿,字乔峰,是现代著名的社会活动家、生物学家、鲁迅研究专家和妇女解放运动的先驱者,中国民主促进会的创始人和杰出领导人之一。在周家新台门中开辟周建人的专题固定展,实至名归。

展厅正中央设有屏风,上书"松寿长青",是周建人女婿顾明远教授的手迹。其中,"松寿"是周建人的本名,"长青"是指他的功绩长留青史。屏风前摆有一棵苍翠欲滴的松树,暗合"松寿长青"之意。"松寿长青"屏风背后的地砖,雕刻的是一本放大的微生物教科书,是周建人编写的。教科书的主体图案是微生物,两侧有小型彩绘漫画,展现的都是读书学习、锻炼身体、亲近自然等良好的习惯,即使在当下的时代也是符合中小学生生活的。

展览非常荣幸地获得了中国民主促进会和周老家属的鼎力支持。他的小女儿周蕖教授、女婿顾明远教授向我馆捐赠了很多周老的书籍、手稿、遗物等。周老、顾老和民进中央负责人也反复为我馆的展览大纲文本修改把关,最终确定了"自学成才、投身教育""传播科学、践行民主""积极从政、赤诚为民"这三个部分。

第一部分主要展出周建人出生在周家新台门排行第三,幼年时祖父下狱,父亲早逝,家境艰难,两位兄长外出求学,他在家侍奉母亲。身处逆境,周建人发奋读书,自学成才,积极投身家乡教育的相关事迹。这个部分重点突出了周建老自学成才、孝敬长辈等事迹,观众可以从展板上周建人和母亲鲁瑞的合影、母亲的卧室、祖母的卧室等图片,看到周建人从小就开始帮助母亲承担家庭的重任,替母亲写信、干杂活、应酬亲友等身影。

第二部分主要展出1919年,周建人随大哥鲁迅徙居北京。经受新思想的洗礼后,进入上海商务印书馆从事编译工作,在妇女解放、生物研究、科普方面都作出了突出贡献。与此同时,他积极支持中国共产党领导的人民革命事业,参与创建中国民主促进会,保护鲁迅文化遗产,践行民主和科学思想的事迹。周老是周氏三兄弟中唯一直接投身共产主义革命的,这个部分我馆的展览特意浓墨重彩地讲述了早年他在中国共产党创办的第一所大学——上海大学任教的经历。

第三部分主要展出中华人民共和国成立后,周建人衷心拥护中国共产党的领导,竭诚为社会主义建设事业建言献策。他先后主持国家出版、教育工作并出任浙江省省长。作为民进的创始人之一,他长期致力于团结爱国民主人士,为巩固和扩大新时期的爱国统一战线作出了突出贡献的事迹。这一部分也以他历年来的党费收据、尝试翻译《共产党宣言》、最后一幅书法作品"没有共产党就没有新中国"等史料、实物,充分展现了周老与中国共产党的深厚渊源。

展厅正中的两根立柱上悬挂了一副对联:"士穷节乃见,民主安无倾"。这副对联是商务印书馆丁觳音先生书赠周建人,激赏他坚定的革命气节和顽强的战斗精神的。周建人十分珍视这副对联。据史料记载,直到周建人逝世时,它还挂在北京护国寺周建人故居的客厅里。展厅窗下还设置了互动触摸屏,展示的是一些动植物介绍,内容主要参考了相关文献记载和科学分类,配色明快,形象生动。在展陈设计中,我馆充分考虑了防潮、防虫的需要,展板采用多孔铝板,杜绝白蚁危害,同时展板与墙面隔开一定距离,以便通风防潮。铝板上利用孔洞的大小和分布,形成浅淡的山水、云状暗纹,暗含"先生之风,山高水长"之意。

展览很多实物为周建人小女儿周蕖、女婿顾明远捐赠,如文房四宝(毛笔、笔山、墨盒、砚台、水盂、笔洗等)、助听器、衣物、周建人在浙江当省长期间在浙江省劳模大会上的致词、工作证等,均陈列于恒湿展柜。其中有一件锡制的六角形温酒壶,中间的小壶是用来盛酒的,外层可以盛热水,用来温酒,六面都刻有花鸟的花纹,据周老和顾老回忆,系周老从绍兴老屋中带出,十分珍贵。展览中陈列的书刊我馆系从旧书网上收集采购,周老长期使用的吉林产的老怀表复制件(原件在重庆民主党派博物馆)是我馆在网上搜到的,我们把时间定格在周老过世的时间。

尤为值得一提的是,我馆邀请了专业摄制团队,拍摄了一部短片,短片以翔实的史料、周老亲友的回忆、专业人士的访谈、实景演绎和还原等方式,点点滴滴较为完整地展现了他光辉的一生,并制作了周建人数字展馆。策展团队还邀请中国美院的专业人士绘制了4幅画作,包括与学生野外采集、与鲁迅车站话别、与瞿秋白相谈甚欢、为民冤怒而拍案等,作为展览的必要补充,以丰富展陈内容。

我馆还修缮了"墨缘堂"后的花园。透过屏风正中的圆孔,可以看到后花园中的周建人铜像。该铜像为中国美院周增强博士的雕塑作品。雕塑的形象参考了周建人任浙江省省长期间一张在桂花树下站立的照片,容貌后期有所改良,更为年轻、和蔼。后花园里种植的五针松,同样也暗喻了"松寿长青"。后花园的两侧墙上陈列有四枚闲章,周老和顾老曾经捐赠给我馆一批周建老用过的印章,我馆从中选出了比较有代表性的、周老本人也比较喜欢的4枚,来给大家展示,分别是"要真理""学思想""独立思考""明辨是非",都是出自西泠印社老师之手。这四枚闲章的内容,在今天也值得人深思、践行。走廊外展示有动物标本和植物标本,更直观地展现周建人在生物科学领域的成就。

目前,周建人历史资料陈列馆已经被认定为第二批中国民主促进会会史教育基地。

与周建人历史资料陈列馆相隔仅一座天井,即是全新改版提升的"画说鲁迅——赵延年版画展"。

1931年,鲁迅先生创办中国木刻讲习所,标志着中国新兴版画运动的兴起。鲁迅先生把新兴木刻艺术比作一种"捏刀向木""放刀直干"的、充溢着"力之美"的艺术,它的创作不仅融入了艺术家的"热诚",而且更能表现"现代社会的魂魄"。赵延年是我国现代版画艺术大师,也是鲁迅先生的追随者,是我国版画界钻研鲁迅作品最为深刻,实践鲁迅木刻教言最为勤奋,获得艺术成就最为辉煌的艺术家之一。2006年,正值鲁迅诞辰125周年之际,赵延年向我馆捐赠了鲁迅文学作品插图等版画作品55幅。随后,我馆在鲁迅故居内开设了赵延年版画展,展出这批作品。

因受白蚁侵蚀、潮湿气候等因素影响,原有赵延年版画展的展品及配套设施、环境等均遭到了不同程度的损害,为维护展陈安全、提升参观质量,2021年,我馆启动了赵延年版画展提升改造工程,工程历时数月,将展览做出了耳目一新的效果。

这次改造提升重点在展陈形式的推陈出新上,力争实现情景交融的效果。原有的展陈均设置在玻璃柜内,与参观者有所隔阂。这次提升,我馆大胆地让展品走出展柜,悬挂上墙,便于游客近距离观赏。我馆还对版画作品的镜框做了提升,全部采用低反玻璃,有效解决了人影、眩光等问题,提高了版画作品的观赏体验。

同样地,为了防潮防虫,我馆也运用了多孔铝板并与墙面形成间隔空隙。此种材质不惧虫蛀,色调简洁,也有一定质感,可反复调整展板位置,避免了后期展陈调整对建筑墙体的破坏。

展览共分两进,展厅及天井、后花园面积约500平方米。前一进设有两个小展室,展出赵延年的生平简介、艺术作品等,通道两侧有装饰性的版画作品拼接长图,兼具展示和引导作用。两个小展室分别展出了赵延年的《阿Q正传》和《狂人日记》两组木刻版画作品。这两组作品都是赵延年木刻连环画的代表作。

《阿Q正传》组图中，赵延年以绝妙的构思和精湛的技艺，刻画出既"哀其不幸，怒其不争"[1]，又"具有农民的质朴和城市游手之徒的狡猾"[2]的那种欺软怕硬、妄想不劳而获的"阿Q精神"。《阿Q正传》作于1921年，鲁迅通过对闭塞落后的农村小镇未庄、从物质到精神都受到严重戕害的农民阿Q的描写，展现了辛亥革命前后中国社会和中国人的真实面貌。这些活灵活现的艺术形象，在赵延年的版画作品中体现得淋漓尽致，小说中人物的狭隘、愚昧、落后、麻木、可悲，在犀利的刀法、夸张的造型和强烈的黑白映照下渐次复苏，赋予木刻作品以灵魂，也给人以艺术的熏陶、美的享受。

在《狂人日记》组图的创作过程中，赵延年回忆，他曾深深感受到在当时的历史条件下，狂人实质上比一般人更为清醒。狂人之所以为狂人，是因为他率真的本性、真挚的情感和对不平事物的愤慨，这一切促使他勇敢地说出一般人因为封建礼教的束缚而不敢吐露的真言。因此，在这组作品中，赵延年采用了类似写实与抽象相结合的表现手法来进行构图处理，力求以强烈、单纯、鲜明的手法来突出主体，使画面的最终效果呈现得更为简洁精炼。

后一进展厅中展陈了赵延年的版画作品以及古元、邬继德等其他木刻艺术家的10余幅作品，体现了鲁迅所倡导的新兴木刻运动在华夏大地上的传承与创新。赵延年认为，创作木刻版画插图不仅仅是为文学作品做图解，它更需要艺术家发挥想象力，做到如鲁迅所说的能"补助文字之所不足"[3]。由点、线、面构成的画面，其刀触的运用、黑白的安排，都要为表现主题服务。因此，在创作木刻版画插图之前，必须精读原作，把握住原作的中心思想、人物特征、时代气息，同时还要把自己的艺术语言融合进去，使之成为具有独立的灵魂的艺术作品。

展厅中还陈列了赵延年先生的自画像、出版书籍、笔记手稿、写生素描、创作初稿、原型速写、用过的刻刀工具等，较为立体地呈现了赵延年的版画艺术理念和成就。

　　前后两进展厅之间有天井相隔。后一进展厅原本有多处增设的墙体,分割出3个相互隔绝的展览空间,相对逼仄。本次提升改造中,我馆大胆地把所有空间都打通,并修缮展示了建筑中原有的水井,成为了全国展厅中极为独特的一个元素。古井与展览内容相融合,井是生活的源泉,象征鲁迅也是新兴木刻的源泉。后厅空间分为3个相对独立但相互沟通的空间,左侧是赵延年版画作品展示区,右侧为赵延年之后的木刻艺术家的作品,而正中的空间,则被开辟为游客休息区,有舒适的桌椅,也有多种版画艺术作品集,可供游客随意翻阅。在此,我馆还展示馆藏版画艺术家谱系表,为游客系统了解版画艺术的传承和弘扬提供参考。我馆还将此处拓展为研学互动空间,让孩子们在前辈们的版画艺术熏陶下,体验木刻、拓印等艺术之美。展厅北面,我们精心修复了花园小品"闲余小憩",形成了假山泉水、碧树掩映的格局,为展览平添一份雅趣。

　　两个常设展览新增、提升的另一个亮点在于我馆充分利用了20世纪30年代的老房子,在不破坏建筑整体布局、材质风貌的基础上,因地制宜,尽可能利用老房子,构筑新空间。从多处细节入手,对墙体、梁柱、护栏、门窗、吊顶、门楣、灯饰、把手等均实施了修缮和复原,尽可能做到与整体建筑风格相协调,原汁原味地展现江南民居的气质。

　　在中国传统民居中,中轴线有着极为重要的意义。周建人历史资料陈列馆和赵延年版画展的选址,巧妙地处于同一条中轴线上。我馆在两处展览的布局上,也充分考虑到了这一点。最终布展完成后,从周建人铜像开始,向北延伸,透过周建人馆内屏风上的圆"窗",穿过两进赵延年版画展,最终收束在版画展的花园小品。这条中轴线,贯穿了历史和艺术,让两座精致的园林遥相呼应,让百年积淀的文脉尽收眼底,从而形成了一种恰到好处的通透感。两处展览开放后,观众可以更深入系统地了解鲁迅三弟周建人的生平、贡献与政治理念,也可以从鲁迅所提倡的木刻艺术的角度,来深度感悟鲁迅作品。

注释

[1][3] 鲁迅:《坟·摩罗诗力说》,原文:"重独立而爱自繇,苟奴隶立其前,必哀悲而疾视,哀悲所以哀其不幸,疾视所以怒其不争……"见《鲁迅全集》第1卷,人民文学出版社2005年版,第82页。

[2] 鲁迅:《且介亭杂文·寄〈戏〉周刊编者信》,原文:"我的意见,以为阿Q该是三十岁左右,样子平平常常,有农民式的质朴,愚蠢,但也很沾了些游手之徒的狡猾。"见《鲁迅全集》第6卷,人民文学出版社2005年版,第154页。

"越文化视野中的王阳明与鲁迅"青年学术工作坊

卓光平　绍兴文理学院
周玉儿　绍兴鲁迅纪念馆

2021年是绍兴文豪鲁迅先生诞辰140周年,2022年是绍兴先贤王阳明诞辰550周年。为探讨越地先贤王阳明、鲁迅与越文化之间的深厚联系,诠释王阳明、鲁迅思想及作品中的越文化元素,弘扬阳明文化和鲁迅精神,由绍兴市鲁迅研究会、绍兴市王阳明研究会、浙江省稽山王阳明研究院和绍兴文理学院王阳明研究中心共同举办,绍兴文理学院大学生阳明文化传承基地、鲁迅研究社和阳明剧社共同承办了本次"越文化视野中的王阳明与鲁迅"青年学术工作坊,共有来自全国各地的10余位博士、硕士和本科生参与了本次对话活动。

一、越文化传统与王阳明、鲁迅精神人格的生成

卓光平(鲁迅研究社和阳明剧社指导老师):"鉴湖越台名士乡",作为一座有着2500多年建城史的历史文化名城,绍兴自古以来就人杰地灵,名家辈出,是名副其实的名士之乡。发源于绍兴的越文化不仅是中华优秀文化的重要组成部分,也是浙江文化的根脉。悠久的越文化孕育了哲人王阳明和文豪鲁迅,并成为他们诞生的最初文化背景和成长的重要精神资源。首先,我们一起聚焦一下越文化传统与王阳明、鲁迅精神人格的生成这一话题。

王闻文(山东大学中国哲学硕士)：所谓"一方水土养一方人"，我认为正是越地独特的人文环境造就了王阳明和鲁迅等先哲的精神人格。关于越文化，"反传统"是其最显著的特质之一，这在王阳明和鲁迅身上都有明显的体现。作为哲学家，王阳明开创了一条不同于理学又区别于陆学的心学体系，并对后世产生了重要影响。其致良知之说既向内求索，也注重事上磨练，这是对当时以理学为主的社会风气的一种反动。而鲁迅在面对当时混乱的社会，同样表现出一种反传统的性格。和王阳明类似，鲁迅的反传统，首先在于他痛恶那些吃人的礼教，那些束缚人们思想的旧传统，他认为"中国书虽有劝人入世的话，也多是僵尸的乐观"。不过需要说明的是，鲁迅所反对的是传统文化中压榨百姓的官僚文化和礼教文化，而不是传统文化本身，这一点很像魏晋时期的阮籍、嵇康。他们一方面主张"越名教而任自然"，另一方面又对儒家的真名教十分敬重，其所反对的只是统治集团借助名教以嵌制百姓的虚伪说教。

黄书(贵州大学中国史硕士)：我认为越文化对王阳明与鲁迅的性格生成有着润物细无声的滋养，他们也因此形成了各具时代特色而又有着深刻内在关联的精神人格。王阳明身上的铮铮傲骨、大义凛然、狂者精神、仁爱性格，鲁迅身上的刚毅峻拔、勇往无前、悲悯众生、精致灵敏，以及他们在思想上开拓创新的"拓荒"勇气，都与越文化传统有着深刻的关联。而王阳明与鲁迅既受益于越地文化，又以不同的方式反哺着越文化，并进而实现了文化的承传与拓展。

陈诚(绍兴文理学院文学硕士)：从学脉传承的角度来说，浙学特有的批判精神自东汉王充始，在浙江后续文人学者身上皆可窥其踪迹。从陈亮、叶适、王阳明再到近现代章太炎、鲁迅等人，都继承发扬了"浙学"中的批判精神。

潘文娟(绍兴文理学院文学硕士)：鲁迅与王阳明所受浙学思

想的影响,其中就包括自南宋时期的"事功"思想。所谓"事功"实际为一种义利兼收,重"实行"的务实思想,这种重实行的精神在王阳明和鲁迅那里都有着鲜明的体现。王阳明提倡"致良知",强调知行合一。如当学生认为过多烦琐的讼案之事会影响自我修行时,王阳明借此开导学生不可空谈学问,只有在人事磨练上才能不断精进,因为"簿书讼狱之间,无非实学。若离了事物为学,却是著空"。而鲁迅则在感知到国民精神的麻木愚昧时,并毅然弃医从文,走上以文艺为志业的道路,以文学创作来疗救国民的精神病痛。

任金刚(西南大学文学博士):王阳明在《答罗整庵少宰书》中说:"夫学贵得之心。求之心而非也,虽其言之出于孔子,不敢以为是也。"王阳明不以孔子的是非为标准,而全凭自己的心,因此嵇文甫先生将其比作中国儒学界的马丁·路德,以表明王阳明在儒学革新中的地位和影响。鲁迅则在《狂人日记》中喊出了"五四"时代的最强音——"翻开历史一查……满本都写着两个字'吃人'",给几千年封建礼教文化以最致命的一击。王阳明和鲁迅的思想之所以都有敢于批判主流文化的"叛逆"基因。究其内源性因素,便有越地这一特殊的文化场域对他们思想人格的塑形。较之博雅庄正的中原正统文化,别具地域特色的越地文化自东汉王充始便开始孕育起了"讥圣反儒"的异端传统,经王阳明至鲁迅,可以看到他们对越地异端传统的一脉相承。

施文(绍兴文理学院文学硕士):从越文化传统来看,王阳明和鲁迅深受越文化中异端传统和狂者精神的影响。异端传统和狂者精神是指相对正统而言质疑或破坏的思想或行为,带有反叛和革命的色彩,并一直烙印在后世越地子民心中,这也让王阳明和鲁迅等越地士子生成了不为世俗荣辱和规范所拘束的精神人格。王阳明被称之为"圣之狂者",而鲁迅则在《摩罗诗力说》中以"中国之治,理想在不撄"一语道出了几千年中国诗教固守中庸之道的弊病,从而呼唤异端诗人,即渎神叛道的"摩罗诗人"的降临以恢复诗歌撼人心魄的本质功能。

曹晶晶(绍兴文理学院文学硕士):越地文人固有的批判精神,深深影响了王阳明与鲁迅精神人格的生成。东汉王充不拘陈规,作《论衡》"疾虚妄",批判鬼神论的荒谬,反对神化儒学,对当时占主流地位的学说采取怀疑和批判的态度。浙东学派也显露出批判意识的锋芒,如越地陈亮、叶适对苟安求和的批判,黄宗羲对君主专制制度的批判,龚自珍对公羊学的改造,章学诚对伪史学的批判等无不闪耀着王充"崇实疾妄"的精神光芒。置身于越文化的文脉传统中,王阳明和鲁迅自然也就形成了对抗主流思潮的批判个性。

杨惠钰(绍兴文理学院文学硕士):王阳明和鲁迅自蒙学时期便深受越风浸润,他们虽跨越了400多年时间,但从两者的思想构成与人格生成中可见越中文化血脉的赓续,其中,越地批判性思维对他们都产生过影响。阳明心学既继承了王充敢于与主流思想相抗衡的越地异端性,又结合了浙东事功之学注重躬行、不尚空谈之长。鲁迅思想与人格的形成也离不开越学遗风的熏拂,而这些越地文化传统都内化为其文学创作对"国民性"的批判,对"人的觉醒"和"辟人荒"的工作,并进而重铸民族之魂。

孙拉拉(绍兴文理学院文学硕士):我认为,从断发文身之地到春秋时期的灭吴称霸,古越国这种不断超越的精神熔铸在越人的血脉之中,并一直潜移默化的影响着越地士子的精神人格。王阳明与鲁迅自然如此,他们都表现出超越时代的独到眼光。在程朱理学为主流的明朝中期,王阳明指出程朱理学"格物"支离的弊端,从而在批判程朱理学的基础上提出了"致良知"的心学思想。鲁迅深谙庸众主义而导致从众、麻木、沦为凡庸等诸多病相,从而超越群体思维提出"任个人而排众数""排舆言而弗沦于俗囿者"的立人思想。

二、王阳明、鲁迅的精神相通与人格相似

卓光平（鲁迅研究社和阳明剧社指导老师）：作为越地名士，王阳明和鲁迅不仅是反抗传统和"别立新宗"的思想家，他们在反叛传统禁锢和对抗主流文化方面都有着极为相像的表现。那么，就请聚焦一下王阳明和鲁迅王阳明、鲁迅的精神相通与人格相似这一话题。

王闻文（山东大学中国哲学硕士）：我认为可以从"狂"来看阳明和鲁迅的契合之处。首先在思想上，王阳明的"狂"首先体现在志狂。在其小时候，先生问"何为人生头等大事"时，王阳明一反"考取状元做大官"的观点，认为"读书做圣贤"才是人生最紧要事。其全然不游历于功名利禄之间，而是要成为圣人。其次是人格上表现出"狂者胸次"。王阳明一生充满传奇，他真正做到了儒家所追求的立德、立功、立言"三不朽"，特别是他"平江西匪患""平宁王之乱""平广西匪患"所取得的军事功业，改变了人们对儒者文弱的刻板印象。而鲁迅也堪称"狂人"，这不仅体现在其性格上，更是体现在其思想人格中。如其小说中所塑造的各种"狂人"形象，某种程度上也是他自己"狂"的性格和精神的表现。为了唤醒人们，他以笔为枪，与旧社会进行搏斗；以文为剑，刺破社会的阴暗。他主张让人们勇做自己，摆脱虚伪。他不惧黑暗势力的压迫，满怀着救国的热诚，敢于表达自己的心声，敢于同邪恶势力抗争。鲁迅的行为在那个时代正是一种狂者精神的表现。

黄书（贵州大学中国史硕士）：由于同受吴越文化的熏陶和影响，王阳明和鲁迅在精神思想上有着一定的相通性。在程朱理学成为社会主流意识形态的明朝中期，王阳明看到了整个学术生态乃至社会环境的"亦步亦趋"，缺乏活力、缺乏弹性、缺乏价值个体光一样的眼神是当时的普遍现状。王阳明不同于宋明理学将天地的本体归结为外在的天理，贵阳修文的"龙场悟道"让他"始知

圣人之道,吾性自足,向之求理于事物者误也",他强调主体的价值,张扬主体的个性,企图用良知唤醒人们的生命热情,重构生动鲜活的价值社会与精神世界,让人们明白"自己良知原与圣人一般。若体认得自己良知明白,即圣人气象不在圣人而在我矣。"以充满良知的心之本体纳天地万物为一体,包容阔达,生生不息。这种弘扬主体精神、彰显个体价值的心学思路,自晚明以降达到高潮,到明末清初走向衰落。晚清以后,社会遭遇了政治文化危机,面临着时代转型的使命。心学又受到了重视,"心力革命"成为了人们的思想武器。面对着清末民初积贫积弱的社会现状和麻木不仁的国民,鲁迅通过文学来反思国民精神的局限性、找寻符合当时中国的救亡之路。他认识到"立国"必先"立人","立人"必先"立心",文学与个人的连接是"心"。在特殊的时代背景下,鲁迅以"心力"发声,渴望文学"立心",企盼国民"兴国",鲁迅的文学气质充满着"心学"气息,王阳明心学那种用良知重构价值世界的生命热情与打破旧世界唤醒新世界的时代使命感在鲁迅这里得到了跨时空的接续,鲁迅用自己独具特质的主体性格与学术理路对"心学"进行现代转换,通过文学"立心"接续心学的精神血脉,跨越时空的"心"在鲁迅这里复活了,并且要掷地有声地唤醒新青年,一起来打破这旧世界,唤醒新世界。

任金刚(西南大学文学博士):鲁迅弃医从文走上以文艺为志业的道路一方面固然是受外国文学的影响,但另一方面也植根于传统文化的"固有之血脉"。无论是其《摩罗诗力说》中所提到诸如"撄人心""精神界之战士"等,还是《文化偏至论》中的"立人"等观念,决不仅仅只源于异邦的"新声"。正如学者赵黎明所言:"如果没有中国因素作为期待视野,西方影响也是无由生根的。"而这所谓的"中国因素"中,最为重要的便是以王阳明为代表的宋明心学传统。从王阳明的"立心"到鲁迅的"立人",可算是一场跨越时空的思想回响。

陈诚(绍兴文理学院文学硕士)：同为越人，王阳明与鲁迅在思想批判和价值重建上尤为相近。王阳明心学体系的创立与完善正是建立在其批判思想不断深入的基础上的。王阳明不单批判程朱学说，更提出了"不以孔子之是非为是非"的观点。在批判继承先秦儒学黑夜程朱理学的前提下相继提出了"知行合一""致良知"等心学思想，并由此形成了一条从"心即理"至"知行合一"再到"致良知"的心学思想脉络。同样，批判精神也是鲁迅身上最鲜明的人格标记，同时渗透其批判精神的作品也是现代文学中最引人注目的文学实绩。《狂人日记》不仅直接批判揭露了数千年以来封建礼教"吃人"的真面貌，也是在前贤王阳明"不以孔子之是非为是非"的声浪下继而向世人追问"从来如此，便对么"。也正是在批判传统的基础下，鲁迅深挖受传统封建文化奴役下的国民性，塑造出了阿Q、孔乙己、闰土等经典的文学形象。

施文(绍兴文理学院文学硕士)：从不约而同重视"心"的内涵来看，狂者精神在王阳明和鲁迅思想中主要落实为追求独立人格和个性解放等具体要求。在《文化偏至论》中，鲁迅提倡"掊物质而张灵明，任个人而排众数"。他赞成的是"张灵明"和"任个人"，其中和物质相对的"灵明"这一概念和儒家的心性学说中"心"非常相似。正如王阳明在《大学问》里将心性解释为"身之灵明主宰"，鲁迅所指的"灵明"便接近王阳明对"心"的界定，是一种上天赋予的能区分自己善恶的道德意识，他希望通过每个人自我的觉醒，完成人的精神世界的转变。他笔下的"狂人"揭露了几千年来封建礼教的"吃人"本质，率性地阐发个人主体的情绪。所以在"个"的自觉和对个性解放的呼吁等方面，王阳明和鲁迅"心"意相通。正如王阳明《月夜二首》所道，"肯信良知原不昧，从他外物岂能撄"，他的"心"能自主自发的抵御外界干扰，是个体意义上的具有自我行动能力的良知，这便与鲁迅极力推崇人的价值和尊严的"立人"思想相契合。

潘文娟（绍兴文理学院文学硕士）：王阳明与鲁迅都十分重视实践以及对社会现实的关注。王阳明强调"知行合一"，其心学思想既注重经史又致力于伦理实践和时事世务，彰显了经世致用的学术特色。在人格修养方面王阳明反对一味地闭门静坐，倡导伦理素养的培育与人事的磨练相结合。同样是对社会现实的关注，鲁迅以笔作刀枪，通过对国民性的批判，倡导健全独立人格的建立，以此表现出他对中国社会顽疾的深刻解剖与疗治。鲁迅笔下栩栩如生的人物形象来自他对社会的深入观察和细致解剖，表达的是他对中国未来命运的深切关以及强烈的人道主义精神。

桂亚飞（绍兴文理学院文学硕士）：王阳明与鲁迅思想相通性之一就是二人在万物一体境界上的相似性。阳明心学是一种"万物一体"的宇宙观。在这个基础上，王阳明认为大学即是"大人之学"。"大人者，以天地万物为一体者也。其视天下犹一家，中国犹一人焉。"其中"明明德"是"立其天地万物一体之体也"，亲民是"达其天地万物一体之用也"，"至善者，明德，亲民之极则也"。鲁迅没有对这种物我关系或者人我关系进行过系统的理论阐述，但他也曾说过："无穷的远方，无数的人们，都和我有关"，而他一生思想的核心也即在于"人道主义和个人主义的起伏消长"，这种人我的纠缠，是鲁迅精神的制高点。由此可见，王阳明与鲁迅在万物一体精神境界上有着内在的相通性。

三、王阳明、鲁迅与近世中国文化

卓光平（鲁迅研究社和阳明剧社指导老师）：作为越地两位极具影响力的文化先哲，王阳明、鲁迅先后开启并助推了近世中国启蒙思潮的发展，他们的影响遍及思想界、文学界以及教育界等，至今仍对中国乃至世界有着广泛的影响。

王闻文（山东大学中国哲学硕士）：王阳明和鲁迅有许多相似之处，他们的思想不仅对当时，而且对我们当下也有着诸多启迪。

在思想方面,王阳明反对理学对人的禁锢,主张要注重向内思索,注重个体意识,极其强调我们要从己之自立出发,这对个体的觉醒有着极为重要的价值。另外其"知行合一"之说对后世的实学发展有着很大影响。王阳明认为知行必须要做到合一,如果知而未行,那便不是真知,这对我们当下亦有着重要的启发,我们欲要达到某种目的,只停留在知的层面往往是不够的,必须要切实履行,做到知行合一,将理论应用于实践,再通过实践来丰富理论,如此一来,我们才可以取得实效。鲁迅也注重个体的觉醒。他在看到当时社会上的人如此的麻木,无比痛心疾首,便想着要唤醒国民意识,通过著书立说来启迪人性当中那一丝丝的光明。无论是《狂人日记》还是《阿Q正传》,他都以极其讽刺的手法来揭示当时社会的黑暗,希望以文字来刺透人们已经麻木不堪的内心。可以说,鲁迅是立足于文学创作,用文字的力量为武器来批判旧社会,从而达到立人的目的。

黄书(贵州大学中国史硕士):作为思想家,面对社会的失序、人心的流离,王阳明开出"良知"药方,以救心救世救民。良知良能乃天赋人心人性,不学而能,不虑而知,实乃"天植灵根"。人皆秉受天命下贯的无缺人性,从本体论上而言,人在道德主体上均是平等。从工夫论上而言,由于后天习染,除圣人能使此心纯然天理以外,大部分人的性善本体都会不同程度地受到私欲遮蔽,使心之本体的光明被私欲所遮蔽,但这并不代表性善本体的流失与瓦解。故需事上磨练、反躬自省,复心复性。依本体开出工夫,从工夫复归本体。王阳明以积极的良知热情、活泼的生命机用号召人们去蔽澄明,复归天命之性,把匍匐在圣人前的身体扶正,把"人"的价值交到了"人"的手里,让"人"化被动为主动,挺立了尊严,这是王阳明在封建社会难能可贵的启蒙精神,是对"人"的发现。鲁迅认为的中国近世危机其实本质上是人性的危机、精神的危机,"心"的危机,故而拔本塞源,需从个体的精神入手,唤起"感觉",唤起良知、唤起中国人之所以为中国人的精神气质,方可从根本上走出危机,创造新时代。在麻木的国民社会,在彷徨的世纪之交,鲁迅掷地有声地把觉醒送到了人们的耳边,"启蒙"的钟声已然敲响,有人闻声而来,走在了觉醒的路上。

任金刚(西南大学文学博士):鲁迅曾在其生命最后阶段的文章《死》中写道:"孩子长大,倘无才能,可寻点小事情过活,万不可去做空头文学家或美术家。"这句话很容易引起误解,以为鲁迅晚年反对文学或者美术,其实鲁迅反对的是"空头"。实干是鲁迅奉行一生的价值观念,这与王阳明所倡导的"知行合一"可谓异曲而同工。时下青年中流行"佛系""躺平",这其中当然多是基于生活重压之下的自我调侃,但确也能反映出某种时代的真实心境。彷徨时,或许可以顺着王阳明和鲁迅的文字重归自己的"初心",倾听内心的"真声",励志成为自己的圣人:真的人。

施文(绍兴文理学院文学硕士):作为思想家和文学家,王阳明与鲁迅对近世中国启蒙文学思潮的影响可以看作"心"的作用的延伸。从王阳明到鲁迅有着一脉相承的人本主义立场,他们都通过肯定"良知"来唤醒沉睡的民众,从而实现"立人"。王阳明说:"良知在人心,无间于圣愚,天下古今之所同也。"他一再强调良知是每个人心中内在的德性,鼓励人们跨过凡人和圣贤间的鸿沟,勇敢地冲破封建礼法的束缚追求个性平等。同为越人,鲁迅大胆怀疑和大力批判传统诗教,他呼唤民族历史上朴素的"白心"从而接续了王阳明的心学血脉。在《呐喊》《彷徨》中,鲁迅以文学洞悉人心,多用反语揭露造成民族劣根性的历史文化根源,探索国民精神的重塑之路。

毛敬元(绍兴文理学院商学院本科生):王阳明、鲁迅对近世中国文化产生了极大的影响。近世中国方兴未艾的阳明学显示了阳明心学在近代社会变革中的价值作用,而近现代的阳明学也构成了构建近现代中国思想文化的重要精神资源。鲁迅所处的时代正是中外文化大碰撞、大交流的时期,他探索以文学来反思国民精神的局限性,以文学来改变国民的精神。因此,由自我"本心"的确立进而寻求实现"立人立国"的救亡之路,便是鲁迅注重"精神"与"个人"来解决现代中国危机的探索路径。

曹文静(绍兴文理学院人文学院本科生):曾国藩对王阳明给予高度评价:"王阳明矫正旧风气,开出新风气,功不在禹下。"阳明心学深刻影响了东亚各国,尤其是在日本形成的"阳明热"在一定程度上助推了日本明治维新的发生。也正是受日本阳明学的影响,梁启超、孙中山、章太炎、宋教仁等特别关注阳明学,并积极利用阳明学推动中国社会的变革和发展。鲁迅对现代中国文化的贡献也很大,当他亲身体验了混乱和黑暗的社会,便开始探索以文艺之路来立人立国,而他对封建文化猛烈的抨击以及对国民性的批判激起了许多青年的心,吸引了大批青年投入文学创作与文艺活动中来,助推了中国现代启蒙新思想的发展。

陈友龄(绍兴文理学院文学硕士):作为教育家,王阳明和鲁迅有着相似的教育观,王阳明讲立心立志,鲁迅讲立人立国。他们所在的时代虽然相隔四百余年,但"不要压抑孩子的天性"的教育理念却一脉相承。王阳明在《训蒙大意》里说,儿童的天性是喜欢嬉笑玩闹,不要过于拘束他们,应该让他们很舒展地成长,他们才会枝繁叶茂;让他们心情愉悦,这样进步的速度就会很快。在对待孩子的问题上,鲁迅在杂文《看图识字》中与王阳明有相似的表达。他认为:"孩子是可以敬服的,他常常想到星月以上的境界,想到地面下的情形,想到花卉的用处,想到昆虫的言语;他想飞上天空,他想潜入蚁穴……"因此,要尊重孩子,不要压抑他们的天性,要按照他们的喜好制订成长计划。王阳明和鲁迅的教育思想显然跟当今的教育观念有着天然的契合,就是保护孩子的天性,让他们自由快乐成长。

〔本文系 2019 年浙江省规划项目"鲁迅:从浙江文化精神的传承者到新时代中国精神的源泉者"(19LLXC029)、2020 年度绍兴市高等教育教学改革项目"'对话大师,对话经典':地方高校中文专业第一第二课堂协同育人的探索与实践"(SXSJG202009)成果之一。〕

三味杂谈

老廖其文
——廖绍其的《风声雨声》及其他

李 浩　上海鲁迅纪念馆

广东《阳江日报》社主任编辑廖绍其所撰文章，以类型分是为杂文。在中国，杂文始于20世纪30年代鲁迅的创导。不过，严格地说也并不是鲁迅有意识的创导，只是当时的报刊篇幅问题，多刊登这类文章，鲁迅所贡献的是强化了杂文的直面当下社会的性质，使中国传统杂文蜕变成为中国的现代杂文。杂文是一时之感之文，非要追根溯源的话，传统文人的小品文、笔记以及部分书简即是，历史上小品文也并非皆谈闲论性的，也有直面当时社会的。鲁迅所反对林语堂的，也就是林语堂只是片面地强调了明代小品文的闲适一面。鲁迅在他《且介亭杂文集·序言》中谈到他所写的杂文时说："况且现在是多么切迫的时候，作者的任务，是在对于有害的事物，立刻给以反响或抗争，是感应的神经，是攻守的手足。"[1]鲁迅的杂文至今还拥有大量读者，从某种意义上来说，是令鲁迅失望的。因为，鲁迅希望他针砭时弊的文章能够尽早消亡，他希望将来的社会能够消灭那些他所针砭的时弊。不过，文化的变革是一个缓慢的过程，也许林语堂觉得明朝那些针对社会时弊的文章没有什么价值，因此在20世纪30年代不提倡了——毕竟明朝到民国时跨数百年，当年的一些时弊确已经消亡，相应的文章就没有什么价值了。再从明朝往前推数百年，也有类似的例子，唐朝颜真卿的《与郭仆射书》，其文学价值已经罕有人论及，而且颜真卿在世人的眼中也并非文学家,而是书法家。这篇《与郭仆射书》因其手稿被保留,而今成为了书法名帖《争座位帖》而被当今书法爱好者颂扬。这是悲哀的事,毕竟颜真卿手书此文并非为求书法,而是求义理和规则,而且其文句及书写也肆意激愤。只是想说明,杂文这种文学形式,确实有这样的历史命运。论及鲁迅的杂文,鲁迅的一些杂文如果不看相关的注释,了解其写作背景,在今天很容易产生误读。

幸好老廖的杂文尚不存在这些问题,是因为年代近的缘故。翻阅老廖的 20 世纪 90 年代杂文如《千虑一得》《〈武则天〉断想》《庄严与无耻》等,至今还有现实意义。当然,这并非是我们的社会没有进步的表现。当今的社会环境已经比 20 世纪 90 年代的社会环境有了巨大的进步,但在文化上的发展并非如社会经济那样直线般的前进着,这是人类社会的惯常现象(即便是社会经济也是曲折发展的)。文明的沉淀以及其负面的痼疾并不能一朝一夕能够改变,需要全体社会成员的长期的共同努力。因此,鲁迅在写成《且介亭杂文集·序言》的第二天写下了《且介亭杂文二集·序言》,其中说到他的杂文:"我有时决不想在言论界求得胜利,因为我的言论有时是枭鸣,报告着大不吉利事,我的言中,是大家会有不幸的。"[2]"一定要到得'不幸而吾言中',这才大家默默无言,然而为时已晚,是彼此都大可悲哀的。"[3]我想,老廖也存有这样的想法,才会将自己的杂文收集起来编成文集,播布于世。

1983 年创刊的《杂文报》在当时获得了广泛的阅读者,我也曾每期必看。因为,当时《杂文报》所刊登的文章读来着实令人痛快发人深省。现在看老廖的文集,知道老廖也曾在该报上发过文。实是敬仰。2015 年,也就是老廖写《风声雨声·后记》的那年,《杂文报》也宣布停刊了。这是令人惋惜的事,但也正常,不是因为杂文这种文体寿终正寝了,而是杂文在新时代,特别是借助于网络和新媒体发生了新的变化,更为灵活,或更为系统。灵活短小者如微博 120 字,系统周纳者如现在常见的微信公众号的一二千字或万字以上;微博是直指中的,而微信长文往往以比较系统地介绍事物的来龙去脉;介乎两者之间的,我以为是微视频——它是真正的杂文的多媒体的形态。设若老廖进入网络及新媒体,我想也将是"老树发新枝"异彩纷呈的。

老廖是老新闻工作者,他很明了舆论对于社会的功用。看他的杂文,针砭时弊,但都是有理有据,并符合社会发展的正常要求。正因为老廖能够坚持自己立场、坚持他的文化理想,才使他的杂文呈现出不偏激、不盲从、不蛊惑的特征。常人以为,杂文一定要有偏激语句才好读,纵观杂文每个时期的代表作品,基本没有偏激的,即便看上去偏激的,也是义理的推衍的高度文学化——鲁迅的许多杂文正呈现这样的特色。偏激确实是有使人读了一时爽快的感觉,但偏激成堆的文章往往会因偏激而失去基本的义理,而无法令人信服及引起深入思考,杂文的社会功用也会被削弱或者被异化。老廖自言,写杂文"无非是希望社会进步,大家更好过些而已"。这种朴实而坚定的文化理想,也是读他杂文所能强烈感受到的。

最近几年,我比较关注于鲁迅手稿的探讨,颇有感触。读手稿和读铅字文的感受完全不同,读手稿能够更读出作者在作文时的所思所想。由此想来,老廖也保存些文章手稿的吧,因此很希望老廖能够善待这些手稿,以便将来有影印出版的机会。

2022 年疫中修订

注释

[1] 鲁迅:《且介亭杂文·序言》,《鲁迅全集》第 6 卷,人民文学出版社 2005 年版,第 3 页。

[2][3] 鲁迅:《且介亭杂文二集·序言》,《鲁迅全集》第 6 卷,人民文学出版社 2005 年版,第 225 页。

感受吴冠中

徐东波　绍兴鲁迅纪念馆

2014年秋风乍起之时，在上海浦东的中华艺术宫（原2010年上海世博会中国国家馆），我再一次近距离接触到吴冠中先生众多的绘画艺术作品。徜徉在艺术宫内的名家艺术陈列专馆，透过一幅幅绘画作品，吴冠中先生的身影，异常清晰地萦绕在眼前，感觉很是亲切。特别是展墙上吴冠中先生的一幅大黑白照片，他一头短硬的白发，倔强地坚挺着，彰显出一位为人生的艺术家的独特气质。刹那间，我不由得联想起他关于鲁迅的众多话语，诸如鲁迅是他的精神之父、一百个齐白石抵不上一个鲁迅等，感觉像铁锤一样，沉重地敲击在心头。一位画坛巨匠、艺术大师，竟然如此大胆、决绝地喊出自己的心声，真的令人感慨万端。

对鲁迅，对鲁迅故乡绍兴，吴冠中先生似乎情有独钟。他曾几度来到绍兴，徜徉在稽山鉴水，行走在老街长弄，进行采风、写生。江南水乡的独特风貌和绍兴众多名人故居，俨然成为他中晚期艺术创作的重要素材。多年以前，我单位外宾接待室的东墙上，挂有一幅吴冠中先生创作的大型水墨画《百草园》。据单位老同事回忆，20世纪70年代末，吴冠中来绍兴采风、写生，就住在我们单位内当时被当作文化系统内部招待所的一个小院里，与鲁迅故居及百草园仅一墙之隔。《百草园》是他于20世纪80年代初特意创作、赠送给我们单位的。此画可谓巨制，画芯宽达1.5米、长达1.70米。以我外行人的眼光望去，也分明能感受到画面脱俗灵动,气韵极为生动,写意写实兼之。进入21世纪后,吴冠中先生的画作在艺术品市场上价格一路飙升,单位领导忧心忡忡,认为《百草园》画作悬挂在墙上惜乎危乎,于是决定收藏入库。孰料想,由于当年装裱粗糙,加上天长日久,画作牢牢地粘在三合板上,大伙儿唯恐揭破,只好连同底板一起抬入文物库房庋藏。又过了几年之后,单位领导多方打听、权衡之后,将此画送至上海,委托上海博物馆裱画工场重新装裱。据我所知,当时装裱费用达万元之巨。由此也足见吴冠中作品的分量。

大约在20世纪90年代末,某年秋天,绍兴图书馆举办大型图书超市,我一时兴起赶去凑热闹。逛了大半天书市,最后在令人眼花缭乱的书海中,挑了一本吴冠中先生的散文集《生命的风景》。这是一本带有自传体色彩的散文集,由北京十月文艺出版社出版,标价23元,书市优惠后仅为9元。细读之下,感到吴冠中先生不仅是位画坛巨匠,同时也可称得上是位不折不扣的散文大家。他笔端流露出的情感,是那样的细腻、率真,他对事业、人生尤其是对理想的追求,又是那样的真切、执着。特别是书中他关于"笔墨等于零"的言说,以及对绘画艺术中内容决定形式的固有说法的质疑等,令人耳目一新。掩卷沉思,我分明感到,吴冠中先生笔下的文字间,隐约流露出一丝孤独之感,我当初说不上来这是为何。不过,他在字里行间表述的一位真正艺术家的精神追求,那种"虽千万人,吾往矣"的精神气质,令我十分迷恋。

2005年春天,我所在单位收到湖南美术出版社的一封公函,称即将启动《吴冠中全集》编纂工程,得知我们单位藏有吴冠中先生画作《百草园》,希望能提供可用于制版的作品反转片云云。对此,我们十分踌躇。那会儿,吴冠中先生的绘画作品在海内外艺术品市场上被炒得十分疯狂,一幅作品动辄上千万元,更有造假制假者层出不穷,真伪莫辨。为慎重起见,我们向出版社方面提出,必须请吴冠中先生本人以书面形式认证此事。出版社无语,一时也没了下文。没料想,大约一个月后,我们意外收到吴冠中先生寄来的亲笔书信,信中言辞恳切,对我们近乎苛刻的要求表示理解,并对我们较真的态度表示感谢。大师风范,质朴感人。

我真正见到心仪已久的吴冠中先生是在 2007 年。这年金秋十月,吴冠中先生赶到西子湖畔,在母校中国美术学院举办"沧桑入画——吴冠中艺术展"。10 月 17 日那天,吴冠中先生从杭州赶赴绍兴,再次专程重访鲁迅故居。他曾说过:"如果没有鲁迅,我根本就不会从事艺术;没有鲁迅,根本就不会有今天的吴冠中!"当时留给我的第一印象,吴冠中先生不像一位年近九十的耄耋老人,他精神矍铄,步履匆匆,言语不多,讲起话来极为简明直截。吴冠中先生行走在鲁迅故居,徜徉在百草园,逗留在三味书屋。当来到当年在绍兴采风、写生时住过的周家新台门老房子,吴冠中先生显得特别兴奋,清癯的面容上泛起阵阵笑意,特意拍了不少照片作为纪念。我想,那一刻,老人一定回想起了过往的峥嵘岁月。

"如果让我再活一次,我一定不学画,我要学政治,把国家民族治理好,这比画画更重要。"吴冠中先生说这番话时,正是他绘画艺术炉火纯青、处于巅峰之际。这着实让人深长思之。吴冠中先生带着紧连广宇的浩茫心事,去了另一个世界。他给我们留下的,不仅仅是众多脍炙人口的艺术佳作,我以为更多的是一份属于精神层面的财富。无论是为画,为文,还是为人,作为艺术大师的吴冠中先生,无疑是一个时代鲜亮的精神符号。

最好的纪念是继续他未完成的事业
——南京鲁迅纪念馆策展手记

郑敏虹　南京鲁迅纪念馆　南京师范大学附属中学

1898年,一个叫周树人的年轻人离开家乡绍兴,来到南京求学,先考入江南水师学堂,半年后转考江南陆师学堂附设矿路学堂,在这里学习3年后毕业。江南陆师学堂位于南京城北,在今天的中山北路与察哈尔路一带,学堂里的建筑基本是平房,现已不存,但有两栋砖木结构的小楼保留至今:一栋是总办办公楼,位于现在的鲁迅园社区;另一栋是德籍教员宿舍楼,位于南京师大附中校园。1957年,这栋德籍教员宿舍楼被列入江苏省文物保护单位,2006年,南京鲁迅纪念馆在此成立并对外开放。迄今为止,全国一共有6家鲁迅博物馆/纪念馆,分别在绍兴、南京、北京、厦门、广州和上海,6个鲁迅生活过的城市。其中,唯一建在中学校园内的是南京鲁迅纪念馆。2018年,我们有感于10多年来鲁迅研究的新成果与博物馆展陈方式的更新,在南京鲁迅纪念馆原有陈列的基础上启动了新的展览计划。策展过程中,我们反复思考:一个纪念馆存在的意义是什么?我们要纪念鲁迅的什么?南京鲁迅纪念馆有什么特色?我们想同观众交流什么?历经两年的内容编写、一年的陈列设计和半年的施工布展,新展于2021年9月正式完成。我们新增了200余件展品,以"寻求别样的人们"为题,以"南京""新学""青年"为关键词,试图回应这些问题。

一、"走异路,逃异地"

"我要到 N 进 K 学堂去了,仿佛是想走异路,逃异地,去寻求别样的人们。"《〈呐喊〉自序》中的这句话已耳熟能详,少年鲁迅第一次离开家乡,负笈求学的地方便是南京。而细数他的人生,尤其是成为"鲁迅"之前,青年周树人与南京还有过两次相遇:一次是鲁迅赴日留学归国后,曾先后在浙江杭州、绍兴的中学讲授自然科学,1910 年,中国近代第一个博览会——南洋劝业会在南京举办,鲁迅率领 200 多名绍兴师生来宁参观,开拓眼界;另一次是在 1912 年,民国肇造,鲁迅离开绍兴,赴临时教育部任职,再度来到南京。在鲁迅青年时代的生命中,南京有很重要的影响,而他选择南京的 3 次时间,也恰好是这座城市发展的重要节点。

1898 年的南京是晚清洋务派的试验场。自第二次鸦片战争后,西方列强迫使江宁开埠,仪凤门外的城北下关江面开始形成新的交通与商贸中心,传教士也陆续建教堂、办学校、开医院。历任两江总督的曾国藩、李鸿章、刘坤一、沈葆桢、曾国荃、张之洞等,作为洋务运动的骨干,也在此时展开洋务新政。他们引进新兴工业、建设新型城市,在甲午战败后有感"风气未开,人才未备,一切新政无自举行",开始建立新式学堂、实施新式教育,让南京逐步从封闭转向开放。与此同时,旧制度则显出衰朽之相,同在 1898 年来到南京夫子庙参加乡试的陈独秀便感慨:"这便是我由选学妖孽转变到康梁派之最大动机。"1910 年也是一个重要的年份——1905 年,两江总督兼南洋通商大臣端方出国考察,参观美国圣路易斯万国博览会、意大利米兰博览会等后,受到启发,回国后奏请清政府开设南洋劝业会于南京,"以振兴实业,开通民智"。5 年后,由清政府给予支持,采用官商合办的南洋劝业会隆重开幕。主会场设在三牌楼、丁家桥一带,占地 700 余亩,分设各省展馆、外国展馆与农业、医药、教育、工艺、武备、机械、美术、通运等专业馆及劝业场,促进各地产品交流,激励农工商业发展,历时半年,吸引了20多万游客,在全国产生了极为轰动的影响,是中国最早的全国性博览会。1912年则更不必说,虽然南京临时政府只存在了很短暂的时间,但在近现代史上有着划时代的意义。这三个时间点可看出鲁迅的个人选择与城市历史是紧密联系在一起的,因而在追溯其人生历程时不可避免要呈现南京在不同时代的面貌。我们有幸找到3张南京的老地图,分别是1898年法国人盖拉蒂绘制的《江宁府城图》、1903年的《陆师学堂新测金陵省城全图》与1910年的《南京全图》,让观众可以直观地感受到一座城市的变迁。

当然,更重要的是鲁迅自己辗转其间的故事,这些"走异路,逃异地"是怎样展开的:家道中落后如何从绍兴来到南京,如何在学成期满后赴日留学,如何带领学生前往南洋劝业会,如何再度离开家乡来到新政府的临时教育部……我们不希望去告知观众鲁迅是一个怎样的人,而想让观众能将自己代入一个少年漂泊者的心境,跟随他的脚步,体验这一路以来的所见所闻、所思所想,最终得出自己的结论。因此,我们以鲁迅的自述为主线,以周作人与其他同时代人许寿裳、夏丏尊、蔡元培等的回忆为辅助,从第一人称的视角讲述这段经历。我们试图还原出这些文字里描述的场景:斑驳的粉墙黛瓦是绍兴,南京则是青灰色的城墙,连接它们的是仿照"仪凤门"的城门,穿过去就能看见水师学堂高大的桅杆;潺潺的水声、摇橹声与矿洞里滴水的声音、敲击的声音是感应的,拿起听筒,能听到绍兴口音的模仿鲁迅、周作人、夏丏尊的配音。我们想尽量少地介入,更多地展示当时的照片、手稿、报刊、日记、信笺、遗迹,让史料说话,让观众能有切身的体会,设身处地地思考每一个"走异路,逃异地"的选择意味着什么,"别样的人们"是什么样的人们。

二、"看新书的风气"

"走异路,逃异地"的过程中,鲁迅与学校教育的关系,尤其是就读晚清新式学堂的经历,是我们想要着力展现的内容。不仅因为南京鲁迅纪念馆的主体建筑就是江南陆师学堂的遗存,更因为这里是鲁迅接触现代科学、阅读翻译文学、探索精神启蒙的人生起点。为此,我们追溯了江南水师学堂和江南陆师学堂的建校历史、校舍样貌、课程设置和招生要求,观众可从照片和沙盘中看到两所学校的地理环境与今昔对比;可翻阅仿制的鲁迅批注的《化学卫生论》与手抄讲义《开方》《八线》《几何学》等,了解当时的学习内容;可在模拟的矿洞前,体验矿井里的感觉;可从遗留下来的"枪炮"门额、出操照片与周作人的介绍中感受清末军事学堂的氛围。有意思的是,陆师学堂负责军事操练的总教习是一位名叫罗伯特·骆博凯的德国人,南京鲁迅纪念馆所在的德籍教员楼便是他曾经住过的地方。在南京的四年半时间里,他给远在德国的家人写了近600封信,报告旅途中的见闻与个人生活,收集和拍摄了大量照片,后在德国出版。我们有幸找到了这本书信集的德文原版与中文译本,可为我们看待洋务运动中的新式学堂提供一个域外的视角。

在南京读书的几年里,对鲁迅后来的人生有很大影响的是江南陆师学堂,尤其是学堂的第二任总办俞明震,他的开明使看新书的风气流行起来,鲁迅对他终生抱有好感。这期间,严复翻译了赫胥黎的《天演论》,在思想界引起强烈反响,周氏兄弟也大受震撼,他们还醉心林纾翻译的外国小说,这是鲁迅接触进化论观念与外国文学的开始。陆师学堂里设有阅报处,我们在纪念馆里也仿制了阅报处的场景,观众可在其中了解当时流行的《时务报》《苏报》《农学丛刻》《译书汇编》等,感受过去的时代风潮;展柜里亦展出周作人回忆鲁迅当时阅读的诸种书籍,足见他兴趣之多,关注之广。这样开放的风气,不拘的视野,使得陆师学堂的学生卓尔不群,给当时的书商留下深刻印象;鲁迅自刻的"戎马书生"印,以及以戛剑生署名留下的诗文,或许会让观众想起自己"年青时候也曾经做过许多梦"。

这样的教育影响了后来作为老师的鲁迅。当他从日本回国后,在杭州浙江两级师范学堂从教,对文学和植物学的兴趣,开设生理卫生课,编写和教授《生理学讲义》等,无不显示出其丰富的爱好、多样的才能与科学的研治态度,让人联想到他在南京、日本求学时对新学的兴趣,"木瓜之役"亦颇具戛剑生的风采。彼时的环境仍旧保守,但即便在更为闭塞的绍兴府中学堂,鲁迅依然努力扩大学生眼界,增长实际知识。当南洋劝业会在南京开幕的消息传到绍兴后不久,他就建议学校把这一年的秋季远足改为赴南京参观南洋劝业会,最终约有 200 多名师生成行。我们仿制了南洋劝业会的牌楼,制作了一段动画,展示府中师生由鲁迅带队前往南京的经过,并用雷达互动的地图呈现南洋劝业会的会场,观众可用手触摸会场地图上的建筑物,从弹出的介绍框中了解每座展馆的具体信息。这次南京之行,让师生眼界大开,鲁迅此时的角色可能会让我们联想起他的老师俞明震。很有意思的是,当时还在读书的茅盾、叶圣陶与郑逸梅也参观了南洋劝业会,各自留下了回忆,这是那个时代的游学。而后革命兴起,鲁迅带领学生整队上街讲解,镇定人心,在《越铎日报》上鼓励同胞自由发抒言论、指摘政治得失、争取共和之治,这些或许超出了一个教育者的身份,或许没有。100 多年过去,回看这段历史,我们能看到近代教育的变革,更能看到一个思想者孕育与反哺的过程,这对一个坐落于中学校园里的鲁迅纪念馆来说,尤为重要。

三、"活在青年的心里"

南京鲁迅纪念馆所在的南京师大附中,前身为东南大学附中。1923年夏,21岁的胡风离开武昌来到南京,考入东大附中高一年级;巴金与三哥李尧林也于年底离开上海南洋中学,考入东大附中补习班,半年后进入高三插班学习;黄源则是在教育杂志上看到东大附中试验新式的道尔顿制,在1924年来到南京求学,时年18岁。他们都受到"五四"精神的感召,在这里阅读到鲁迅的作品,并在其后的20世纪30年代与鲁迅相识于上海,共同投身文艺批评、编辑出版与文学翻译事业。因而在纪念馆的2楼展厅,我们呈现了这三位"新青年"的成长故事,从他们的视角来看待和感受鲁迅。

20世纪20年代的东南大学附中以"新精神在全国驰名",托尔斯泰的《复活》、厨川白村的《苦闷的象征》与鲁迅的《呐喊》都是年轻人爱读的书籍,无政府主义思想、世界语和工人运动也对青年学生有极大吸引力。我们有幸获得一份珍贵的文献——《东南大学附中周刊》。这份出版于近90年前的校刊是由当时的学生自主创办的,他们在周刊上讨论学校改革、关注社会发展,为不同的观点辩论,青年胡风曾担任过《周刊》的总编辑,而正读高三的巴金则是这份校刊的热心读者。1925年"五卅"惨案发生后,《东南大学附中周刊》出版特号声援,胡风也投入社会运动;巴金的中篇小说《死去的太阳》记叙了这一事件,其中方国亮这个人物的原型就是胡风。在讲述他们的经历时,我们依旧采用了第一人称视角,让观众从胡风的自述中感受一个怀抱理想的"五四"青年的青春热情;在巴金和三哥寄住的北门桥鱼市街二十一号那间小屋的场景里,体会两个初次离家的孩子的敏感细腻的心情,以及想写点东西来申诉"同为'被压迫者'的人底悲哀"的渴望,这些都与鲁迅的青年时代构成回响。

离开东大附中后,3个青年人不约而同地经历了理想与现实碰壁后的迷茫,他们走上了不同的道路,又都不约而同地与鲁迅相遇。"做自己本分的事",这是鲁迅对胡风所说的话,他们一起写评论，推出文学新人。我们展示了胡风这一时期与鲁迅密切联系的文艺评论，合作出版的《生死场》，创办的《海燕》。在鲁迅眼中，胡风是一个"有为的青年"，而鲁迅慷慨帮助默默无名且结识不久的晚辈作家，以实际行动呵护、提携青年，也对胡风有很大的影响。鲁迅与巴金的关系亦是如此，尽管他们的"倾向很不同"，直接交往也不算多，但鲁迅一直信任巴金，支持他的出版事业，因为"那个人比别人更认真"。我们呈现了巴金苦心经营的"文化生活丛刊""译文丛书"与"文学丛刊"、他们往来的书信手稿，以及巴金捐赠的鲁迅设计、巴金出版的版画集《死魂灵百图》。还有《译文》杂志，这是由鲁迅、茅盾与黄源共同创办的。创刊时，鲁迅花费了很大心血，尽管第4期后由黄源负责编辑，鲁迅仍尽己所能，不辞劳苦地帮他找寻译稿和插图；在黄源遭遇出版社不公正待遇时，毫不犹豫地站出来，为他说话。我们模拟了鲁迅在上海虹口大陆新村寓所的2楼书房，让观众在萧红的回忆中，想象青年人聚集在这里"毫无拘束，毫无顾虑，畅所欲言"，鲁迅也"甘愿俯首倾听青年人的议论，有时还留至深夜，谈个不住"的情景，他对于青年最看重的品质是"认真、诚实"，而不是倾向与派别。

展览的最后，是鲁迅的葬仪，包括巴金、胡风、黄源在内的12位青年作家抬着灵柩缓缓而行，照片中那些"真诚的脸，热烈的脸，悲愤的脸"，让观众看到那个时代的年轻人对鲁迅真切的爱戴和怀念。我们请学生合唱团录制了吕骥和冼星海谱写的《安息歌》，从社会各界写给鲁迅的挽联中挑选了部分设计为一面展墙，这些挽联的作者有他生前的好友、有曾经的学生、有曾经的论敌、有指导过的木刻青年、有异国的同行、有演讲过的大学的学生，还有从未谋面的工人与妇女团体，他们是鲁迅的读者，也是他精神的延续。我们希望今天的观众也能被这股思想和情感的力量打动，去想些什么，做些什么，因为纪念先生最好的方式是继续他未完成的事业。囿于当前的疫情防控，南京鲁迅纪念馆尚未能向社会开放,参观者仅限于学校师生与少数的预约。在毗邻展厅的阅览室里,我们在留言簿上看到一些参观后留下的痕迹,挑选了几则,摘录如下:

想用鲁迅的口吻写一段话,又自觉生疏拙劣。
迅哥所教导的诚与爱,我仍然在努力践行着。似乎有的时候语言很疲乏,以至于想要放弃了,但抬头望见迅哥的肖像,总有一股力生出来。

无意中得知的去处,就像自己的秘密基地一样,感叹校园中竟有这样一个地方。很喜欢阅览室的氛围,会带最喜欢的人来这里。

有温柔的光和满室的书香
在这里不仅读了很多关于鲁迅先生的书
也和他一起在这里读过很多诗
"同一只候鸟正飞过我们身旁"

在两节课的间隙,认真走了一遍纪念馆。
因是吴地人,同样近水,听到方言很亲切,心亦一下子软了起来,开始走近了"人",而非一座"雕像"。
在鲁迅面前,我是羞愧的。因为我看到了自己身上的软弱,那些小我的欲念。我叹息自己为什么没有惊醒得早一点,那么也许可以留下更多自由的、美好的痕迹。
走到最后一个展厅的时候,安宁、从天宇倾泻而下的音乐忽然让我平静了一下。那段声响中有沉痛,却亦有解脱的、释然的部分。他战斗了一生,寂寞了一生,被误解了一生。他有他的局限,但他的勇敢,在于他始终睁着双眼,直面着他的局限。他有过灰心,有过逃避,可最终他选择站出来,为了一个当时尚不知有无的明天。我忽然有所感叹,人的伟大也许正在于看清了自己的渺小,却依然执着地追求着真与善。而死亡是一阵风沙,把所有的恩怨遗憾皆掩面,只留下不朽的战斗过的灵魂。所以不用畏惧,将自己抛掷进人间的浪潮中去吧,岁月会留给你答案。

鲁迅笔下的绍兴酒文化

何信恩　绍兴市鲁迅研究会

中国古典小说中有许多与酒有关的描写,酒成为一种重要的媒介,从中可以引出一个个精彩的故事来。例如:罗贯中的《三国演义》中有"煮酒论英雄"的故事(第二十一回);施耐庵的《水浒传》中随处可见"大碗喝酒,大块吃肉"的场面,单从回目看,就有许许多多的"醉"字;《金瓶梅》中大凡写性爱的场面,均伴有饮酒的细节,如第十九回、第二十三回、第二十七回;曹雪芹《红楼梦》中的贵族生活大小筵席不断,喝酒自然是其中主要的内容,如第五回、第三十八回、第六十二回、第六十三回、第七十五回里都有侑酒的场面描写。深受这些传统小说影响的鲁迅在其作品中,也有许许多多与酒有关的描写,或与主人公的活动场所与背景有关,或与人物的性格与心情有关。或与当时的气氛和时代有关。现举例如下,从中可以看出作者的深刻用意。

《孔乙己》描写了孔乙己活动的典型环境——咸亨酒店的情况,为主人公的出场做了必要的铺垫。

小说先写酒店的格局,酒菜的价钱和两种不同的顾客。20年前"花四文铜钱,买一碗酒","现在每碗要涨到十文"。形象地反映了在清朝末年,在帝国主义和封建主义的双重压迫下,政治腐败,经济萧条,物价高涨,民不聊生的现实。在这样的社会里,"短衣帮"顾客只有在"傍午傍晚散了工"后才能站着喝酒。他们不肯多花一文钱去买盐煮笋或茴香豆,足见他们生活的困难。只有

"穿长衫"的才可以悠悠然地"踱进店面隔壁的房子里,要酒要菜,慢慢地坐喝"。作者描写穿长衫的顾客到酒店不是走进,而是"踱进",不是买酒买菜,而是随心挑选,"要酒要菜"。不是一喝就走,而是从容不迫,"慢慢地坐喝"。同样一个社会,同一家酒店,两类不同衣着的顾客就有两种不同的喝酒方式。这就形象地揭示了清末封建社会尖锐的阶级对立。一句"孔乙己是站着喝酒而穿长衫的唯一的人"把主人公的身份,处境和命运一一点明。又通过当时酒店惯用的以羼水方式来偷工减料,多赚点钱的描写来反映掌柜的狡诈。

最后以孔乙己拖欠酒店 19 个钱却不见归还的细节暗示主人公的悲惨结局。

《阿 Q 正传》中的阿 Q 是一个中华民族"乏"的典型人物。鲁迅在绍兴见过和听过的"阿 Q"都是喝酒的。作品多次写到与酒有关的细节。阿 Q 得意的时候要喝酒(往往是付现钱的)失意的时候要喝酒(往往是赊欠的),得意时醉醺醺地在街上走,失意时付过地保二百文酒钱,愤愤地躺下骂人。喝了两碗空肚酒便飘飘然起来,一面走一面在街上大声嚷嚷:"造反了!造反了!"吓得未庄人都用惊惧的眼光看着他。酒喝饱了就会做梦,做革命成功的梦。阿 Q 喝的是黄酒。喝了两碗黄酒便手舞足蹈起来……当时的绍兴人一般都会喝酒,大多数人都喝本地产的黄酒——元红或加饭。但有身份的人与下人的喝酒方式不一样,文人和绅士喝酒不用碗而用盅。酒也不是喝的,而是喔的,所谓"老酒喔一喔,戏文唱一出"。像阿 Q 这样的下人、粗人,喝酒自然用碗,而且不用金边细汤碗,用粗瓷做的猫砦碗。酒也不是一口一喔的,而是一碗一碗喝的,俗称"灌黄汤水"。

绍兴旧时有许多岁时酒俗,从农历腊月的"请菩萨""散福"开始到正月十九日"落像"为止,因为都是在春节前后,所以人称"岁时酒"。散福来自祝福,"祝福"即"作福"之意。范寅在《越谚》中载:"作福,岁暮谢年祭神祖名此,开春致祭曰春福"。因此祝福主要是报谢神祖,但也抱有对来年的祈求。一年一度的祝福,在绍兴向来郑重其事,被视为年终大典。祭神福礼中自然包括酒在内,但祝福又有个规定:只许男丁依辈分大小参加,女性一律回避。鲁迅写的小说《祝福》中有一个典型的细节描写,即四婶不许成为寡妇的祥林嫂去碰祭祀用的酒杯与筷子,即使在祥林嫂去庙里捐了门槛自以为已经赎了罪以后依然不许她碰祭器。使祥林嫂在精神上受到极大打击,很快成为木偶人,最终惨死在祝福声中的雪地里。鲁迅借此深刻揭露了旧社会封建礼教对劳动妇女的摧残。

鲁迅的小说多以故乡绍兴的风貌作为背景,《在酒楼上》也不例外。无论是 S 城的街景和酒店的格局乃至下酒的菜肴,无不体现出浓郁的地方气息。鲁迅一生有 1/3 时间在绍兴度过,对绍兴城乡的风貌和酒文化的特点了如指掌,曾多次上过酒楼吃酒,将亲身经历随手拈来,写入文章,格外生动与亲切。例如喝酒是用口呷的,酒味很纯正。下酒的酒豆腐(油炸臭豆腐)要加上辣酱。而茴香豆、冻(扎)肉与青鱼干都是传统的下酒菜。遇到熟知的酒客时,酒会一加再加,不停地喝。一面喝酒,一面抽烟等,都是作者平时喝酒时的常态。鲁迅在绍兴府中学堂和山会师范教书时,附近都有临河面街的小酒楼,教书与写作之余,常约二三好友上楼喝酒,其中就包括范爱农等人(据说鲁迅的酒量还不错,兴致好时,一人喝一二斤酒不是问题)。文中提到的许多情节都可以在作者以往的生活经历中找到影子。

绍兴既是酒乡,同时又是水乡、桥乡与戏曲之乡。水是各种文化的载体,酒文化、桥文化和戏曲文化都是从水文化这一母文化派生出来的支文化。绍兴民间有一面行船,一面唱戏,一面喝酒的习惯。《风波》中专门提到"河里驶过文人的酒船"。文人坐在船上吃酒、猜拳、赋诗的游船称为酒船。从宋代的陆游开始就是如此。

绍兴历代文人(名士)与酒的关系特别密切,借酒消愁、借酒骂人、借酒自卫的大有人在。鲁迅写过一篇《魏晋风度及文章与药及酒之关系》,副题是:九月间在广州夏期学术演讲会讲。文章重点写了竹林七贤的饮酒与脾气,其代表人物是嵇康和阮籍。作者用了不少笔墨写这些名士,如何放荡不羁,我行我素,如何沉湎饮酒,不合时宜。而多饮酒、少讲话的原因不独由于其思想与当时的主流学派格格不入,更在于学术环境的恶劣。

鲁迅为什么要写这么一篇从题目看起来似乎风马牛不相及的"怪文章"?只要联系到当时的形势与作者所处的环境就一目了然了。

1927年4月,国民党右派发动"清党",实行白色恐怖。鲁迅辞去了中山大学的一切职务,客居广州。7月,国民政府广州市教育局举行夏期学术讲演会,打着"学术"的旗号,别有用心地邀请鲁迅去演讲,鉴于当时的政治环境,鲁迅出人意料地讲了这样一个似乎是纯学术的问题。众所周知,魏晋时期是中国政治上禁锢严密的时期之一,鲁迅选择这个中国古典文学的题目,是对国民党当局曲折地表示了讽刺。1928年12月30日,鲁迅在致友人的信中说:"弟在广州之谈魏晋事,盖实有慨而言。"(《致陈濬》)

国人皆知鲁迅是绍兴人,绍兴出老酒,绍兴人多喝酒,鲁迅也坦承自己平时喝一点酒。于是他的论敌们讥讽鲁迅常常喝得醉醺醺地写文章骂人。1928年,创造社与太阳社的部分成员与鲁迅之间进行了一场有关"革命文学"的论争。当时创造社和太阳社的一些人在试图运用马克思主义原理于中国革命的实际和文艺领域时,出现了严重的主观主义和宗派主义倾向,对鲁迅作了错误的分析,采取了排斥以致无原则的攻击的态度。冯乃超在《艺术与社会生活》一文中,攻击鲁迅"常从幽暗酒家的楼头,醉眼陶然地眺望窗外的人生",说鲁迅是"追怀过去的昔日,追悼没落的封建情绪"的落伍者。于是鲁迅写了《"醉眼"中的朦胧》一文,对论敌的攻击进行了回击与反驳。

其实,迅翁是一个"外冷内热"的人。他主张:"热烈地拥护着所是,热烈地攻击着所非。"正如毛泽东的诗句所形容的那样:"冷眼向洋看世界,热风吹雨洒江天"(《七律·登庐山》)。喝了绍兴老酒以后,后劲很足,可以坚持"韧"的战斗,鲁迅就是如此。

画出这样沉默的国民的魂灵
——阿 Q 形象解读

倪　峰　南京鲁迅纪念馆　南京师范大学附属中学

阿 Q 是鲁迅笔下最为人所熟知的人物形象，到了今天，阿 Q 几乎已成为"精神胜利法"的代名词。人们笑话他的盲目自大，要么拿查无实证的祖先或无中生有的后辈来压人——"我们先前"或"我的儿子"要比你"阔得多啦"；要么来个"逆向思维"，不跟别人比好比强，反过来跟别人比恶心比缺点——捉虱子得整出更大动静才算厉害，头上的癞疮疤别人都不配拥有，只要是第一，即使是"自轻自贱"，也能获得考中状元般的快乐。人们也笑话他惊人的健忘力和想象力——刚刚挨了假洋鬼子的敲打，没走几步，不仅统统忘却，到了酒店门口，便"早已有些高兴了"；自己打了自己两个嘴巴，在想象中"似乎打的是自己，被打的是别一个自己，不久也就仿佛是自己打了别个一般"。当然，阿 Q 偶尔也有不依靠"精神"而单凭"实力"所取得的胜利，例如当众捉弄羞辱小尼姑所取得的"勋业"着实让他"飘飘然"了好一会儿。

可是，"精神胜利法"仅只是阿 Q 精神灵魂的一部分，只看到"精神胜利法"不足以了解阿 Q 精神的全貌，更不足以去认识鲁迅笔下"沉默的国民的魂灵"。

精神胜利对应的是现实中的失败，没有现实中的失败也就没有"精神胜利法"的产生。在现实中，阿 Q 首先是个彻底的失败者，是一个被侮辱与被损害的贫苦农民的典型。他固然可笑，却尤其可悲。我们看到他没有一个真正的家，没有亲人，没有固定的住所，平时寄居在未庄的土谷祠里，他的"卧室"甚至未必比衙门里关犯人的牢房更舒适。他没有固定的职业，平时只靠给人家做短工为生。他没有一个朋友，即使是跟他一样的贫苦打工者。这些命运相似者之间只有相互的取笑、看不起和无聊的争执打斗，而阿Q在其间也占不到丝毫上风，即使是面对王胡、小D这样他平时瞧不上眼的人。他的业余生活只是喝酒和赌博，可仅有的一次赢钱还被人似乎是故意的搅场子给搅黄了。

他一无所有，但还有着一个人正常的欲望和需求，例如对异性的渴望、被他人尊重的需要以及最基本的生存需求。然而因为一次冒昧鲁莽的告白他却遭遇了"生计问题"；当他在未庄无以为生之时，只能流走异地，沦为小偷。他是未庄地位最低的人，不仅有钱有势的赵太爷对他呼来喝去，即便是最寻常的人也都看不起他，拿他取笑。他是未庄最没有"油水"的人，饶是如此，他还被地保强行收取保护费，还是被赵太爷这样的富贵人家"碰瓷儿"——以调戏吴妈为由没收了工钱和衣服、支付请道士的费用、供奉一封香和一对一斤重的红烛，还搭上他很看重的脸面。其实他做的只是跪下向吴妈直白的口头求爱，并无动手动脚的冒犯。正因为这次求爱不成反被敲竹杠的悲惨事件，阿Q倾家荡产（尽管他无家无产），落得个只剩一条不能当掉的裤子和一件卖不出去的破夹袄，被整个未庄的人们所排斥而无处安身的结果。直到最后，他作为替罪羊成了把总大人破案的政绩，被送上了刑场，临死前还带着画圈没画圆的懊恼，还有唱戏没唱成、喊话没喊完的遗憾。

从阿Q对于头上癞疮疤的忌讳可以看出，他一直是个很在意自己形象的人，有着原始的朴素的自尊心；可是他的自尊一次次被践踏，失败的羞辱总是包围着他。他的痛苦无人倾诉，他的悲伤无人抚慰，只能自己消化。于是精神胜利法也便应运而生。由此可见，精神胜利法只是阿Q用以协调自己与现实的冲突的一种无可奈何的手段，是一种对自己颇为有效，对他人毫无影响的无力的反抗。从积极方面说，精神胜利法扭转了阿Q的心理状态，给了他活下去的动力和信心；从消极方面看，精神胜利法只是一针麻醉剂迷幻药，不但不能改变阿Q被侮辱与被损害的现状，反而更让他安于这样的现状。

或许有人会说，阿Q也有真正的反抗，他是未庄最有革命性也是最早投入革命的人。的确，鲁迅自己也说过："据我的意思，中国倘不革命，阿Q便不做，既然革命，就会做的。我的阿Q的运命，也只能如此，人格也恐怕并不是两个。民国元年已经过去，无可追踪了，但此后倘再有改革，我相信还会有阿Q似的革命党出现。"[1]精神胜利法所带来的精神上虚幻的胜利与满足只能暂时麻醉一下受伤的灵魂，解决不了现实的问题。真正能解决现实问题且又方便快捷的手段就是革命。可是，阿Q的革命是怎样一种革命呢？小说有一段关于阿Q革命幻想的精彩的描绘：那是物质财富的极大占有，凡是想象能及的范围内的好东西，他都幻想搬到自己的小小土谷祠来；那是平时未能满足的欲望的极大满足，包括作威作福和对异性的欲望；那是对过往的失败所遭受的耻辱的全面彻底的报复——可见他何曾真正忘却这些耻辱。用他自己的话来概括，那就是："我要什么就是什么，我喜欢谁就是谁""革这伙妈妈的命，太可恶！太可恨！"阿Q的革命是没有先进的思想做引领的革命。这种先进的革命思想在他身上不可能自发产生，也没有人有意识地向他宣传灌输。所以阿Q式的革命即使在现实中成功了，那也无法改变社会现状，只能是让阿Q这样的"革命者"从原先被侮辱被损害的弱者位置，转移到可以任意去侮辱损害他人的强权者的位置。强弱原本是相对而言，在封建腐朽的等级体制中，强者侮辱损害弱者，而强者会被更强者侮辱损害，弱者则会侮辱损害比自己更弱的对象，君不见阿Q之于静修庵的小尼姑？而阿Q式的革命只能暂时地扰乱现有的秩序，一旦遭遇挫折阻碍,无法实现,便会迅速走向"反革命"。所以当阿Q投奔"革命同志"而被假洋鬼子等人骂走之后,他倍感无聊,对于革命也兴味索然,以至于想要去衙门告假洋鬼子造反,让他来个"满门抄斩"!围绕着阿Q式的革命,假洋鬼子、赵秀才等革命投机者,以及未庄和城里经历了辛亥革命之后换汤不换药的现状,鲁迅也表达了自己对于辛亥革命冷静而沉痛的反思。

从阿Q式的革命幻想我们能看到他灵魂里腐朽没落的那些东西,那是几千年的封建体制在中国人思想深处刻下的烙印。这烙印连草菅人命的把总大人都一语道出——"奴隶性"!阿Q的奴隶性不仅表现在他看见当官的就膝关节发软,也表现在他先前一系列的唯唯诺诺,面对赵太爷的呵斥和讹诈,面对假洋鬼子哭丧棒的敲打震吓,甚至是面对地保无理的欺压。这奴隶性的思想基础是历来统治者用来麻痹愚弄人民群众的封建意识与传统观念。阿Q不也是严守"男女之大防"吗,不也是看不起假洋鬼子剪了辫子的异端表现吗,不也是可惜吴妈不合传统审美的"脚太大"吗,不也是看了清政府砍杀革命党而拍手叫好津津乐道吗……用小说的原话就是,他那思想"其实是样样合于圣经贤传的"。

而这样的灵魂面相又何止属于阿Q一个人?不妨把我们的镜头拉远,放大,看看整个未庄的世界,未庄的百姓,他们何尝不是和阿Q一样?他们没有自己的思想,一切按照"未庄的通例",固守着旧有的习俗和圣贤经传的传统;他们没有独立的见解,严守封建等级,敬畏当地地位最高的赵太爷,唯赵太爷是从;他们视革命为造反,听之而生畏,避之唯恐不及;他们靠欺压比自己更弱的人以取乐,聊以慰藉自己受伤的心灵。他们对阿Q的排斥是因为赵家的排斥;他们对阿Q"中兴"归来的敬畏是出于"士别三日便当刮目相待"的"老例",更是出于对财富的崇拜;他们对于阿Q犯法获罪的认同是出于对官府的迷信;他们对于阿Q被枪毙的议论和阿Q看了杀头之后的议论并无两样,和先前作为看客取笑阿Q

也是出于相同的心态——保守且愚昧，自私且势利，冷漠且麻木，傲慢且卑贱。可以说《阿Q正传》不仅是为阿Q的魂灵画像，也是为整个未庄甚至是当时旧中国的百姓的魂灵画像。这幅画像，我们在《风波》里临河土场上的村民身上、在《药》里华老栓父子和店里茶客的身上、在《孔乙己》里咸亨酒店的酒客和老板伙计们身上、在《故乡》里已然成年的闰土身上，或多或少也能看到一丝影子。鲁迅在俄文译本《阿Q正传》的序言里曾说："要画出这样沉默的国民的魂灵来，在中国实在算一件难事，……所以我也只得依了自己的觉察，孤寂地姑且将这些写出，作为在我的眼里所经过的中国的人生。"虽是难事，鲁迅还是做到了，有《阿Q正传》和其他一系列作品为证。

阿Q在临死前看到那些喝彩的人们，头脑中突然产生一幅幻象——"他又看见从来没有见过的更可怕的眼睛了，又钝又锋利，不但已经咀嚼了他的话，并且还要咀嚼他皮肉以外的东西，永是不远不近的跟他走。这些眼睛们似乎连成一气，已经在那里咬他的灵魂。"[2]这段文字是不是会让你想到《狂人日记》中狂人阅读中国历史后的惊人发现？"吃人"，不仅是在肉体上摧残人，更是在精神上毁灭人。这些"沉默的国民的魂灵"不仅是被吃的对象，也可能是吃人者的帮凶，成为"无主名无意识的杀人团"[3]中的一员。当初阿Q在城里围观砍杀革命党，他自己不也是"连成一气"的眼睛们中的一双，在那里撕咬别人的魂灵？阿Q在生命尽头心生幻觉的那个刹那正是他卑微一生中最清醒也是最深刻的时刻。

与鲁迅小说中大多数主人公的形象不同，阿Q没有名字，没有家庭，我们不知道他来自何处，甚至不知道他清晰的面容。鲁迅对他的精神的刻画是那么具体入微，而对他外在的形容的描绘又是那么模模糊糊。为什么会是这样？为什么不能这样！也许正是担心明晰的样貌会妨碍我们对人物丰富性的理解，也许是希望每一个读者都在读了作品后有一个自己心目中的阿 Q。阿 Q 从来不是某一个具体的人物,他是"人性的普遍弱点"的[4]一种象征。

关于《阿 Q 正传》的创作,鲁迅曾说:"我的方法是在使读者摸不着在写自己以外的谁,一下子就推诿掉,变成旁观者,而疑心到像是写自己,又像是写一切人,由此开出反省的道路。"[5]请大家记住这句话,由小说"开出反省的道路",认识到那些阻碍我们前行的东西。这些东西,阿 Q 身上有,未庄的百姓身上有,别人身上有,我们自己身上也有。

注释

[1] 鲁迅:《华盖集续编·〈阿 Q 正传〉的成因》,《鲁迅全集》第 3 卷,人民文学出版社 2005 年版,第 394 页。

[2] 鲁迅:《呐喊·阿 Q 正传》,《鲁迅全集》第 1 卷,人民文学出版社 2005 年版,第 552 页。

[3] 鲁迅:《坟·我之节烈观》,《鲁迅全集》第 1 卷,人民文学出版社 2005 年版,第 129 页。

[4] 茅盾:《读〈呐喊〉》,《文学周刊》第 91 期,1923 年 10 月 8 日。

[5] 鲁迅:《且介亭杂文·答〈戏〉周刊编者信》,《鲁迅全集》第 6 卷,人民文学出版社 2005 年版,第 150 页。

《我们现在怎样做父亲》读后有感

田　菁　绍兴鲁迅纪念馆

《我们现在怎样做父亲》最初发表于 1919 年 11 月《新青年》月刊第六卷第六号。彼时鲁迅尚未成为一位父亲,他在文中主张爱护儿童,尊重儿童的个性发展,主要来自西方传来的现代教育观念,自觉真理在手,虽无实践经验,说话的时候也能斩钉截铁。况鲁迅历来重视孩子,认为"后起的生命,总比以前的更有意义,更近于完全,因此也更有价值,更可宝贵"[1]。时值新文化运动,破除旧制,解放孩子,就更显得尤为重要。

中国历来便有"养不教,父之过"的传统思想,受父权在家族中"神圣不可侵犯"的荼毒已久,"以为父对于子,有绝对的权利和威严"[2],过分重视权利,却缺少了义务与责任心。鲁迅认为父与子从生物学上分析,不过是为了生命的延续,过付经手的关系,并不存在谁受谁的恩典,"对于子女,义务思想须加多,而权利思想却大可切实核减,已准备改作幼者本位的道德"[3]。而幼者本位,并不是要子压父、女欺母,而是将"恩"转化为"爱",父母之爱子女,并不求回报,摈弃所有利害关系交换关系,只单纯做"背着因袭的重担,肩住了黑暗的闸门"[4] 的人,只求孩子能"到宽阔光明的地方去;此后幸福度日,合理做人"[5]。

对于如何才能做好一个解放孩子的父亲,鲁迅的想法在现今社会依旧有深远的教育意义。他认为首先便是理解,理解孩子不同于成年人的世界,外界的设施也好,环境也罢都应该配合孩子的需求。其次,是指导,且仅是指导,长者并不以自己的经验想法左右孩子的发展,而是"养成他们有耐劳作的体力,纯洁高尚的道德,广博自由能容纳新潮流的精神,也就是能在世界新潮流中游泳,不被淹没的力量"[6]。最后才是解放,让孩子成为"他们自己所有""独立的人"[7]。但是又有人会害怕,解放了子女便等同于失去了子女,鲁迅却认为其实并不然,与子女维系关系,若用权利做威压,用道德做桎梏,那得来的也不过是服从,与双方其实并无好处,不过是多受些"无利益的苦痛"[8]罢了。父子之间其实有爱便可钩连,因为父母于子女之间,生来便有"天性的爱,这爱又很深很长久,不会即离"[9],若连爱都无法钩连彼此,"那便任凭什么'恩威,名分,天经,地义'之类,更是钩连不住"[10]。所以要做解放子女的父母首先自己也需要进步,"便是自己虽然已经带着过去的色彩,却不失独立的本领和精神,有广博的趣味,高尚的娱乐"[11]。总而言之。父母不易做,做解放孩子的父母更难,须"一面清结旧账,一面开辟新路"[12],实是"一件极困苦艰难的事"[13]。但即便难也需做,因为社会需要进步,人类需要进化。

如何处理父与子的关系一直以来都是社会的重要课题之一,中国式的父亲总是拙于言表,试图亲近却又保持着适当的疏离,仿佛过多的表达爱意会降低自己的威信与地位,又相信棍棒之下出孝子,对孩子爱之深责之切。还有一种父亲,游离在家庭之外,仿佛照顾、教养孩子的责任全在母亲,又受"男主外,女主内"的思想影响,将自己定位在赚钱养家之上,完全忽略了对孩子的陪伴。

其实当今社会,我们也需要学学如何做父亲。正如鲁迅所说的,遗传是很可怕的存在,"许多精神上体制上的缺点,也可以传之子孙,而且久而久之,连社会都蒙着影响"[14]。因此,我们学习做父亲之前,首先自己要成为一个"自尊自爱"的人。为什么是自爱不是自律,因为自爱的人必然自律,自律的人却不一定自爱。自律的人,容易在批评和自我批评中,迷失自我,而自爱则意味着,从心理层面接受一个不完美的自己,并促使着自己向着更好发展。爱自己越深,便会想要变成更健康更完善的自己。爱提供了源源不断的动力,将良好的习惯带入生活与工作,同时改造着本我的精神状态,这才是真正的进化,自己先蜕变成更好的自己,才能爱自己的后代,让后代成为"比自己更强,更健康,更聪明高尚,——更幸福;就是超越了自己,超越了过去"[15]。其次,陪伴是最长情的父爱。母亲的爱如涓涓细流,温暖且柔和;父亲的爱如旭日暖阳,坚韧且炙热。德国的哲学家弗洛姆曾说:父亲虽然不能代表自然界,却代表着人类存在的另一极,那就是思想的世界、科学技术的世界、法律和秩序的世界、风范的世界、阅历和冒险的世界,父亲是孩子的导师之一,他指给孩子通往世界之路。最后,"家本位"应转变为"人本位",或者说"幼者本位"。父与子之间不再是父亲单方面的沟通,而是相互间的对话。彼此成为"朋友",遇事服从于情于理,而不是服从于家庭关系。

西方的民主自由思想传入中国已100余年,无数的先辈、觉醒者进行了各种的尝试,如鲁迅的这篇《我们现在怎样做父亲》便如一块敲门砖,动摇了2000多年的家长制度,使人警醒原来孩子并不是自身的所有物,他们是更优于我们,进化的产物,我们应当做牺牲于他们,使他们成为更好的更幸福的人。这便又要重回鲁迅所说的"自己背着因袭的重担,肩住了黑暗的闸门,放他们到宽阔光明的地方去;此后幸福度日,合理做人"[16]。无论历经多少年,鲁迅的话在当下一直都有其重要的意义。鲁迅之伟大便在于此了吧。

注释

[1][2][3][4][5][6][7][8][9][10][11][12][13][14][15][16] 鲁迅:《我们现在怎样做父亲》,《鲁迅全集》第1卷,人民文学出版社2005年版,第134—145页。

鲁迅精神之绍兴谱系

那秋生　绍兴市鲁迅研究会

梦魂常向故乡驰,始信人间苦别离。

（鲁迅《别诸弟》）

（一）

汉代王充的《论衡》主张思想的叛逆,写出《问孔篇》《刺孟篇》。鲁迅在《狂人日记》中,也是这样沉痛地质问过孔孟之道。王充敢于提出独异之见,他的学问是独树一帜和出类拔萃的。鲁迅在《文化偏至论》中提出"任个性而排众数"的口号,主张"尊个性而张精神",特别强调"独异",以为是"立人"的思想基础。

（二）

三国时越人虞翻,精研周易,刚直不阿,其言铮铮,为鲁迅铭记。一是"海岳精液,善生俊异",这是借《山海经》描述古越文化的渊源与特征,为鲁迅一生念念不忘。二是"骨体不媚",由此演化为会稽名士的硬骨头精神,为鲁迅引以为荣,并受到毛泽东的赞扬。

（三）

鲁迅对晋代嵇康的思想和文采极为赞赏,整理了《嵇康集》10卷,校勘4次,抄写3遍,历时20余年。他的文风与嵇康是一脉相承的,人称"托尼学说;魏晋文章"。鲁迅与嵇康有着相似的刚直性格:"轻时傲物,不为物用,不识物情,暗于机宜"。同嵇康一样,鲁迅的脾气喜欢"骂人",对于自己的论敌,他甚至说"一个都也不宽恕"。

(四)

儿时的鲁迅接受祖父的《示樟寿诸孙》:"再诵陆游诗,志高词壮,且多越事。"《剑南诗稿》成了鲁迅与陆游的精神纽带。"宋诗第一人"陆游书斋曰"风月小轩",鲁迅的一本杂文集曰《准风月谈》,两人都在借题发挥,以嘲讽方式反抗政局的高压,不屈不挠地表达正义心声。这是会稽名士性格"顽"与"韧"的一个特征,他俩心心相印。

(五)

明代阳明心学是儒学的一次革新,鲁迅自然也是契应"心学"的激发,积极主张"内曜者,破黯暗者也;心声者,离伪诈者也"(《破恶声论》)。对于心灵启蒙和良知发见,正是鲁迅的人格理想。王阳明要破除的"心中贼",犹如鲁迅对"国民性"的批判。从王阳明到鲁迅,启蒙思想家前仆后继、呕心沥血,成为历史的永恒记忆。

(六)

徐渭自称"一个南腔北调人",鲁迅的一本杂文集题目叫《南腔北调集》,穿越300年的历史风云,鲁迅与这位同乡先贤有了神遇。敢于叛逆的徐渭把自己比作"枭獍",鲁迅的外号就是"猫头鹰",他把自己的言论称为"枭声"。他们能将硬气与谑性完美融合,表现为"绍兴师爷"那种冷峻、精密、尖刻的风气,才情更是独具一格。

(七)

鲁迅在《女吊》一文里写着:"大概是明末的王思任说的罢:'会稽乃报仇雪耻之乡,非藏垢纳污之地',这对于我们绍兴人很有光彩,我也很喜欢听到,或引用这两句话。"王思任的硬气加谑性,恰恰正是鲁迅的个性与风格:"硬",乃敢于斗争也;"谑",乃善于斗争也。他们擅长的小品文,犹如"匕首、投枪",也是"醉眼、冷笑"。

(八)

明清之际的张岱几十年坚持著史,如敲石出火,坚持着"韧性的反抗"。鲁迅铭记在心并将之演化为一个颠扑不破的真理:"石在,火种是不会绝的。"(《题未定草》)张岱期待有人"方晓我之心曲",而鲁迅自然是知音者。他们在自己的著作中,念念不忘这个故土之"梦",成为一种永恒的精神纽带,维系着两个同乡文人的心灵。

(九)

鲁迅同晚清前辈李慈铭,有一种灵犀般的神交。他们的共同脾气是"骂人",颇具"越乡遗风",乃绍兴文人的一种传统:心直笔尖,一吐为快;臧否人物,不留情面。有人这样评说:"鲁迅就是李慈铭的影子。"李慈铭的博学多才,是以 40 年积累之《越缦堂日记》作为标识的。鲁迅因此颇受影响,持续写了近 25 年的日记。

人生得一知己足矣
——鲁迅与瞿秋白之旷世情谊

赵飞霞　绍兴市纪委监委驻市府办纪检监察组

一切浮光掠影都被陈列在时间的书架，昂贵的时光在隔世的世界逡巡，在时光里重生，一股历史的浓香已迎风而至。

一位是"横眉冷对千夫指"的冷峻、那个激进狂飙的风云际会中"左翼"的旗帜和文坛巨匠；一位是"此地正好"的潇洒、像一颗流星划过天际留给世人无限光华和美好的中国共产党早期主要领导人之一的时代之子。18年的年龄差、性情与仪态的不同，掩不住"人生得一知己足矣，斯世当以同怀视之"的倾世情谊。这段中国文学史和中国革命史上"文人相亲"的千古绝唱，令世人赞叹、敬慕乃至膜拜。笔者试图从两人短暂又深远的交往史中，用"吸""悉""惜"三字去解读这份旷世友情，进而也对"知己"寄寓礼赞。

一、神交之"吸"

似乎总有一种冥冥之中的暗示，可以不在视野，却走不出生命。1931年5月，鲁迅和瞿秋白因为共同的朋友开始文字之交，至1932年夏秋之交正式见面，其间两人在翻译文学作品上合作和通信讨论。尽管未见"真人"，但神驰笔谈，并不妨碍友谊的萌芽。就如刘易斯在《四种爱》里说："当一个人对另一个人说：什么！你也是？我还以为只有我是这样。那一刻，两个人之间的友谊便萌芽了。"心照神交,惟我与子! 究竟是有多少的吸引才能在素昧平生中"合乎符契"?! 窃以为归于相似的文采、境遇与气质、人格魅力。

(一) 文采才力,大文豪与大才子的吸引

瞿秋白在读鲁迅的《中国无产阶级革命文学和前驱的血》时,赞叹地说:"写得好,究竟是鲁迅!""读鲁迅的杂文,我总觉得有一种炎热的夏天吃了冰激凌的痛快。这篇文章也不例外。"(《知己——鲁迅与瞿秋白》)

而在鲁迅眼里,瞿秋白精通俄、英文,中国旧文学根底扎实,观察分析问题深刻、思想透辟,堪称最优秀的新闻记者和翻译家,为当时不可多得的杰出人物。当他从时任左翼作家联盟(以下简称"左联")的党团书记冯雪峰那里得知瞿秋白对他从日文译本转译的几种马克思主义文艺理论著作的意见时,赶紧说:"我们抓住他! 要他从原文多翻译这类作品! 以他的俄文和中文,确是最适宜的了。"他见了瞿秋白翻译的《十月的艺术家》,赞道:"译文信而且达,并世无两。中文俄文都好,像他这样的,我看中国现在少有。"他看了《文艺的自由和文学家的不自由》又赞叹:"真是皇皇大论! 在国内文艺界,能够写这样评论的,现在还没有第二个人!"他也曾数次跟冯雪峰说:"何苦(瞿秋白笔名)的文章,明白畅晓,是真叫佩服的!"欣赏溢于言表。

瞿秋白久仰鲁迅风采,而一向爱吐槽的"毒舌"鲁迅亦惊叹于瞿秋白的才华,常常会"心有灵犀一点通"。有次冯雪峰问瞿秋白:"你还不认识鲁迅先生吧?"瞿指着左翼机关刊物《前哨》,微笑着说:"不,认识,我是通过这个认识了鲁迅的。"应该说文学与学识为两颗高洁的心架起了一道圣洁的桥梁。

(二) 境遇磁力,文学战士与革命战士的吸引

1931 年中共六届四中全会之后,瞿秋白受到以王明为首的

"左"倾宗派小集团排斥,被解除了中共中央领导职务,因肺病严重,中央同意他在上海养病,边休养边翻译一些苏联的文学作品和马克思主义文艺理论著作。此时鲁迅的状况也比较寒心。早期的左翼文人把他归入"封建余孽"一类,认为其作品"闲暇,闲暇,第三个闲暇",是"醉眼陶然地眺窗外的人生",即"隐遁主义",是"追悼没落的封建情绪",是"二重性的反革命的人物",鲁迅既需要正面与右翼文人战斗,还需时时提防着"同一营垒"中人,与虚伪的文人学士、张狂的青年"才子"们过招,饱受攻击和嘲笑。(《太阳下的鲁迅——鲁迅与左翼文人》)

两人面对各种黑暗或灰色势力、组织及宵小之辈,遍体鳞伤却又傲然独立。鲁迅确信"惟新兴的才有将来",瞿秋白也深信:"我总想为大家辟一条光明的路。""将来的光明,必将证明我们不光是文艺上的遗产的保存者,而且也是开拓者和建设者。"……相似的境遇、相近的信仰,使他们从一开始就以最赤诚的同志的态度来对待对方。

在文来文往的交往中,俩人在书信中互称为"敬爱的同志"。如1931年12月5日,瞿秋白在信中写道:"敬爱的同志:……看着这本《毁灭》,简直非常的激动:我爱它,像爱自己的儿女一样。咱们的这种爱,一定能够帮助我们""我们是这样亲密的人,没有见面的时候就这样亲密的人。这种感觉,使人对于你说话的时候,和对自己说话一样,和自己商量一样。"同年12月28日鲁迅复信:"敬爱的J.K.同志……我真如你来信所说那样,就像亲生的儿子一般爱他,并且由他想到儿子的儿子。""我也和你的意见一样,以为这只是一点小小的胜利"。

在特定时空背景下,共同的理想、主义、价值判断和价值关怀,共同的政治立场和态度,使彼此间产生强大的磁力,而相互信任、服膺,愿与其一起奋斗,寻找中国的出路,追寻生命永恒的奇迹。

（三）成长张力，封建旧家的反叛者与新阵营的先知者

鲁迅和瞿秋白论年龄，似乎差了几代，却有着相似的身世家庭，鲁迅的祖父和瞿秋白的叔祖都是曾经显赫的封建官僚，且到了父亲一代均衰败下来。两人出身于封建旧家又冲出"樊笼"走入新的阵营，可以说都是"绅士阶级的逆子贰臣"。在他们身上，留存着中国传统文化的"固有之血脉"，由内而外呈现中国传统文人的文化素养和气质。同时，又清醒看透中国封建末世的腐朽，深味世态炎凉。鲁迅非常强烈地否定中国专制主义的文化，终生不渝；瞿秋白也对"皇帝制度"与中国旧式"文人"的习气与知识结构多有批判和针砭。（《而已集》）

兰芝常生，经历中求索深奥，共同或相近的历史层次，促使双方"三观"一致，均以最决绝的方式脱离旧日，又以最庄重的仪式拥抱新生，"猛志"忽隐忽现，而加速情感与心灵的吸引，有着更多的共同语言。在见面之前，鲁迅当时计划着收集材料，写中国文学史，曾送瞿秋白一本《九品中正与六朝门阀》。瞿秋白致信表示感谢，并顺此谈整理文学史问题，还谈到关于自己幼时家中见闻的回忆，或许在看他来，觉得鲁迅能够从这类往昔小事中体味他要表达的感情。这些或许是左翼新人不大能够感应的。

二、识后之"悉"

有一种默契叫心照不宣，有一种懂得叫不言而喻，这世界最幸运的事莫过于远光里走来你一身清朗，目光所及，已融化千年石化的沉默。鲁迅和瞿秋白之间就是默契的"知"、清晰的"悉"、深刻的"懂"，很多时候、很多事情能同频共振，甚至"真正懂你的人，未必是你自己"，他俩或许都比自己还懂自己，"甚至于比自己还要亲近"。（《知己——鲁迅与瞿秋白》）

(一）节奏同频的"同志"

鲁迅与瞿秋白都是典型的"工作狂",他们有坚韧、认真、执着等优秀知识劳动者的品质。鲁迅一生都厌恶夸夸其谈、随随便便、敷衍拖沓的作风,"要赶快做起来"是鲁迅对许广平常说的话,在他病情加重,自知来日无多时,更是想着"要赶快做"。瞿秋白早年起就开始了"一天工作十一小时以上的刻苦生涯",不肯虚度一日光阴,也像鲁迅一样十分认真、细致、周到。如,他与鲁迅第一次书信来往讨论翻译问题后,又写了《再论翻译——答鲁迅》。有研究者发现,他对原稿作了70多处修改,以求表达得更为准确、精练。他写那篇《〈鲁迅杂感选集〉序言》,从构思到完成,花费了近半个月的时间。

当瞿秋白拿着一天中完成的《关于女人》《真假董吉诃德》《内外》《透底》等4篇文章给鲁迅时,鲁迅赞道:"你写作的环境比我坏得多,一天就写了四篇,你真够勤勉的。""你真是笔耕不辍,令我钦佩的。"瞿秋白回道:"我们只有天天在为这世界干些什么,才会领略到'永久的青年'。"并敬佩地说:"周先生真是时刻不忘记工作和战斗的。"(《知己——鲁迅与瞿秋白》)

冯雪峰如此评价两人:"鲁迅先生的工作干劲和效率真是惊人,和他一起工作你会觉得时间的紧迫。""秋白的工作干劲真可佩服的,每隔一两天去看他时,见他不是写作便是在翻译。"被鲁迅誉为"一声不响,不断翻译"的曹靖华回忆瞿秋白:在莫斯科时,当时一叶肺已经烂了,可他总也不肯休息,依然诲人不倦地讲课。(《冯雪峰回忆鲁迅全编·回忆鲁迅》)

高强度、同频率的工作节奏和活跃丰富的思维,使他们能轻易赢得思想与情感上的共鸣。或许对鲁迅和瞿秋白而言,世间最有诗意的劳动就是笔耕不辍,用生命造句。

（二）并肩同行的"战士"

革命从来都有文武两条战线，武装斗争与思想革命是跟当时的政治革命相向而行的战斗方式。鲁迅和瞿秋白的精神心理结构虽是多侧面、立体、深邃的，但均具崇高博大的人道主义精神和情怀、高度的强烈的社会和历史责任感，这使他俩无愧勇猛的"精神界的战士"。(《两地书·八》)

推为"左联盟主"的鲁迅始终保持独立性、在原则问题上毫不让步。他是反清革命团体光复会的成员，在绍兴又亲历迎接光复的活动，本身就是一位民族民主革命者。在《越铎日报》的创刊号上，他发出了"促共和之进行，尺政治之得失"的政治宣言。在《中国地质略论》中他写道："中国者，中国人之中国，可容外族之研究，不容外族之探险；可容外族之赞叹，不容外族之觊觎者也。"在七律《自题小像》中他更发出了"我以我血荐轩辕"的豪迈誓言。

瞿秋白在早期党的领导层中以具有民主作风著称，从不以势压人。在"左联"时，尽管当时被排斥在党的政治领导机构之外，没有政治上的优越感和理论权威架势，但仍得到一班左翼人士的敬重，仍被视为"领导"。他对鲁迅这样一位思想深刻、战斗不息而又年长的党外前辈，毫无轻慢之心，两人互相补台，相得益彰，以太多的"共识"实现真正意义上的共进退，增进了左翼内部的凝聚力。

譬如，关于改革的认识。鲁迅对瞿秋白说："改革向来没有一帆风顺的。你正在做汉字改革的先驱，我愿为你竭力地绍介和鼓吹。""黑暗使我们创造出多种对付敌人的武器。"瞿秋白说："主张用劳动群众自己的言语，去创造革命的大众文艺，在这个革命过程之中，去完成劳动民众的文学革命，造成劳动民众的文学的言语。""文艺有批评才能有前进。"并说："鲁迅是中国的高尔基，是我们共产党的财富,是中国劳动人民引以为无价之宝的财富。""鲁迅做了许多我们理应做的工作。"(《回忆大哥鲁迅·我所知道的瞿秋白和鲁迅》)

又如,关于是非观。鲁迅在《且介亭杂文二集·再论"文人相轻"》写道:"文人不应该随和;而且文人也不会随和,会随和的,只有和事佬。但这不随和,却又并非回避,只是唱着所是,颂着所爱,而不管所非和所憎"。在《三论"文人相轻"》中更加明确:"似是之非"就是"非","似非而是"就是"是"。瞿秋白在《鲁迅杂感选集》的长序中则写道:"不但因为这是中国思想斗争史上宝贵的成绩,而且也为着现时的战斗""特别指出杂感的价值和鲁迅在思想斗争史上的重要地位,我们应当向他学习,我们应当向着他前进。"

如同落日与暮色相濡以沫,给日渐褪色的大地插上一副想象的翅膀。知己除了相互欣赏,也相互影响、相互成就。作为一个"真的猛士,敢于直面惨淡人生"的将"杂文当作匕首、投枪的"的鲁迅也有"彷徨"时,他在《呐喊》中写道:"假如一间铁屋子,是绝无窗户而万难破毁的",又在《写在〈坟〉后面》中写道:"倘说为别人引路,那就更不容易了,因为连我自己还不明白应当怎么走。"(《陈独秀印象》)

瞿秋白一介翩翩书生却是温和的革命乐观主义者。面对那些无中生有的诬蔑,他不置一词,仅以一句"我个人的问题算不得什么,这些都是枝节问题,何况叫我做领导工作本来便是'无牛则赖犬耕'的,我倒是担心革命的前途啊!"坦然相待。

他俩都属于决绝地剖开自己、取出全部籽实的人,而瞿秋白积极向上的阳光心态,让鲁迅有种"得到生命的飞扬的极致的大欢喜",看到"希望在于将来"的光明。1933年2月9日,鲁迅致曹靖华的信末写到"这里要温暖起来了。"虽然黑暗之中总有万分之一的亮光,但毕竟光明就是光明。

（三）笙磬同音的"君子"

人之相识，贵在相知，人之相知，贵在知心。鲁迅和瞿秋白之间君子之交淡如水，又于患难风豪杰，求同存异相知心。

1932年春夏之交，神交已久的鲁迅和瞿秋白正式见面，一如突然遇到一个懂爱的人，就此不再擦肩，两人有二次通宵达旦的长谈，此后两家人之间来往也十分密切。作为特立独行的"左联盟主"，鲁迅情感炽热、头脑冷静、意志坚韧，既有大爱大恨，又敢爱敢恨。作为思想前沿、勇立潮头的革命前驱，瞿秋白则是温文尔雅、谦谦君子一枚。

在瞿秋白眼里，鲁迅不是那些轻视和攻击的人口中的"怒气冲冲、好像无端地不快活、和谁都过不去""多疑"的"世故老人"，而是一个长者、前辈式的友人。在鲁迅看来，这个说"中国的豆腐是很好吃的东西，世界第一"的瞿秋白论文著书，倚马可待，是个非常诚挚、平和的有识青年，"第一个尝试用马克思主义的理论家"。两人都带着"悲苦愤激"活在人间，呈现的是纵意而谈、毫无忌惮的释愤抒情的书写状态和嬉笑怒骂皆文章的精神自由状态。（《现代革命思想家——瞿秋白》）

灵魂在风中尽情裸呈，"和而不同"在鲁迅和瞿秋白身上也淋漓尽致地体现着。彼此互相关注、欣赏、信任、珍惜，充分认识对方存在的意义和价值，哪怕在流言面前，哪怕面对"同一营垒"的围剿与误伤，也不轻易否认对方，是灵魂朋友。但又绝不附和，是难能可贵的"诤友"。

瞿秋白曾毫不客气地指出鲁迅翻译中的错误而被鲁迅称为"难得的良药"。他在《鲁迅杂感选集》长序中也客观地评价了鲁迅及其文章。鲁迅看后诚恳地说："分析的是对的，以前就没有人这样批评过。"鲁迅也评价瞿秋白："何苦的文章，明白晓畅，是真可佩服的！不过，也有不足，便是缺少含蓄。"

在观察问题的深刻性上,两人无形中相互影响。瞿秋白曾几次对冯雪峰说:"鲁迅看问题实在深刻"。鲁迅有时在跟人闲谈到了什么问题时,也常常会这样说:"这问题,何苦(瞿秋白笔名)是这样看法的……我以为他的看法是对的。"

瞿秋白住施高塔路东照里期间,还与鲁迅合作写了 11 篇杂文,都是两人漫谈后写成,再经过鲁迅修改,用鲁迅当时常用的笔名发表。从现有史实看,鲁迅在写作上与人合作,除了与二弟周作人之外,似乎唯有秋白。作为作家,在最为珍视的创作上如此默契地合作,是对"文人相轻"的重塑,足见这对"知己"的相知之深,相互间平等相处、肝胆相照的广阔胸襟令彼此信服,也令世人感佩。

三、一生之"惜"

有一种"惜",似大地的眼睛,着满了明丽的阳光;有一种"惜",在天光映现的瞬间,成为深深地回忆。鲁迅和瞿秋白一生短暂的四年的交往史中,"惺惺相惜"始终贯穿期间。

(一) 生活之惜

瞿秋白在上海养病期间,没有被分配工作,经济上常入不敷出。鲁迅用各种适当的方法,予以雪中送炭的扶助。如,1932 年 8 月,鲁迅原打算把他的《二心集》和瞿秋白翻译的高尔基 4 篇短篇小说一起让合众书店出版,但书店不愿买下瞿秋白的译作,鲁迅就把《二心集》的版权一起售出,书店才同意,《二心集》因而成为鲁迅著作中唯一出售版权的书。同年 11 月,鲁迅将他编译的苏联短篇小说集《一天的工作》交给良友出版公司出版,这本小说集共收 10 篇,其中 2 篇由杨之华译出初稿、瞿秋白校改定稿。书稿尚未得到稿酬时,鲁迅就拿出 60 元给瞿秋白夫妇。1933 年 3 月,瞿秋白在鲁迅家避难期间,两人一起编写了《萧伯纳在上海》,出版后鲁迅将全部稿费付给瞿秋白。同年 7 月,瞿秋白编《鲁迅杂感选集》,鲁迅明知这本选集出版后会影响自己的单本杂文集的发行量,但为了帮助瞿秋白,即致信北新书局老板李小峰,说"此书印行,似以速为佳",出版后,鲁迅即给瞿秋白"编辑费"200 元,其中一半钱鲁迅垫付。

"投之以木瓜,抱之以琼瑶"。可以说,如果没有鲁迅持续不断的经济上的支持,瞿秋白在 1930 年代上海期间是很难写出那么多传诸后世的文章和译作的,夫妻俩的生活也是会捉襟见肘。

(二)生命之惜

尽管瞿秋白当时已脱离中央领导层,但仍是国民政府的重点追捕对象。1931 年 9 月 1 日,国民党中央组织部部长陈立夫给国民党中央执委会打了一份悬赏通缉 7 名共产党人的报告,"拟定悬赏价格,计瞿秋白、周恩来二人各二万元",其余各一万元。同月 21 日蒋介石批准了这个报告,令各省市和各军统一协调行动缉拿。这使瞿秋白一家的处境更显危险,于是有了 4 次到鲁迅家避难的"过命交情"史,分别是:1932 年 11 月,住了约 10 天;1933 年 2 月上旬至月底;同年 7 月下半月和 9 月,相继又住数天。

"相知在急难,独好亦何益"。在这样的时刻,旁人唯恐避之不及,鲁迅却以临危不惧、视死如归的政治勇气出手相助掩护。很难想象,倘若没有鲁迅这个家,瞿秋白能否挺过一道道生死关也很难说。瞿秋白曾对妻子杨之华说:"对鲁迅的客套是并无必要的",却多次对冯雪峰说:"我是在危难中去他家,他那种亲切与同志式的慰勉,临危不惧的精神,实在感人至深。"

时光是吝啬的,许多话还没有说,一场雨,便潜入夜幕。1935 年初,瞿秋白在福建长汀不幸被捕,在生命最危险的时期,他选择向鲁迅发出求救讯号,将身家性命托付给这位认识并没有多久的忘年交,而鲁迅也真的动用所有关系想要营救瞿秋白。只是可惜的是,瞿秋白最后暴露。1935年6月18日,瞿秋白英勇就义,鲁迅极为悲愤,目光似刀片翻转,长时间"木然地坐在那里,一言不发,悲痛得头也抬不起来了",在致萧军信中写道"足判杀人者为罪大恶极"。"一死一生,乃知交情"哪。

(三) 生存之惜

莎士比亚说:生存或毁灭,这是一个问题。生存价值或许才是生命存在的根本价值,这种来自被需要和生命付出的追求与生命的形态,值得每一个人释放人性能量去追求、追逐。就如"有的人死了,他还活着",有意义地活着,有很多理由;有尊严地死去,有很多方式。

瞿秋白在《多余的话》中自嘲道:像我这样的性格、才能、学识,当中国共产党的领袖确实是一个"历史的误会"。我本是一个半吊子的"文人"而已,直到最后还是"文人结习未除"的。"摆脱不了文人习气,年纪大了,一定选个有山有水的地方,整理整理中国古典文学作品"。曹靖华也回忆:"秋白曾说中国文艺田园太贫瘠了……教我做一个引水运肥的'农夫'……他自己便是这样一位出色的'农夫'"。(《瞿秋白的这一生》)

鲁迅"懂"瞿秋白,相比于做政治家、革命家,他更乐意做名文学的"犬耕者""农夫"。痛定思痛,鲁迅怀着无限沉痛的心情与茅盾、郑振铎等好友筹划为瞿秋白出本书,感到这是自己第一次也是最后一次地为亲密战友服务的心愿。尽管鲁迅的身体状况已然很差又有许多事情要做,但他搁置下手头一些著译,支撑着病体,亲自抄录部分稿子,校对全部清样,还特地送到印制技术较高的日本,配以重磅道林纸、蓝色天鹅绒和皮脊的豪华装帧,题作《海上述林》,取"述而不作"之意,出版具名"诸夏怀霜社"(瞿秋白名霜,全中国怀念秋白也)。1936年10月2日,上卷出版后鲁迅又亲拟广告:"本卷所收,都是文艺论文,作者既系大家,译者又是名手，信而且达，并世无两。其中《写实主义文艺论》与《高尔基论文选集》两种，尤为皇皇巨制。此外论说，亦无一不佳，足以益人，足以传世。"《海上述林》的出版，不仅是鲁迅对瞿秋白的赞美和怀念，也是现代文学史对鲁迅的纪念。

"有幸相遇，不负遇见"。瞿秋白在《鲁迅杂感选集》抛出"鲁迅是谁？"这个尖锐的问题，写道："鲁迅从进化论进到阶级论，从绅士阶级的逆子贰臣进到无产阶级和劳动群众的真正的友人，以至于战士，他是经历了辛亥革命以前直到现在的四分之一世纪的战斗，从痛苦的经验和深刻的观察之中，带着宝贵的革命传统到新的阵营里来的。他终于宣言：'原来是憎恶这熟悉的本阶级，毫不可惜它的溃灭，后来又由于事实的教训，以为惟新兴的无产者才有将来。'"这段话集中表达了瞿秋白对鲁迅的认识，也为腹背受敌、左右夹击、必须"横站"的鲁迅及其思想发展，从更广阔的哲学文化思想和对社会变动的丰富、深刻的体验来立论和作了客观的概括，启示了许多左翼的和进步的文化人士。

焦灼的文字，失语在无涯的夜空。1936 年 10 月 19 日，瞿秋白牺牲后的第二年，55 岁的鲁迅也长辞这人世，此时《海上述林》下卷尚未出版。一切的荣耀和光环在萧萧狼烟和血雨腥风中隐藏行迹，他们虽看到了开始，未曾看到结果，文字和风景却种植在苍茫的时空。恰如鲁迅所言："我把他的作品出版，是一个纪念，也是一个抗议，一个示威。人给杀掉了，作品是不能给杀掉的，也是杀不掉的。"同样杀不掉、抹不去的，还有他们之间的友谊。

有人一生都没有说出一句真话、唱出属于自己的歌，而他俩真实地表达情感、真实地疼痛、真实地做自己的"牧人"，在绿了又黄黄了又绿的近里，又在摇啊摇去的远里。遥记 1933 年，鲁迅亲书对联贺瞿秋白乔迁——"人生得一知己足矣，斯世当以同怀视之"，这简简单单的 16 个字浓缩了这对生死之交、惺惺相惜的人生知己的全部的情谊。古有高山流水遇知音，子期死后伯牙绝弦；

今有婴其鸣矣求友声,鲁迅秋白斯世同怀。这情谊"桃花潭水深千尺",更是"月光长照金樽里"。

云海天涯两杳茫,诗情冷淡知己少。或许我们终其一生都在期待、寻觅有个知你、懂你、欣赏你的知己,一起临风、玉立……

燃灯者

丁兵康　绍兴市鲁迅研究会

人生历程中,如果能遇到那么几个人,鼓励你,指点你,引领你,该是很幸运的。谢德铣就是我有幸遇到的一位恩师。从1981年秋到2002年初,我与谢老师交往了20多年。岁月奔腾,一晃又快过去20年了,老师的形象却依然十分清晰。

1981年秋,我入读绍兴师专(文理学院)中文系。甫入黉门,即有机会参与纪念鲁迅诞辰100周年的系列活动。这天,学校请来一位叫作李何林的老先生为全校师生做报告,后来知道,李老是著名的鲁迅研究专家、北京鲁迅博物馆的首任馆长兼鲁迅研究室主任。报告会前,我被指定做好李老讲话的记录整理工作。会后,我向会务组借来李老的讲话录音,结合自己的记录,花几个晚上完成了初稿。会务组要我把这份稿子送给本次活动的牵头人谢德铣老师,我这才认识了谢老师。

谢老师40多岁的年纪,脸形方正,面相亲切,中等稍高的身材。见我送来这份稿子,老师满是和蔼的笑容,还说了许多鼓励的话,收下了稿子,并记下了我的名字。过了两个多月,老师才把我叫去,从办公桌的抽屉里取出那份稿子,让我重新抄写一遍。我看到方格稿的边沿上写了许多老师修改的文字,字迹工整而清晰;文首加了标题"略谈鲁迅与中国革命的关系",末页的底部还有李老审阅后的亲笔签名。当晚,我在教室里又认真阅读了好几遍,并连夜誊写完毕,次日课间,连同底稿一起交给了老师。大约一年后,我才在《绍兴师专学报》上看到这篇文章。虽然等待得久了点,心里仍然很高兴,并充满了成就感。

其实,那天看到学报,还有更令我自豪和光荣的——我的第一篇学术论文《略论鲁迅改革思想的形成和发展》也赫然在列,与王德林、佘德余、吴国群等一众老师的论文同期刊出。但不久我便冷静下来,因为我深知,这篇文章全赖谢老师的垂爱指导。当时,中文系老师们的学术氛围很浓,在纪念鲁迅诞辰100周年前后,鲁迅研究更是达到了高潮。受这种氛围影响,许多学生也纷纷开展学习鲁迅、研究鲁迅的活动,我的1000多字的学习心得谈了鲁迅的改革思想,被谢老师一眼看中,选为学生鲁迅研究的重点课题之一。他说,现在全国正在积极推进改革,研究、探讨一下鲁迅的改革思想很有现实意义。他建议我对文章作进一步挖掘、拓展和提升。但学术论文怎么写,我毫无头绪,一脸懵懂。在此后的半年多时间里,谢老师给了我无数次的指导和帮助,从资料搜集核实、立论的逻辑推敲到句式的修改以致个别文字、标点的纠正等,还提供了不少参考书籍。文稿历经多次修改、誊抄,到基本定稿前,我还把班上一位同学心得中的有关内容充实了进去,并署上了老师、我和同学的名字,但老师坚辞不受,在送去刊发前把他的名字划掉了。

1982年上半年,师专中文系的学生中成立了多个学术社团,我报名参加了由谢老师任指导、鲁孟河学长任组长的鲁迅研究小组,鲁学长毕业后,下半年我接任了这个由10余名各年级学生参加的小组组长。一年多时间里,在谢老师的悉心指导下,我们小组的活动开展得风生水起、蛮有起色。我们参与邀请著名翻译家、鲁迅的学生李霁野做鲁迅生平事迹的专题讲座,邀请著名版画家赵延年谈鲁迅题材版画的创作经验,采访周海婴、萧军、蒋光慈之妻吴似鸿和鲁迅纪念馆馆长裘士雄等,开展以鲁迅原著、"鲁迅与他的绍兴故乡"为主题的读书活动和学习心得交流,许多文章经谢老师修改或审阅后发表在了《绍兴鲁迅研究专刊》《绍兴日报》等刊物上。到 1984 年快毕业时,经谢老师推荐,我加入了绍兴市鲁迅研究学会。

从不断的接触中,我们陆续知道,谢老师除日常授课外,还兼任着师专教务处副主任、鲁迅研究室主任等职,承担着市内外、省内外大量的鲁迅宣传、学术研讨等联络联系工作,还数十年笔耕不辍,出版、发表的书籍和文章 300 多万字,其中有关鲁迅的文字就超过一半,独著的《鲁迅方言词典》《周建人评传》、合著的《鲁迅在绍兴》《鲁迅的少年时代》《鲁迅先生趣事》等书籍都很有影响力,其选题视角均侧重于宣传和普及鲁迅研究,探寻鲁迅与绍兴的历史文化渊源。多年来,他以他的学生为基本对象,热心培养绍兴鲁迅研究新人。

我毕业后从事了中学语文教学。有师专这几年的打底,我对课文中鲁迅作品的理解和教学便得心应手多了。其间我还就鲁迅作品教学中遇到的疑难问题向李何林、柯灵等前辈专家讨教,写成心得在《中学语文教学》等刊物上与大家分享。平时我常去市区断河头谢老师的家里坐坐,而且书信不断,话题大都围绕鲁迅展开。在老师的指导下,我陆续发表了《鲁迅与大禹》《鲁迅与陆游》《鲁迅与绍兴先贤思想品格承传关系初探》《试论鲁迅〈药〉的主题》等专论,有一次老师来信告诉我,"鲁迅的改革思想"和"鲁迅与绍兴先贤"分别获得了绍兴市首届、第二届社科优秀论文奖。谢老师退休不久即举家乔迁杭州,我们改以书信联系为主,但每年仍要辗转去一趟他的家里探望,并总是带着小女。到他家后,师生谈着鲁迅为主的话题,师母烧菜做饭,女儿在"谢外公"家里玩,午饭后老师再把我们送到长途汽车站,直到汽车开动才挥手道别。一天,女儿从幼儿园回家,第一件事就告诉我,今天老师在班上说起鲁迅啦,身旁的小朋友问"鲁迅是谁",女儿仰头就答"鲁迅是伢爷爷"!

谢老师是因脑病猝然离世的,消息传出,熟悉他的人无不扼腕叹息。那天,我随王德林老师和裘馆长等一起去杭州参加谢老师的告别仪式,见他最后一面时,我竟情不自抑,泣不成声……

　　人生大概就是这样,有青春,有白发,有诀别,在一次次的递进和转换中照见其价值意义。于我而言,谢老师是一本承载着仁爱、热忱和卓识的大书,值得我终身阅读;是我人生路上的燃灯者,厚重如山,光亮如初。

今天,我们还要阅读和学习鲁迅吗?

何宝康　绍兴市文化广电旅游局

日前,有朋友在一个读书群里发问:今天,还有人在读鲁迅吗?

这不禁让我一愣。按说,这不应该成为问题。但细一想,在今天好似确实有一个是否需要、如何阅读和学习鲁迅的问题,确实有人在疑虑,这值得我们深思。

朋友的问当然不是指学生,也不是指那些鲁迅研究者(以及那些借研究鲁迅为名混饭吃者),而是像我这样自诩为喜欢读书的人,再进一步,恐怕包括那部分多多少少仍在看各种文学类书刊的人们。确实,至少在我身边(包括我自己在内),认认真真阅读鲁迅、学习鲁迅的,真的不那么多了。似我,虽然看到有关鲁迅的各种文字,仍然会心动,会去关注,会有一些想法,会和人去议论乃至争论。但是,像以前那样静下心来认认真真阅读鲁迅,真心诚意学习鲁迅,真的好长时间没做到了。我们或许会因为某种需要去找寻鲁迅的某些论述、某些文字,但静静地、认真地阅读鲁迅,并认真地思考,像鲁迅那样,把自己摆进去好好地想一些问题,这真的很少很少了。是的,对生活、对现实、对未来,我们有感慨、有疑惑、有牢骚,甚至有议论,有追求,但是,却没有能静下心来去阅读鲁迅,没有能认认真真坚持学习鲁迅。而这,有如警钟鸣响:我们应该好好阅读鲁迅,坚持学习鲁迅。

首先,阅读和学习鲁迅是我们自身的需要。因为只有这样,我们才能无愧和无悔,才能坚定地走向前进。鲁迅的一生是解剖的一生,他解剖社会,更解剖自己。他从不停顿自己的思考,分析,怀疑,也不掩饰这些。而鲁迅的可贵,也正在这里。陈丹青曾经按照胡塞尔的定义:"一个好的怀疑主义者是个坏公民",断定"不管哪个朝代",鲁迅"恐怕都是坏公民"。[1]鲁迅从不认为自己是"导师",他不接受任何体制和文化的收编,也从不试图收编别人,而是一直在"寻路",寻求着思想的独立与自由,并真诚地期待和帮助人们能够成长为一个有自由思想的、独立创造的人。在鲁迅面前,你必须思考,独立地思考。鲁迅能够促使我们独立思考,激发我们的想象力和创造力。我们今天要静下来认真阅读鲁迅,学习鲁迅,原因也就在这里。对于现代中国,对于我们的民族,鲁迅有着非常独特、非他莫属的意义和价值。尤其是我们今天所面临的是一个矛盾重重、问题重重、空前复杂的中国和世界,所以我们更需要阅读和学习鲁迅的思想和精神,才能坚定、清醒、有作为。

其次,阅读鲁迅,学习鲁迅,就要像鲁迅一样,始终把自己摆进去,时时刻刻,深入思考,解剖自己。否则,就很难读出效果。阅读和学习鲁迅,是必须把自己的心放进去的,用心灵对话,才能读懂鲁迅,才是学习鲁迅。在100多年前,鲁迅在《文化偏至论》中论述了"立人"。他认为现代化、现代文明、国家兴盛的"根柢在人",物质与科学技术的发展只是"现象之末"。这里,鲁迅的批判锋芒不但指向中国的东方专制主义,而且也指向了西方资本主义文明病。鲁迅有一句名言:"我们目下的当务之急,是:一要生存,二要温饱,三要发展。"经过100年的努力和奋斗,我们比较好地解决了生存和温饱问题,但是,在人的发展上,却有太多的遗憾,理想、道德、自由、公平,我们陷入了很多的迷惘,金钱、私欲主宰了很多人的一生,并且有愈演愈烈之势。这和鲁迅的立人思想所强调的个人、精神和自由这三个核心,有着太远的距离。鲁迅注重个人,是指要注重每一个人,这在今天依然是我们要努力的目标。

而这,是需要我们把自己摆进去,解剖自己,努力实践,才能有所收获。

我们有鲁迅,这是我们的幸运,但更需要珍惜。而阅读鲁迅,学习鲁迅,是需要付出和努力的。世上一切真正有价值、有意义的,都需要通过踏实努力艰苦奋斗才能获得,因而也更加珍贵。我们切莫忘记了这一点。

注释

[1] 陈丹青:《中国最佳教育随笔》,《笑谈大先生》,华东师范大学出版社2006年版,第59页。

编后记

《野草》的创作处于鲁迅最为浓郁的生命自省和启蒙反思的抒情时期。《生命的内在审视和自我的精神观照——以〈野草〉为核心的细读考察》一文,剖析了鲁迅"自以为苦的寂寞",却又"不愿将自以为苦的寂寞,再来传染给也如我那年青时候似的正做着好梦的青年"的矛盾心理。展现了一个不为文体所拘囿,时常有文体的创造性发挥,显现了自我审视和生命内省超文本框范的最高境界的鲁迅。

范爱农,名肇基,字斯年,号爱农,浙江绍兴黄甫庄人,生于1883年,比鲁迅小2岁。范爱农和鲁迅相识于日本,鲁迅对范爱农从厌恶到成为挚友,再到失去挚友而万分悲痛,从而写下了散文《范爱农》与诗歌《哀范君三章》。《范爱农:一代知识分子命运的镜像——以〈哀范君三章〉为中心》一文通过对这组诗歌文本的细读,阐释了鲁迅文字中隐含的内蕴。文章以为《哀范君三章》是写给范爱农的悼诗,也是鲁迅写给自己及和他同一代知识分子的一曲挽歌。《鲁迅散文〈范爱农〉的小说笔法》一文则从细节描写与人物形象的塑造、矛盾冲突与典型情节的构建、铺陈渲染与典型环境的刻画等方面解析了鲁迅文字间的生动性和深刻性。

《风义师友,斯世同怀:通信中的鲁迅与台静农》聚焦台静农与鲁迅书信往来的11年,鲁迅与台静农亦师亦友的情谊在信纸间传递,汇聚成一条文化思想和学术理念,艺术创作和学术研究传承发展的线索。从两人往来的书信中,不仅能感受到他们彼此的性情,也使我们更深入地了解了鲁迅先生。

关于1927年鲁迅坚辞中山大学教职的原因,比较流行的一种说法是顾颉刚从厦门大学来中山大学任教，鲁迅不愿与其合作共事。作者认为这只是一个加快他辞职进程的催化剂，还有另外一层原因是广州国民党右派发动"四一五"反革命政变，鲁迅提出营救被捕学生无效，愤然辞职。鲁迅善于斗争，注意在具体的斗争实践中保护自己。他并不直截了当地以国民党背信弃义、同室操戈，大肆屠杀共产党人和革命群众这一事实作为辞职的公开理由。由于有了顾颉刚的到来这个借口，鲁迅遂坚决辞职，离开广州。《1927年鲁迅坚辞中山大学教职探赜索隐》一文正是从鲁迅的书信、文章、日记中截取史料，以鲁迅对共产党深刻真挚的感情角度阐述了这一论点。

  人民文学出版社2005年出版的《鲁迅全集》，自从面世，给鲁迅研究者们带来了许多便利，同时也提供了许多的研究方向。《新版〈鲁迅全集〉注释补充三十三则》一文正是以2005版《鲁迅全集》为对象，扩充了其注释内容，为以后同行研究鲁迅提供了丰富的资料。

  由于地缘政治与历史渊源等各种因素，日本学界对中国现代文学的研究是根植于面向本国的"内在体验"而非仅仅是外部观察，大都融入了强烈的情感共鸣，鲁迅研究表现尤为明显也成就最高。伊藤虎丸与木山英雄是日本鲁迅研究的代表性人物，《"回心"与主体性获得——论"伊藤鲁迅"的生成与价值》一文通过对伊藤研究鲁迅的研究，阐述了鲁迅研究对当下时代的启示意义。而《即物与实力——读木山英雄〈文学复古与文学革命〉》则从木山英雄的作品出发解读了章氏文字语言观对周氏兄弟与五四新文化运动的影响。

  《域外折枝》栏目，继续刊登《周树人〈中国地质略论〉》的最后一部分。该文作者以日本人特有的严谨，考察了鲁迅撰写《中国地质论》一文中李希霍芬与其他地质学家有关煤田的言论来源。

  当代书画大家吴冠中曾说过："如果没有鲁迅，我根本就不会从事艺术；没有鲁迅，根本就不会有今天的吴冠中！"足见鲁迅在其心目中的地位。《感受吴冠中》一文，作者从自己与吴冠中的几次交集为出发点，向我们展示了一个细腻、率真、真切、执着的吴冠中。

中国古典小说中有许多与酒有关的描写，酒成为一种重要的媒介，从中可以引出一个个精彩的故事来。深受这些传统小说影响的鲁迅在其作品中，也有许许多多与酒有关的描写，或与主人公的活动场所与背景有关，或与人物的性格与心情有关。或与当时的气氛和时代有关。《鲁迅笔下的绍兴酒文化》列举了多处鲁迅文字中对酒的描述，展现了一个"外冷内热""韧性"战斗的鲁迅。

《画出这样沉默的国民的魂灵——阿Q形象解读》一文从阿Q的"精神胜利法"延伸开去探讨了阿Q身上所带着的沉默的国民的魂灵。关于《阿Q正传》的创作，鲁迅也曾说："我的方法是在使读者摸不着在写自己以外的谁，一下子就推诿掉，变成旁观者，而疑心到像是写自己，又像是写一切人，由此开出反省的道路。"文章认为这些沉默的魂灵，阿Q身上有，未庄的百姓身上有，别人身上有，我们自己身上也有。

今年本刊新增了两个专栏，分别是《与鲁迅有关的人物像传》与《鲁迅活动采撷》。《与鲁迅有关的人物像传》的作者十分喜爱收集老照片，目前整理了30位与鲁迅相关的人物，以图文并茂的形式，展现在大家眼前，刊登的照片中有许多照片也是第一次面世，后续该专栏还会推出更多与鲁迅相关的人物，以飨读者。《鲁迅活动采撷》栏目则会着重介绍绍兴鲁迅纪念馆与绍兴市鲁迅研究会每一年新开展的一些活动。

本刊欢迎鲁迅研究界同仁及其他对鲁迅研究感兴趣的人士赐稿。本刊整体版权属于《绍兴鲁迅研究》所有，未经许可，不得以任何方式复制、选编。经许可需在其他出版物上发表或转载的，须注明"本文首发于《绍兴鲁迅研究》"字样。

为扩大本刊及作者知识信息交流渠道，本刊已加入"中国知网"（光盘版）电子期刊出版系统，作者的著作权使用费与本刊稿费将一次性给付，如作者不同意编入该数据库，请于提交论文时向本刊说明。凡在投稿时未作特别声明的，本刊视同作者已认可其论文入编有关电子出版物。

编者

2022 年 5 月

编委会主任：龚 凌

编委会成员：(按姓氏笔画为序)

田 菁　冯 婷　任 凌　刘维佳　孙 蓝
李秋叶　张 峰　邵 炯　卓光平　周玉儿
胡静雯　胡慧丽　洪志祥　夏劲风　徐东波
曹 冰　龚 凌　傅 键　谢依娜　蔡凌飞

主　　编：周玉儿
副 主 编：卓光平
封 面 设 计：陈建明　赵国华

图书在版编目(CIP)数据

绍兴鲁迅研究. 2022 / 绍兴鲁迅纪念馆,绍兴市鲁迅研究中心,绍兴市鲁迅研究会编. — 上海:上海社会科学院出版社,2022
 ISBN 978-7-5520-3903-0

Ⅰ. ①绍… Ⅱ. ①绍…②绍…③绍… Ⅲ. ①鲁迅(1881—2022)—人物研究—文集②鲁迅著作研究—文集 Ⅳ. ①K825.6-53②I210.97-53

中国版本图书馆CIP数据核字(2022)第114056号

绍兴鲁迅研究2022

绍兴鲁迅纪念馆、绍兴市鲁迅研究中心、绍兴市鲁迅研究会　编
责任编辑:章斯睿
封面设计:陈建明、赵国华
出版发行:上海社会科学院出版社
　　　　　上海顺昌路622号　邮编200025
　　　　　电话总机021-63315947　销售热线021-53063735
　　　　　http://www.sassp.cn　E-mail:sassp@sassp.cn
照　　排:南京前锦排版服务有限公司
印　　刷:上海颛辉印刷厂有限公司
开　　本:890毫米×1240毫米　1/32
印　　张:12.5
插　　页:2
字　　数:323千
版　　次:2022年8月第1版　2022年8月第1次印刷

ISBN 978-7-5520-3903-0/K·653　　定价:88.00元

版权所有　翻印必究